REVOLT FROM THE MIDDLE
中間階級の蜂起
高度産業社会における感情の階層化と変動

Emotional Stratification and Change
in Post-Industrial Societies

【著】
ジョナサン・H・ターナー
Jonathan H.Turner

【訳】
正岡寛司・正岡純子
Kanji Masaoka, Sumiko Masaoka.

学　文　社

REVOLT FROM THE MIDDLE by Jonathan H. Turner.
Copyright ©2015 by Transaction Publishers.
All Rights reserved.

Japanese translation rights arranged with
Transaction Publishers in New Jersey
through The Asano Agency, Inc. in Tokyo.

本訳書を故純子に捧げる

姉スーザン・フローレスへ

目　　次

謝　辞……………………………………………………………………… xi

はじめに………………………………………………………………… xiii

第1章　全体社会の階層化──────────────────── I

1.1　階層体系の基本属性 ………………………………………………… I

1.2　階層体系の可変的属性 ………………………………………………… 3

   1.2.1　有価資源の分配にみられる不平等の程度　　3

   1.2.2　不平等に分配される資源の性質と型　　4

   1.2.3　下位人口集群における資源持ち分の収斂　　IO

   1.2.4　下位人口集群のメンバーたちの同質性　　12

   1.2.5　下位人口集群の線形的順位　　16

   1.2.6　階級間移動　　19

   1.2.7　類別単位へのメンバー所属の統合と交差　　2I

1.3　感情の階層化：予備的な言明 ……………………………………… 24

第2章　全体社会における階層化の制度的基盤───────── 29

2.1　社会現実の水準 ………………………………………………………… 29

2.2　制度体系の力学 ………………………………………………………… 33

   2.2.1　制度領域とは何か　　34

   2.2.2　制度的統合の文化的な基礎　　35

   2.2.3　制度統合の構造的基盤　　45

2.3　制度支配，団体単位，階層化 ……………………………………… 55

第3章　感情力学──────────────────────── 59

3.1　超感情動物になるための進化 ……………………………………… 59

   3.1.1　原基感情　　59

viii

    3.1.2 原基感情の一次精巧化　61
    3.1.3 原基感情の二次精巧化　62
    3.1.4 防衛機構と感情喚起　65

3.2 人間社会の中心的な力としての感情 ················· 71

3.3 感情喚起の基本的諸条件 ························· 72
    3.3.1 期待と感情喚起　72
    3.3.2 より一般的な期待の概念化　72
    3.3.3 裁可と感情喚起　79

3.4 むすび ································· 81

3.5 付　録 ································· 83
    3.5.1 人間感情性の進化に関するごく簡略な概観　83
    3.5.2 比較神経解剖的構造　83
    3.5.3 ヒト属，次いで人間をより感情的にさせること　85

第4章 ミクロ水準での感情分配Ⅰ：文化的期待の力 ————91

4.1 出会いにおける文化的期待 ···················· 92

4.2 むすび：文化の力 ························· 106

第5章 ミクロ水準での感情分配Ⅱ：社会構造の配置力 ————111

5.1 地位取得と地位形成 ························· 111
    5.1.1 団体単位における地位と期待　115
    5.1.2 類別単位における拡散的地位特性と期待　118

5.2 役割取得と役割形成 ························· 122

5.3 むすび ································· 128

第6章 ミクロ水準での感情分配Ⅲ：相互交流欲求の力 ————131

6.1 動機取得と動機形成 ························· 131
    6.1.1 自己確認と感情階層化　138
    6.1.2 資源交換と感情階層化　146

目　次　ix

　　　6.1.3　効能性と感情階層化　148
　　　6.1.4　集団内包と期待　150
　　　6.1.5　信頼，事実性と期待　152

　6.2　むすび …………………………………………………………… 153

第7章　感情の不平等と集合的結集 ————————————155

　7.1　社会運動組織体 (SMO) による対立の力学 ………………… 157

　7.2　感情階層体系の再生産 ………………………………………… 163

　7.3　感情階層化と社会運動 ………………………………………… 168
　　　7.3.1　社会階級と社会運動　168
　　　7.3.2　感情と期待　169
　　　7.3.3　高度産業資本主義の現実　171
　　　7.3.4　感情の二極分解　174

　7.4　むすび：感情の富裕層と貧困層 ……………………………… 175

第8章　感情の二極分解と社会変動 ————————————179

　8.1　現代の高度産業社会における革命の可能性 ………………… 180
　　　8.1.1　オートメーションと情報技術革命の脅威　181
　　　8.1.2　高度産業資本主義の自己破壊力　183
　　　8.1.3　グローバルな諸力の介入　187

　8.2　人口集群内の感情の二極分解 ………………………………… 189

　8.3　むすび：マルクス主義の反語 ………………………………… 193

　文　　献　195

　訳者あとがき　207

　付　　録　214

謝　辞

　この 10 カ月，わたしはいつのまにか本書を「サンタバーバーラの本」と呼ぶようになっていた。というのもわたしが本書を執筆したのは，1 週間のうち数日，カリフォルニア大学のサンタバーバラ校で勤務に就いていたからだ。わたしはサンタバーバラ校の学部長マリア・チャールズとそのスタッフたちに感謝したい。とくにリサ・ブランコは，2012 年から 13 年の学期の期間，研究室に使える空間を提供し便宜を図ってくれた。また，わたしはその学部の同僚たちと数多くの有益な会話を楽しむことができた。

はじめに

　社会全体の階層体系が闘争を引き起こす効果をもつとする諸理論には必ず，下層階級のメンバーたちにおける否定的な感情喚起が，彼らを支配者と対決する闘争の組織化に向かわせるという考えが含まれている。しかし肯定的感情喚起，とくに産業社会や高度産業社会における中間階級の肯定的感情喚起の効果が，これまで論究されることはなかった。こうした先進社会では，自己保有の資源のおかげで肯定的感情を経験する人数は，有価資源をわずかしかもたないために否定的感情に耐えざるをえない人数よりも，はるかに多い。そのため，こうした中間階級はしばしば，制度体系や，これら体系を合法的とみなすイデオロギーに正当性を与えることになる。また，人口集群の大部分を構成している，こうした漠然として未組織な中間階級による社会諸制度への信頼は，こうした社会における下層階級からの革命の可能性の障害になっている。さらに，カール・マルクスによる資本主義社会の二極分解論，すなわち資本を所有し管理する少数者と当該社会の残余者たちとの二極分解仮説は，これまでのところ実際に起こっていない。その主たる理由は，エリック・ライトなどのマルクス主義者たちの語句を用いるなら「中間階級の問題」のせいであるが，しかしそのことは，マルクス主義の枠組内で十分に説明されてこなかった。

　本書では，社会における肯定的感情と否定的感情の分配が階層化のもうひとつの基盤だと強調することによって，こうした広汎な争点を別の角度から論究していくことにする。このように見方を変えることは，中間階級の諸制度への信頼と，下層階級からの階級的な社会運動の欠落を説明することに役立つと思われる。ある人口集群の大多数が絶えず否定的感情を経験していると，社会革命が起きる可能性が高まると考えた点で，マルクスは正しかったとわたしは思

っているが，しかし彼および多くのマルクス主義者は，中間階級への肯定的感情の分配を十分に分析できなかった。そのうえ，階級の「二極分解」がはじまる場合，先行する資源分配上の現実の変化は，肯定的感情価から否定的感情価への推移よりもはるかに急速であるが，それが感情の二極化を引き起こして闘争を導くのは，こうした事態に対して，中間階級が資源持ち分を急速に失っていると感じはじめたならば——これはきわめて大きな「仮定」——という条件付きの話である。マルクスや多くの社会学者たちは，社会には貨幣や権力や威信よりも価値のある資源——近代についてのウェーバーの考えを緩やかに言い換えるならば——が多く分配されていることを認識し損なったのだ。貨幣や権力や威信だけが不平等の算定に用いられる資源なら，マルクスの予測はもっと生きつづけていたかもしれない。アメリカ合衆国のような社会では，ここ数十年のあいだ，貨幣や富の不平等が激増しているからである。しかしわれわれが忘れてはならないのは，ほとんどの社会学的階層分析によって強調された資源よりも平等に分配されている別の有価資源が存在することである。こうした資源は，経済や政治に比べると支配的ではない制度領域で発生したものであるが，人びとはそれを高く評価しているのだ。

　社会学者たちによれば，こうした資源はしばしば「単なる上部構造」，あるいは真の物質的利害から大衆の目を欺く「アヘン」とみなされているが，しかしこうした標語は基本的な現実を混乱させるだけである。これらは，人びとや家族がたとえ貨幣や権力や威信をほとんど欠いている場合であっても，彼らに十分な幸せを感じさせる資源なのである。さらにこれら資源は，個人たちによって高く評価されているので，彼らに肯定的な感情を喚起させる。しかもこの肯定的な感情は，それ自体一般化した強化因子としての報酬であるだけでなく，別の高く評価される資源を求める自信を人びとに与えるものでもあり，そしてこの自信そのものがさらに別の高く評価される資源になる。したがって，社会が肯定的・否定的感情の分配という点で高度に二極化しないかぎり，革命的闘争は起こりにくい。しかし，中間階級の資源持ち分が急速に低下しはじめるなら——このことは今後数十年のあいだに大いにありうる——，その結果として

の感情の二極化は，闘争の可能性を高めるだろう。その点でマルクスは生き延びるかもしれない。しかしわたしは，中間階級が蜂起した暁には，政治は急進的な革命を阻止する方向で反応する，と論じていく。そうした蜂起の先陣は，下層階級よりもむしろ中間階級が受けもつだろう。さらに，闘争や変動は起きるだろうが，しかしそれは社会主義の方向への変化ではなく，十中八九，より洗練された資本主義に向かう変化であろう。

　これらが本書で探究する主題である。説明したいと思っていることは，なぜ目下のところ階級闘争の可能性が低いのか，また，中間階級が相対的に低い費用で獲得できる高価な資源の現有持ち分を失い，それによって彼らの感情が肯定的から否定的な方向へとしだいに推移するならば，どのような階級闘争の可能性が高まるのか，である。事実，この推移の徴候はすでにみられるが，しかしまだ今のところ，社会の制度構造に対する中間階級の全般的な感情は，まちがいなく，肯定的と否定的という二極分解とは逆である。しかしわたしは，この感情価の逆転は長期的には避けられないだろうと考えている。この感情の二極分解が発生すると，下層階級ではなく中間階級からの革命の可能性もまた高まる。中間階級からの革命は，資本主義イデオロギーの拒否ではなく，それのよりよい実現を強く求めるだろうと，わたしは考えているが，しかしこの考えはわたしの推論でしかない。エリック・ライトの奇妙な語句を用いるならば，「現実主義的ユートピア」というようなものが生起するかもしれない。資本主義は持続するだろうが，しかしそれは改良された資本主義になるだろう。とくにアメリカ合衆国では，社会メンバーへの高水準な資源再分配を確保するために，政府が彼らに課税し統制するような資本主義になるだろう。しかし，この中間階級からの蜂起が失敗すると，その場合には，マルクスが予測した革命のようなことが起こることになるかもしれない。

ジョナサン・H・ターナー
カリフォルニア州サンタ・バーバラ

第1章

全体社会の階層化

1.1 階層体系の基本属性

　人類史のほとんどの期間，事実上，不平等は存在しなかった。狩猟・採集民の遊牧バンドは，あらかじめ決められた縄張り内を放浪していた。彼らは，生存に必要な食料を採集し狩猟するために精根を使い果たすほど，働きつづけるようなことはしなかった (Turner and Maryanski, 2008)。周期的に，おそらく最初は季節によって，一部のバンドは定住したかもしれないが，しかし後になるとより永続的に定住するようになった。そして今から1万年前あるいは1万2000年前頃に，定住が全世界でごくふつうの景観になると，社会形成体としての地域社会はそれまで以上に出現しやすくなった。人類が地域社会に定住するようになると，社会界は変化しはじめた。指導者が出現し，彼らはしだいに，他者たちに何をすべきかを指示し，また他者の生産余剰を搾取する権利をもつようになった。こうして，最初は散発的に出現した地域社会は，資源分配の不平等と，際立つようになった社会形成体としての階級に基づく階層制を出現させることになった。そして，不平等が緊張と対立を引き起こすようになるとともに，遊牧する狩猟・採集によって維持されていた相対的な意味でのエデンの園は，人口成長，大規模な定住や権力の集中，資源分配上の高水準な不平等に置き換えられた (Turner, 1984, 2003)。全体社会進化の継起的段階——定住した狩猟・採集社会から農耕社会を経て，農業社会へと継起する段階——ごとに，不平等と階層の水準は上昇をつづけた。一部の個人やその家族が，しだいに他の人たちやその家族よりも多くの資源を獲得するようになっていくと，当該人口集群のほとんどは，わずかな資源しか受け取ることができなくなる。階層制

は，多くの場合，農業社会の封建主義的形態において頂点に達した (Lenski, 1966)。その後，不平等は産業化とともにわずかながら低下したが，しかしほとんどの産業社会と高度産業社会がいぜんとして高水準の不平等や階層制をしめしていることをみれば，この低下は比較的に小さかったといえる。

　要するに，人類が遊牧する狩猟・採集形態を捨てて以降，人口集群内の有価資源は不平等に分配され，そのために緊張や闘争をうみだす力学が作動しはじめた。こうして階層制は，すべての社会の基礎的な社会文化的構成体になったけれどもそれはさまざまに異なり，また徐々に変化しつづける現象でもある。歴史的にも，また現在でも，ある人口集群のメンバーたちは，階層体系の基本属性のいくつかを中心として，多少とも階層化されている (Turner, 1984)。階層体系の基本属性には以下のようなものがある。

(1) 資源分配における不平等の程度

(2) 不平等に分配される資源の数と型

(3) 同一水準と同一型の資源を共有する下位人口集群の特徴

(4) こうした人口集群メンバーの，以下のような変数についての同質性の程度

　　(a) 文化

　　(b) 行動

　　(c) 社会的類別単位 (たとえば民族，宗教，年齢，ジェンダー) へのメンバー所属

　　(d) さまざまな型の集団における他者たちとの提携ネットワーク

　　(e) ライフスタイルの実践

　　(f) 階級間の婚姻率と生殖率

(5) 資源持ち分やそれの相対的な道徳価値による，これら下位人口集群における位階の線形性の程度

(6) ある人口集群から別の人口集群への個人や家族の移動率とその方向

(7) 社会的類別単位——ジェンダー，民族，年齢，宗教所属など——へのメンバー所属が，下位人口集群の各資源持ち分による線形的位階づけと相関している程度

本章の目標は，このように変化しうる階層属性をよりくわしく解説することである。ある人口集群が階層化される程度は，こうした階層基本属性の経験的な装填によって規定されている。

1.2 階層体系の可変的属性

1.2.1 有価資源の分配にみられる不平等の程度

あらゆる階層体系にみられる最初の可変的属性は，資源分配における不平等の水準である。高水準の階層化が高水準の不平等をともなうのに対し，資源分配が個人や家族の間で相対的に均等である場合には，階層化は明らかに低水準である。どの資源に関しても，誰がどれほどその資源を獲得するかには分布がある。そこで不平等の程度を評定するために，ジニ係数という用具が使用される。これは，ある資源の現実の分布が，完全平等の状態から外れている程度を測定する。図1.1は，この係数の論理をしめしている。直線は，完全平等（人口集群の各10パーセントがある資源の10パーセントを受け取っていること）を表し，この直線から外れている点線は現実の資源分布を描いてい

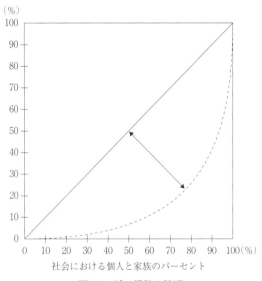

図 1.1 ジニ係数の論理

注：仮定的な分布 ──────
　　現実の分布 　 ------
　　不平等の水準 ◀────▶

※現実の分布をしめす点線が完全不平等をしめす直線から外れているほど，ある資源分布の不平等は大きい。たとえば，図中に表されている当該人口集群の80パーセント以上がその資源の30パーセントしか受け取っていないとすると，頂上の20パーセントがその資源の70パーセントを受領していることになる。

る。二つの線が離れているほどジニ係数は大きく，したがって当該の資源分配における不平等の水準は大きい。

　狩猟・採集以後の社会ではすべて，複数の資源が不平等に分配されているが，しかしジニ係数はともすれば所得の不平等，時に資産の不平等を強調する傾向にある。つまり，金銭や，金銭という測定基準で購入され評価される物財がどれほど不平等に分配されているかは，これによって捉えられる。ところが，権力や威信など目に見えにくい資源が不平等に分配されている場合には，ただちに問題が露呈する。社会学者たちは，さまざまな職業の位階を，それの相対的な威信から構築してきたが，しかしこれらはジニ係数の論理によっては容易にしめしえないのである。だから，権力や権威のような資源が不平等に分配されている場合でも，社会で誰がどれほどの権力をもっているかを測定することは非常に難しい。ある社会にどれほどのパワーエリートが存在するかについて，社会学的な論争が長年にわたってつづいている（たとえば，Mills, 1956, 1963；Domhoff, 2006；Rothkopf, 2009；Doob, 2013）のは，そのことを裏づけている。また，こうしたエリート下位人口集群がたとえ存在するとしても，それは他の下位人口集群と比べてどれほど多くの権力をもっているのだろうか。これらの疑問に対する答えは，一義的に決めがたい。実際，社会学者たちは，権力が事実上さまざまな程度の不平等をしめす多くの次元をもっている場合は，権力を絶対的だとみなす傾向にあった（Turner and Starns, 1976；Turner, 1995）。

1.2.2　不平等に分配される資源の性質と型
　上述したように，社会学の理論や調査研究は，三つの基本的な資源，すなわち，金銭や資産，権力や権威，威信や名誉に集中しがちであった。確かにこれらは，どの階層体系でもその基礎をなす非常に有価な資源である。これらは基本的に，マックス・ウェーバー（[1922] 1968）やカール・マルクス（[1867] 1967）によって強調された資源であり，階層についての社会学的概念化は，100年以上にわたって，このわずかな主要資源だけを強調することに固執してきた。しかし，わたしが本書を執筆することに決めた一つの理由は，金銭や権力や威

第1章　全体社会の階層化　　5

信以外に，多数の異なる型の資源があり，それらも社会の中で不平等に分配されていることを強調したいがためである。これらの資源は，金銭や権力ほど強力には階層力学に影響力をもたないかもしれないが，それにもかかわらず，とりわけ階層体系内で生活している人びとにとっては（階層を分析する社会学者とは違って）重要である。さらに，多少異なる形で述べれば，社会学理論が経済的および政治的資本を強調してきたために，階層の概念化は歪められ，階層体系のもっとも重要な力学の多くが社会学的分析において無視あるいは少なくとも過小に評価されることになった。

　資源はどこで生まれるのだろうか。それはわたしが制度領域と呼んでいる体系（Turner, 2003, 2010a）で発生する，というのがその答えである。制度領域とは，社会内で資源を供給する団体単位（いいかえれば集団・組織体・地域社会）を組織する制度体系のことである。各制度領域には，その領域内の団体単位によって分配される，少なくとも一つの基本的な資源がある。資源としての貨幣は，経済の制度領域が進化して，とりわけ市場が発明された後に出現した（Braudel, 1979 ; Collins, 1990 ; Turner, 1995）。市場では，交換を促進するために一般化した価値表徴が必要とされたからである。そして，貨幣がしだいに価値表徴として使用されるようになると，非経済領域で進化した団体単位も，貨幣を重要な交換媒体として使いはじめた。資源としての権力は，政治の制度領域が進化し，定住した大きな人口集群を統合し統制するという適応問題を処理するために出現した（Spencer,［1874-94］1898 ; Mann, 1986 ; Turner, 1985, 2010a）。この新しい領域内に新種の団体単位が出現すると，政治組織は基本的に，経済，法律，教育あるいは親族関係のような制度領域内の団体単位に，その目標達成に関連する限られた活動範囲についての権限を委譲し，また権威を動員する権利を付与する（Turner, 2010a）。

　政治と経済だけが社会における制度領域でないことは明白である。実際にこれらは，人類の長い進化史において最初に進化した領域でさえない。最初の領域は親族関係であり，すべての制度的活動は親族関係に組み込まれていた。これら埋め込まれた制度活動がより自律的な領域として分化しはじめたのは，人

口集群の定住と成長が起こってからのことである。実際，初期の全体社会進化は，複数の制度領域が次々と親族関係から分化するという特徴をもっていた。そして，相対的な価値表徴としての貨幣を使用する経済活動が増加すると，また人口集群のメンバーを統合し統制するために権力を用いる政治組織が発展すると，こうした資源は交換可能な一般化した象徴媒体となり，他の制度領域が親族関係から進化するとともに，それらの領域で流通するようになる (Simmel, [1907] 1990 ; Luhmann, 1982 ; Parsons, 1963a, 1963b ; Parsons and Smelser, 1956)。こうして人びとは，たとえば貨幣を，経済だけでなく，他のほとんどの制度領域——宗教的，政治的，法的，教育的などの領域——内の団体単位における分業上の活動に対しても用いるようになる。同様に団体単位は，多様な目標（経済，政治，家族，教育，宗教，芸術など）を追求する分業を組織するために，権威の出動を必要とするようになる。そうして権力と権威は，貨幣と同じように，他の制度領域に広まりはじめる。貨幣は，市場の隆盛と，団体単位がその担任者を金銭で雇用することを可能にする。その一方で，政治組織から各団体単位へ権力を委譲することは，中央政府や行政体がすべての団体単位を細部にわたって管理する必要を軽減する。資源としての象徴媒体が，なぜ，どのように，どれほどの領域を越えてもっとも遠方まで流通するのか，またそれが特定の制度領域で用いられる別の象徴媒体にどのような効果をもちうるかということは，重要な経験的および理論的な課題である。

　貨幣のような資源が事実，価値を表徴する一般化した象徴媒体であることを強調したおそらく最初の社会学者は，ゲオルグ・ジンメル（[1907] 1990）である。複雑な社会では，貨幣自体は固有な価値をほとんどもたない（紙に印刷された数値，あるいはコンピュータ上の表記に過ぎない）し，また金銀のような貴金属で鋳造されている場合でさえ，その貨幣はそれ自体，有価な商品としてよりも価値表徴として，経済に対して価値をもつ。現代，貴金属は，象徴的貨幣価値のインフレーションとデフレーションという景気循環に対する防衛手段として使用されている。しかし金銀に価値を与えることはいささか専断的であり，前文字社会においては，貝殻やビーズなどのような硬い物が価値の表徴物とし

て活用されていた (Chase-Dunn, et al., 2013)。実際，ビーズや貝殻が金や銀と同様に一般的に評価されるのは，それらが稀少だからであるが，しかしそれらの真の重要性は，相対的な価値を指示する測定基準を提供することで交換を促進するという，象徴的媒体としてのそれにある。この事実は，複雑さを増す市場体系において交換の活力が強くなるにつれ，貨幣そのものの固有な価値は取るに足らなくなることに歴然と現れている。すなわちその紙は，それが有価として表徴しているものを除けば，固有の価値をもたないのだ。もちろん今日では，貨幣は，クレジットカードによる交換を表徴するコンピュータのスプレッドシート上でサイバー空間を飛び交っている。クレジットカードの材料であるプラスチックは固有の価値をもたないし，またクレジットカードの数値は，その数字によって特定される預金口座の金額以上の価値をもたない。

　社会で不平等に分配される資源がそれぞれの制度領域内で進化すると，それらの資源が人びとに与えることにも価値が付与される。たとえば貨幣の場合は迅速な交換に，あるいは象徴的媒体としての権力の場合は社会統制に，価値が付与される。同じことは，別の制度領域の一般化した象徴媒体にもあてはまる。それらはしばしば本来的に個人にとっての報酬であり，したがってそれ自体が評価されるか，あるいは別の資源への進出を助長する。さらに，こうした一般化した象徴媒体の保有は，威信とまったく同様に，肯定的な感情を喚起する。肯定的感情は，本来的に人びとに対する報酬であると同時に，もうひとつの高度に一般化した強化物になって，さまざまな制度領域における追加資源を追求する自信を人びとに与える。

　ところで，次章での議論を先取りすることになるが，人間は，愛情／誠実（親族関係），神聖／敬虔（宗教），不可欠の調整／正義（法），学識（教育），健康（医療），確認された知識（科学），競争力（スポーツ），審美（芸術），および潜在的にはあと若干の一般化した象徴媒体を高く評価するので，それの保有と使用は肯定的感情を喚起し，またそれの喪失は否定的感情を引き起こす。さらに，こうした資源の保有は，金銭とほぼ同じように，別の型の資源に接近するために利用できることが多い。たとえば高度産業社会においては，教育資格（学位）

のような学識水準の表徴は，個人が金銭や権力や威信のような他の資源，なら
びに肯定的感情エネルギーの貯蔵庫を手にすることを可能にさせる。そしてこ
れらの資源や肯定的感情エネルギーは，人びとに名誉もしくは自信を与えて，
彼らが多様な制度領域からさらに別の資源を確保できるようにさせるのである。
事実，学識表徴としての教育資格は，貨幣と同じように，インフレーションに
なることもデフレーションになることもある。実際に高度産業的世界において
明らかなように，人びとは，資格のインフレーションによって，別の資源に接
近するためにさらに多くの資格を確保せざるをえなくなっている（Collins, 1979）。

　社会学は今でもなお，ある程度，マルクス主義的見解に縛られており，金銭
や権力や威信以外の一般化した象徴媒体を，経済エリートによって統制される
単なる「上部構造」，あるいはより侮蔑的にいえば，より多くの権力や金銭を
確保したいという人びとの真の関心を隠蔽する象徴的な暗幕とみなしている。
マルクスおよび多数の現代社会学者によれば，神聖／敬虔，およびこの資源を
取り巻く信念は，人びとがみずからの真の関心を判別しにくくする「アヘン」
だというのだ（批判的な社会学者は明らかにそう規定している）。それでも，
一般に人びとはこのアヘンを高度な報酬とみなす。そうでなければ，現代世界
に麻薬問題は存在しないはずである。

　一般化した象徴媒体は，人びとの真の関心を隠蔽するイデオロギーをつくり
だす象徴的な上部構造だというように，それに対してどちらかといえば評価的
な態度をとってしまうと，社会学はいくつかの重要な問題を見落とすことにな
る。第一に，いずれの階層体系においても，社会学者がふつう主張するよりも
多くの資源があり，これらの資源はしばしば人びとにとってきわめて高い価値
をもっている。こうした資源には，社会学者がこれだけが階層化資源だとして
関心をもつ金銭や権力や威信よりも多く価値が含まれている（ここで少し先ま
で論を進めているのは，社会学者たちは明らかに，学識や学識を標示する教育資格
が紙幣と似ていると認識しているからである［Collins, 1975, 1979]）。第二に，これ
らの資源は，金銭や威信と同様に，人びとに付加的な有価資源への接近を可能
にし，加えて彼らの威信あるいは名誉および肯定的感情エネルギーを大幅に増

やして，多くのさまざまな社会領域で自信を感じさせる。第三に，金銭でも権力でもない，これら多くの資源は，ほとんどの社会，とりわけ産業社会や高度産業社会において，より平等に分配されている。いいかえれば個人たちは，金銭や権力よりも，こうした別の一般化した象徴的資源の多くにたやすく接近できるのだ。実際，学識年数とその分配のような一部の事例の場合，この有価資源の不平等性は金銭や権力と比べて低いことをジニ係数がしめしている。

　上述の考察は，階層の見方を変える必要があることを示唆している。なぜなら，有価資源である他の一般化した象徴媒体は，権力や金銭または威信の高水準の欠乏をしばしば相殺するからである。人びとは，マルクスが描写したように騙されやすいカモではないのだ。人びとは，自分がどこに位置しているかに通常気づいているが，しかし高度産業社会では，肯定的感情を与えてくれる多くの別の有価資源に接近できる。この肯定的感情は，さらに多くのこうした資源を獲得したり，追加された制度領域の新しい団体単位へ接近して新型の資源を探したりする自信に変換されうる。

　わたしがぜひ言っておきたいことは，社会学者がこうした資源をさほど重要視せず，むしろ見下しているということだ。もっとも，教育資格によって標示される学識が高度産業社会において重要でないと論じる社会学者はほとんどいないだろう。しかし，親族関係において育まれる愛情／誠実，宗教において循環する神聖／敬虔，スポーツにおける競争力，芸術における審美，医療における健康なども，非経済的および非政治的な制度領域における一般化した象徴媒体として重要である。興味深いことに，タルコット・パーソンズ（1963a, 1963b）やニクラス・ルーマン（1982, 1988）のような機能主義的理論家は，ジンメル（[1907] 1990）からその外套を受け継ぎ，制度領域を，それぞれの一般化した象徴媒体と，そうした媒体の行為者による制度内および制度間の交換によって，概念化しはじめたのであるが，階層化に対するそれらの重要性については十分に概念化しなかった——このことが，現代社会学における機能分析をつねに失敗に終わらせているのだ。

　わたしとしてはさしあたり，社会学の立場から階層の拡張モデルを提示した

いとだけ述べさせてもらおう。この拡張モデルは，金銭や権力以外のすべての一般化した象徴媒体と，威信以外の一般化した強化物——目下のところ肯定的感情——が，階層化とその力学を概念化するにあたっての部分でなければならないような階層モデルである。こうした提案を行う際の手段が，肯定的感情と否定的感情がこの意味での資源だと強調することである。これらの感情は，ある人口集群のメンバーに不平等に分配されている。肯定的感情は，付加的な資源へ接近しようとする人びとの能力に強力な効果をもつが，否定的感情は，人びとが資源持ち分を獲得できないことに対して同様に大きな効果をもつ。感情が肯定的であると，それは，マクロ構造とその文化への個人の信頼とそれの正当化に対して効果を及ぼすが，感情が否定的であると，それはマクロ構造からの疎外，およびそれらへの信頼の欠如という結果をもたらす。また，ある人口集群で否定的感情の割合が有意に超えると，それは社会に緊張と対立を生み出す効果をもつ。

　このように，階層化の分野で研究されたことはすべて，何が有価資源を構成するかについての拡張された見解によって，再分析できるのである。この拡張された見解に立てば，別の重要な資源——肯定的な感情エネルギー——の分配が，階層体系を維持し再生産するうえでこれまで以上に重要だとみなすことができる（第7章をみよ）。

1.2.3　下位人口集群における資源持ち分の収斂

　社会階級の概念は，社会学において長い歴史をもっているが，その概念的な曖昧さは否めない。わたしにいわせると，社会階級形成体は，比較的に低い水準から高い水準までさまざまである。しかし，どのような属性が異なる社会階級をもたらすのだろうか。そうした属性の一つは，個人たちが同じ構成からなる有価資源を保有している程度である。すなわち，多様な資源の構成と水準とが同じか近い下位人口集群を識別できれば，一つの階級が形成されていることが確実になる。しかし多くの社会では，資源の型と持ち分がほぼ同じであるような人口集群の大規模な分節体をみつけることは容易ではない——高度産業社

会でみいだされるのは，おそらく富裕層と極貧層だけである。一般に問題になるのは，中間階級における資源持ち分の曖昧さである。産業社会や高度産業社会は，二つの対立する大きな階級（たとえばブルジョアジーとプロレタリアート）に二極分解するのではなく，資源の構成が異なる複雑な中間階級の集合を生みだしたために，マルクス主義的分析にとって中間階級はつねにやっかいな問題であった。たとえば，純粋に経済的基盤——すなわち，個人や家族がどれほど多くの経済資本を所有しているか——に基づいて中間の上流階級を識別できたとしても，しかしその持ち分の近似性は，威信，またおそらくそれ以外の型の資源を追加すると，ただちにさほど明瞭ではなくなる。具体的には，名声をえている教授や医師や弁護士，あるいは企業経営者の場合，彼らの資源の型には大きな相違がある。ピエール・ブルデュー (1984) はこの問題を処理しようとして，階級内には異なる量の文化的，象徴的，経済的，社会的資本を保有する支配的，中間的，被支配的な分派があると仮定した。興味深いことに，彼はまた，各社会階級における支配的，中間的，被支配的な分派の相同性に注目し，異なる社会階級の三つの分派は，たとえ資源の総量——すなわち彼らの象徴的，文化的，社会的，経済的資源の全体量——が，階級境界を挟んで異なっているとしても，各型の資源の相対量ではしばしば相似した輪郭をしめす，と強調した。表1.1 は，ブルデューの議論をまとめたものである。つまり，上層階級の全メンバーは，すべての形態の資本を他の階級のメンバーよりも多く所有しているかもしれないが，この階級の個人や家族には特定の型の資本を，多少とも異なる量で保有する別々の分派が明らかに存在する。こうした分派は，他の階級でもつくられる。

　さて資源の概念を，ブルデューのいう四つの型の資本から，わたしが提起しているものにまで拡張するならば，多様な一般化した象徴媒体が，資源として分化した制度領域内およびその間で流通していることになる。このことはおそらく，いずれの階級水準でも個人のもつ資源の型にはさらなる多様性があるだろうことを示唆している。そうだとすれば，複合的な社会では多くの場合，一つの階級を弁別する表徴になるような明瞭な資源構成をみいだすことは困難で

表 1.1 産業社会における階級と階級分派

	支配階級：全形態の資本を保有する最富裕
支配的分派	経済資源が最富裕である層。この資本は別の型の資本を取得するために使用できる。この分派は主として，生産手段を所有する者たち，すなわち旧ブルジョアジーから構成される。
中間的分派	ある程度の経済資本，ならびに中程度の社会的，文化的，象徴的資本を所有する。この分派は，高い資格が必要な専門職の保有者によって構成される。
被支配的分派	経済資本はほとんどないが，文化的および象徴的資本の水準は高い。この分派は，社会で価値あるとされる文化的資源をもつ知識人・芸術家・作家などから構成される。
	中間階級：全形態の資本がほどほどの水準
支配的分派	経済資本は，この階級内で最高だが，支配階級の支配的分派に比べるとかなり少ない。この分派は，小ブルジョアジー（小事業主）によって構成される。
中間的分派	ある程度の経済的，社会的，文化的，象徴的資本を所有するが，その量は支配階級の支配的分派と比べるとかなり少ない。この分派は，熟練した事務職によって構成される。
被支配的分派	経済資本は所有しないか，もっていても少量だが，社会的，文化的，象徴的資本は相対的に多い。この分派は，教師のような教育労働者や，その他の文化的生産に関わる低所得で定型業務に携わる専門職からなる。
	下層階級：全形態の資本が低水準
支配的分派	この階級全体のなかでは，経済資本は比較的に高い。この分派は，熟練筋肉労働者から構成される。
中間的分派	経済資本もその他の型の資本も，その量は少ない。この分派は，資格をもたない半技能労働者から構成される。
被支配的分派	経済資本の量はきわめて少ないが，貧困者や労働者を支援する学歴のない夢想家や文人には，若干の象徴的資本がある。

ある。また，威信に，他のより一般化した強化物，たとえばさまざまな下位人口集群のメンバーが保有する否定的感情エネルギーに対する肯定的感情の割合，を加えるならば，異なる経済資源を有する下位人口集群中に，階級あるいは分派をみつけることはさらに困難になる。

1.2.4 下位人口集群のメンバーたちの同質性

　高水準の階級が形成されている場合でも，それぞれの階級のメンバー間には，いくつかの主要な変数に関して比較的高水準の同質性があるかもしれない。第一に，ある階級メンバーは別の階級から区別できる共通の文化——価値とイデ

オロギー——を共有しているだろうか。ほとんどの高度産業社会では，社会全体での文化が存在する。たとえばアメリカ合衆国のような一部の社会では，中核的価値に関して，また制度領域や階層体系を正当化するイデオロギーについて，比較的高い合意がみられる。この幅広い合意は，どの階級であれ，階級内の文化的同質性を低めることになる。というのも，他の階級のメンバーたちも，同じ文化的象徴の多くを信頼していると思われるからである。ここでは，文化資本についてのブルデュー (1984) とコリンズ (1975) それぞれの概念化が有用である。彼らの文化資本の概念化は，構造的に同等な個人たちが，他の階級のメンバーとよりも高い割合で階級内の相互作用を行う場合に発達させることができる文化的嗜好，選好，経験といったそれ独自の形態を強調しているからである。実際，金銭や権力以外の多くの資源の存在は，嗜好，選好，適切な行動，美などについての信念を異にする文化資本の幅広い変異を生みだしがちである。要するに，個人たちが他の下位人口集群のメンバーとは区別される文化資本を共有するほど，階級形成は生じやすい。

　第二に，挙動は，下位人口集群間でかなり異なり，高水準の文化資本を所有する者たちは，低水準の文化資本しかもたない者たちとは異なる行動をする。したがって，高度産業社会におけるより高い階級のメンバーとより低い階級のメンバーとは互いに区別できるが，中間階級の集まりのなかではより漠然としている。しかしこれら中間階級内でも，発話や対人的な挙動などの行動様式は異なっている。ひとまとまりにみえる中間階級のメンバーを区別する一つの基盤は，文化資本の相違を反映する挙動である。要するに，下位人口集群のメンバー間の挙動が相似しているほど，とくにこれらの挙動が学識や教育資格などの文化資本の形態によって制約されている場合には，階級形成は根を下ろしやすい。

　社会資本についてのブルデューの考えは，多様な下位人口集群のメンバーたちを区別することもできる。より高い階級の個人は，低い階級の人たちに比べて，よりコスモポリタン的であり，またより大きくて遠方まで広がる紐帯のネットワークをもちがちである。あるいは彼らは，ブルデューの用語を用いるな

らば，より多くの社会資本を共有している。中間階級は，社会的なネットワーク，とりわけ職業的ネットワークや家族紐帯以外のネットワークによって区別されることもある。これに対してより低い階級の個人たちは，それよりも上位にあるすべての階級よりも，地域的あるいは近隣のネットワークをはっきり表しがちである。このように，ネットワークの紐帯パターンや，集団や組織体へのメンバー所属が，下位人口集群のメンバーのあいだで相似している場合に，階級形成はより発生しやすい。

　同質性はまた，わたしが類別単位と呼ぶもの（第2章をみよ），すなわち社会的類別への個人たちのメンバー所属（の多様性）によっても規定される。社会階級は，一種の類別単位であり，だから，ある社会階級のメンバーたちが文化，行動，社会的ネットワークの点で同質的であると，階級はたやすく定義される重要な類別単位になる。後の諸章でもっとくわしく分析することになるが，類別単位へのメンバー所属の基盤としては他に，年齢，ジェンダー，民族／人種，出身地，宗教などがある。類別単位へのメンバー所属が社会で際立ち，そして外見から，つまり集団や組織体へのメンバー所属（たとえば宗教），社会的ネットワーク，類別単位の文化などの相違によって判然としている場合，こうした相違が一つの下位人口集群を交差すると，その同質性は低下する。しかしながら，ほとんどの社会では，道徳的により高いと考えられる類別単位と，より高い水準の社会階級の配置とのあいだには，ある程度の相関関係が存在する。だから，低く評価される類別単位のメンバーが低く評価されるのは，その多くが下層階級に所属しているからなのであり，これに対して，より高く評価される人たちは，より上層の社会階級のメンバーなのである。階級と，その他の類別単位のメンバー所属とのあいだのこの連結が高い場合，双方の類別単位の形態——たとえば社会階級と民族——の卓越度は，高いままで，社会における個人を絶対的な価値と相対的な価値という道徳的尺度に沿って区別するために使われる（Blau, 1977, 1994 ; Turner, 2010a）。

　類別単位のメンバー所属は示差的に評価されるために，地位信念が出現する。この信念は，個々人を道徳的に評価し，彼らがどのように行動すべきか，また，

さまざまな制度領域のどこに配置されるべきか——これら配置が資源としての象徴媒体の分配を規定する——という期待を確定する（Berger and Zeldicth, 1985 ; Ridgeway, 1994, 2000, 2006 ; Ridgeway et al., 1998 ; Ridgeway and Erikson, 2000）。こうした地位信念と，そこから生まれる期待状態は，しばしば偏見に満ちた信念の基礎になる。この信念は，可視的で低く評価される社会類別のメンバーに対する差別を当然視し，正当化するために用いられ，その結果，個々の社会階級内の同質性は増大する。社会階級の位階が上になるほど，類別単位のメンバー所属はさらに同質的になり，またその構成にはより高く評価される類別単位の者たちが多くを占めるようになる。しかし，社会階級を交差する高い移動率はしばしばこの相関関係を破壊する。たとえば低く評価される類別単位のメンバーたちが，学識や学位などの資源を獲得し，それを使って階級の位階を上昇するといった場合がそれである。

　さらに，先進の高度産業社会にあっても，とくに上位の階級と下位の階級では，高く評価される類別単位のメンバー資格と，低く評価される類別単位のそれとのあいだには若干の相関関係がある。類別単位へのメンバー所属が，これらメンバーたちの文化資本，社会資本，および挙動に大きな効果をもつならば，類別単位の階層体系と階級体系の線形性との一致は，差別によって確実になる。この相関関係を小さくしているのは，ほとんどの高度産業社会にあっては，中間階級の漠然とした混り合いだけである。

　階級分派に関するブルデューの考え（表1.1をみよ）に従うなら，ある階級分派としての配置と類別単位へのメンバー所属とのあいだには，相関関係を想定することができる。とくに，多少移動が生じて，それまで低く評価されてきた類別単位のメンバーが，階級の位階を上昇できる場合には，そうである。しかし類別単位のメンバーに対する差別圧力の負荷量は，メンバー所属の可視性（皮膚の色などの身体的表徴），移動を通じて獲得された文化資本，新しい階級にふさわしいネットワークへの参加のために以前の社会的ネットワーク（親族関係を含む）を低めること，新しい階級あるいは階級分派への移動に適切な挙動をもつために，以前のそれを変えようとする計画的な努力を含む，さまざまな

条件の複雑な混合である。

たとえある個人が，身体的表徴によって差別的に評価される類別単位のメンバーだと識別されるとしても，文化的，経済的，社会的資本が階級に適合している場合，また挙動が新しい社会階級に順応している場合には，その類別単位へのメンバー所属は重要度を低めるだろう。さらに，社会的資本，ネットワークのパターン，挙動に多少の相違が残ったままであっても，特定社会階級のメンバーとの高い相互作用率は一般に，類別単位のメンバー所属そのものの重要度を低下させるだろう。そして，さまざまに評価される類別単位のメンバーたちが，経済的資本の同質性，階級特定的な文化的資本の主要素の吸収，新しい階級との社会的ネットワークへの移動，出会いにおける挙動の微調整，これらによって共通の外観を発達させると，同質性は高まるだろう。また，類別単位のメンバー所属が異なっていたことから生じる相違が当初あるとしても，時間の経過とともに，ある社会階級の「生え抜き」のメンバーたちが，新しく階級に所属した人口に適応し，より寛容になると同時に，新規のメンバーも「生え抜き」の文化，ネットワーク，行動様式を採用するようになると，同質性は高まるだろう。だから結局のところ，一部の階級は同質性によって他と区別され，そのことによって階級形成を促進する。

1.2.5　下位人口集群の線形的順位

下位人口集群を位階づけるには，何らかの測定尺度が必要である。社会学者も，またそれほどではないにしろ一般人も，所得や資産，権力や権威，威信や名誉の量を用いて，下位人口集群内に基本的な区別の線引きを行う。これらの次元間にはある程度の相関関係があるが，マックス・ウェーバー（[1922] 1968）は，個々の次元（彼のいう「階級」「政党」「身分集団」）を強調する際に，その相関関係が完全であることはめったにないと力説している。社会内の下位人口集群を位階づける限定的な次元の集合があるとしても，社会階級の順位づけの全体を，一つの線形的な階統へ合成することには問題がある。基本的に個人たちは，こうした諸次元を平均にならし，個人や家族が合わせもつ資源につ

いてそれとなく合成的な「民俗的ジニ係数」を構築し，これらの資源のほとんどをもつのは誰なのかを推量するのである。

　しかしながら，これらの「民俗的ジニ係数」に，別の制度領域からの付加的な資源を加えるなら，下位人口集群の位階づけはあまりにも複雑になる。結果的に，一般人も社会学者も，「民俗的ジニ係数」を算定するもっとも一般的な分析手段として，所得と権力，およびたぶん威信を用いることになる。ただし高度産業社会においては，学識もしくは教育や，芸術から美学，スポーツから競争力のような別の次元の資源が加わるかもしれない。とくに資源としてのこれら一般化した象徴媒体の保有が，その保有者により多くの所得や威信，そしておそらく若干の影響力や権力さえも与える場合には，そうである。こうして，いくつかの分野で教育を受けた人たちは，高く評価される稀少な資源をもっているために，その技能の「貸し出し料」を請求できる。成功を収めた芸術家や芸能人もそうである。また，プロのスポーツ選手は，大型契約を結び，個人的行動に問題があると噂されても，ファンの絶大な称賛を享受できる。

　その結果，多数の中間水準階級をもつ高度産業社会についても，所得および，権力や威信のような所得を可能にする別の資源の持ち分によって位階づけられる大まかな階級の階統を構築できるようになる。その階統の最上層と最下層は，これら所得などによって容易に区別できるし，中間の上階級も同じく区別できる。しかし，高度産業社会で所得が中央値水準あたりでうろついている階級は，つねに漠然としている。もっとも，そのメンバーたちのあいだには，教育あるいは他の稀少な技能の水準に由来する威信の点で，若干の相違が存在しうる。

　しかし，個人や家族の収入は，たとえば低く評価される類別単位の人びと，あるいは筋肉労働をしている人びとの威信を上げたり，もしくは下げたりして，それぞれ威信と交差する。したがって図 1.2 がしめしているように，その線形がおおまかでしかないのは，中間階級のメンバー（ホワイトカラーとブルーカラーの双方）を評価するために使用される基準が曖昧だからである。その順位づけに一つの基準——たとえば所得もしくは威信——だけが用いられるなら，それはより線形的になるだろうが，しかし実際には，さまざまな基準がつねに

ある仕方で結び合わされており，そのことが中間階級の相対的な順位づけを難しくさせている。各種の世論調査の結果がしめしているように，高度産業社会における大多数の人たちは，みずからを「中間階級」とみなしている。この評価は，自衛的な態度というだけではなく，自分たちが貧困層，中間の上流階級，富裕層と比べてどこに位置しているかの現実的評価でもある。低い威信の職種に就いている，あるいは低く評価される類別単位のメンバーである場合，所得で位階を手に入れても，何かを失うことになる人びとがいる。その一方で，威信を与える教育資格をもっているが，しかしその威信に見合う所得を得ていないために，何かを欠くことになる人びともいる（たとえば教員は配管工よりも多くの威信をもつが，しかし配管工の方が，フルタイムで雇用されているなら，

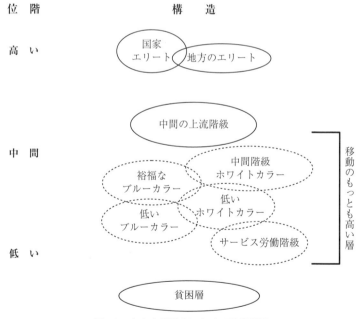

図 1.2　高度産業社会における階級体系

注：一つの階級を囲んでいる実線は，階級メンバーの同質性の程度が高いこと，および他階級からの移動のしやすさに限度があることをしめす。点線は，類別単位メンバー間のより複雑な交差と，移動率の相対的な高さをしめす。

その所得は教員のそれよりも多い）。

　中間階級がしめす曖昧さにもかかわらず，下位人口集群の順位づけは看過できることではない。なぜなら，順位づけは多くの仕方で人びとを，道徳律によって評価される類別単位——社会階級——に位置づけるからである。この道徳律は，イデオロギーやメタ・イデオロギー（支配的な制度領域の複数のイデオロギーが融合した結果として出現するイデオロギー）から派生したもので，これによって当該の階層体系は正当化されているのだ。人びとは，階級階統の異なる場所にいるメンバーに対して地位信念を抱くが，これは対面的な出会いの水準では期待状態として作用する。さらに，形式的および非形式的な差別は，しばしばイデオロギーやメタ・イデオロギーから引きだされる地位信念によって正当化され，類別単位のメンバーについての偏見に満ちた信念に統合される。差別はまず，より低い社会階級のメンバーたちが団体単位へ接近することを認めないか，そうでなければ団体単位内の階統的な分業を上昇移動することを否定する。次いで，階層文化が支配的な制度領域のイデオロギーを結びつけて一つのメタ・イデオロギーをつくりあげ，そのメタ・イデオロギーが社会階級を含む一定の類別単位のメンバーたちについての示差的な評価および差別をするようになると，階級の位階順序づけはより明白になる。そうなるとこの文化は，ある型の人びとが多様な制度領域内の団体単位で確保できる資源の水準に対して多大な効果をもつ。

1.2.6　階級間移動

　こうした線形性と道徳的評価の効果は，どの順位づけにもみられが，上昇移動および下降移動の割合による影響を受けている。上昇移動をする人たちは，より多くの資源だけでなく，道徳的価値をも要求でき，しかもそのことが彼らの威信や肯定的感情の貯蔵庫を増大する。階統を下降する人たちは，資源や威信を失い，否定的な感情を経験する（Kemper, 1978 ; Kemper and Collins, 1990）。

　移動率が階層体系に大きな効果をもつのは，相対的に高い移動率は，類別単位としての階級と，年齢，ジェンダー，民族のような他の類別単位とのあいだ

の交差を増すからである。高い移動率は交差を増し (Blau, 1977, 1994)，そのために特定の社会階級の同質性をいくぶん低下させるが，しかし同時に，類別単位のメンバー所属の重要度や，高くまた低く評価される類別単位のメンバーについての地位信念を引き下げもする (Turner, 2002)。他方，移動率が低いと，低く評価される類別単位についての地位信念に内在する汚名のせいで，またこうした汚名が（多様な制度領域内の）団体単位の水準で生みだす偏見や差別慣行のせいで，低く評価される類別単位へのメンバー所属と，社会階級の位階との相関関係が維持される可能性が高い。

　高度産業社会における最高の移動率は，個人たちが漠然とした中間階級の境界全域をつねに循環することによって発生する。この循環は，ある個人の全般的な階級上の位階を劇的に上下動させないかもしれないが，しかし人びとやその子どもたちが教育資格のような新しい型の資源を獲得する確率を高めるだろう。漠然とした中間階級の部分集合は，人びとは階級を移動するものだとか，また人びとが移動するとその子どもたちはより移動しやすくなるとかという「移動の文化」を，いくつかの方法でつくりだす。こうした一部の個人が，たとえばその学識や教育資格を貸し付けることができたとか，別の技能を利用して経済資本への接近を実現し，収益を見込める事業を起ちあげることができたとかといった理由で，中間の上流階級へと線形的な位階を上昇するならば，漠然とした中間階級のメンバーたちのあいだで移動の意味ははるかに増大する。(位階上）ほぼ同等な社会階級間の移動は，このように一部の個人や家族が階級階統を飛び越えることを可能にする遠心力をうむ。そしてこうした人びとは，どのようなことが起こりうるかの事例になり，移動「機会」が存在する「証拠」をしめすことになる。人びとは，こうした機会が存在する――正確であるかどうかは別にして――ことを認知すると，階層体系を正当化するメタ・イデオロギーをより信頼するようになる。

　新たな社会階級への移動はそれ自体，幻想でしかないとしても，上昇移動の感覚をつくりだせる。しかし，すべては認知である。人びとが上昇移動をしたと感じたなら，彼らの当該体系への信頼は増大するだろう。その信頼は，新し

い社会階級への「上昇」移動に成功を収めて，自己が肯定的に評価されたことによって生じた肯定的感情の結果である。実際にこの移動が，垂直的というよりむしろ水平的であっても，また学識（教育資格によって標示される）のような新しい資源を獲得し，あるいはより多くの威信をともなう非筋肉的な職種（肉体労働と比べて給与が多くない，むしろ少ないかもしれない）をみつけると，個人はその移動を「上昇」であると定義するかもしれない。個人あるいは家族の資源持ち分の混じり合った全体をごちゃ混ぜにすることが，上昇移動の感覚をうみだし，そしてこの感覚は，当該階層体系全般，およびこの体系を最終的に生成している制度体系への人びとの信頼と，それの正当化にとって非常に重要となる。

1.2.7 類別単位へのメンバー所属の統合と交差

（1）統合力学　　階層体系は，一つの類別単位型としての社会階級によってだけでなく，示差的に評価される別の型の類別単位のメンバー所属によっても，資源を不平等に分配する。非階級的な類別単位へのメンバー所属が可視的で，また低く評価されるほど，地位信念は偏見に満ちたものに変換されがちであり，そしてそのことが，これら低く評価される類別単位のメンバーたちを差別し，下層階級という類別単位に留置することを正当化する。反対に，類別単位へのメンバー所属が高く評価されるほど，地位信念は，これら高く評価された類別単位のメンバーに対する好意的な処遇に変換されがちであり，またこうした類別単位のメンバーは，より高く位階づけられた社会階級という類別単位に配置されがちである。

　階級と，その他の類別単位の区別との統合は，階層体系に新しい次元——しばしば不安定な次元——をつけ加える。低く評価される類別単位に所属している人たちは，差別の犠牲者である。この差別は，低く評価される単位へのメンバー所属と，肯定的感情エネルギーをはじめどのような種類の資源も多くを保有しない下層階級への配置との相関あるいは統合の結果であることが多い。統合が，低く評価される類別単位のメンバーだと確認できる者たちへの差別の直

接的な結果である場合，さらに多くの否定的感情エネルギーが蓄積する。この
エネルギーは，当該の階層体系やこの体系を維持している諸制度と対立する対
抗イデオロギーに対して，個人や家族がより共感的で敏感になる動機を与える
ことができる。これら個人や家族は，不平等を生みだし，また正当化している
資源供給の主要諸制度の構造や文化に挑戦する社会運動の組織体に参加しよう
とさえ決意するかもしれない（第7章をみよ）。

　反対に，より高く評価される類別単位のメンバーであることと，中間階級か
ら上層階級までの配置との統合は，肯定的感情を生成する。この肯定的感情に
導かれて，個人や家族は，当該階層体系とこの体系をつくっている制度領域を
正当化するイデオロギーやメタ・イデオロギーを受容するようになる。したが
って，当該階層体系の底辺にあたる層や位階に押しやられた人びとと，それの
中間や上層の位階に配置されている者たちとのあいだには，潜在的な対立が存
在する。全体的な移動率が高いとしても，移動が類別単位のメンバー所属によ
って選択的で，より高く評価される類別単位のメンバー，たとえばヨーロッパ
に出自をもつ白人男性といった一部の者だけが移動できて，他の類別単位の者
は移動できないと，後者の人たちの相対的な剥奪感は強まり，したがって低く
評価される類別単位のメンバーたちの否定的感情は増幅する。第七章と第八章
では，感情の階層化から発生する対立について論及するつもりだが，しかしこ
こでも指摘しておきたいのは，階級と，その他の類別単位へのメンバー所属と
の統合は，対立の可能性だけでなく，結果的に対立が勃発した場合のそれの激
しさや暴力性をも増すことである。とりわけ，強力で感情的な社会的アイデン
ティティが危機にさらされている民族や宗教 (Hogg, 2006 ; Burke and Stets,
2009) と，階級とが統合されている場合はそうである。

　(2) 交差の力学　　階級を標示するパラメータと他の類別単位を標示するパ
ラメータとが交差している場合には，低く評価される類別単位のメンバーが移
動して，多様な制度領域における団体単位の分業上で高水準の位置を獲得でき
るので，対立の可能性は低くなる。先に述べたように，交差は階級の同質性を

下げるが，しかしそれはまた類別単位のメンバー所属一般の重要度や，類別単位のメンバーについての地位信念を弱めもする——もはや重要でなくなったかつての「相違」を軽視することによって，同質性が増すわけである。交差は，高い移動率がみられる場合にのみ発生する。というより，事実上これまでのところ，真に多文化的な社会，あるいはあまり評価されない類別単位のメンバーへの差別がない社会は存在しなかった。しかし，教育のような主要な制度領域への接近に道が拓かれ，学識や資格が上昇移動の資源として獲得され使用できるようになると，それまで低く評価されてきた類別単位のメンバーたちは，偏見に満ちた信念や制度化された差別パターンの保持を打ち破ることができるようになる。そして，新しい階級に移動した人たちは，すでにこれらの階級にいる人たちとの相互作用率が上昇するほど，こうした相互作用から肯定的感情を感じるようになる。その結果，類別単位へのメンバー所属の重要度や，偏見をうみだす地位信念の力は低下するだろう（Turner, 2002, 2010a）。これらが低下し，差別が顕在しなくなっていくと，移動する個人たちは当該の階層体系を正当化するメタ・イデオロギーを受け容れるようになる。とりわけ，メタ・イデオロギーが，以前は低く評価された類別単位のメンバーとみなされた人たちの汚名をぬぐうように修正される場合にはそうである。

　ところが，低く評価される類別単位のメンバーの多くが，中間階級や上層階級内での交差を増やす移動から取り残されると，これら残留を強いられた者たちは，相対的な剥奪感の増幅を経験するだろうし，また喚起された否定的感情が対立の可能性を高めるだろう。しかしこの対立は，社会運動の組織体に組織されることがめったになく，したがってより不安定で，またしばしばより暴力的になる。たとえば，認知あるいは誤認した敵に対する高水準の否定的な感情エネルギー，とくに拡散的な怒りを抱く個人が一人で，あるいは現実的には集団やギャングが，互いに，あるいは主流社会の象徴に対して拳を振りあげる場合がその一例である。第3章で議論することになるが，残留を余儀なくされた者たちの怒り，恥辱，屈辱はしばしば抑圧されて，上昇移動に向けた競争で落伍した仲間たちや敗残者を含む多数の異なる対象を標的とした拡散的な怒り，

屈辱された憤慨，復讐の欲求としてだけ出現する結果となる。こうした強力な感情はまた，社会統制の機関や，より高く評価される類別単位のメンバーたちをも標的にすることがある。しかし，抑圧や変質から生じるこうした強力で極端な感情についてもっとも注目に値するのは，それらはしばしば的外れで，そのために不平等と階層化を生みだしている当該の制度体系を維持してしまうという皮肉な効果をもつことである。したがって，かなりの量の交差が社会に発生し，地位信念の全体社会水準での否定的なステレオタイプが当該の類別単位に対して弱化しはじめているにもかかわらず，ある程度の統合が残っていて，低く評価される類別単位のメンバーたちを下層階級に閉じ込めているのなら，上昇移動から排除された者たちはさらにいっそう激しい否定的感情を経験するだろう。階層化を正当化するイデオロギーや不平等を生む制度に「合致」しなかった者たちは，さらに多くの汚名や個人的な恥に苦しむことになり，それらは抑圧されることが多いが，しかし暴力に至ることも同じく多い。

1.3 感情の階層化：予備的な言明

　階層体系は，上記した諸属性から構成されている。すなわち，資源分配の不平等，不平等に分配される資源の量と型，複数のまとまった下位人口集団，すなわち同質の資源の型と持ち分とを保有している社会階級の出現，ある階級のメンバー間におけるある程度の同質性，社会階級間における個人や家族の移動，階級と他の類別単位のメンバー所属との統合あるいは交差のパターン，これらが階層体系を構成する属性だとわたしは考えている。感情の階層体系は，異なる階級のメンバー間における肯定的感情と否定的感情の不平等な分配から構成される。肯定的感情の分配が中間から上位に順位づけられている諸階級と相関しているなら，また否定的感情の分配が低く順位づけられている諸階級と一致しているなら，社会は感情の階層体系をもつといえる。そして，感情の階層化の程度が高いほど，社会における対立は発生しやすい。

　次章で述べるように，階層は結局のところ，社会の制度領域内で資源を付与する団体単位へ人びとが接近できる程度によってつくられる。制度的分化の水

準が高いほど，これら分化した領域内の団体単位によって分配される資源の種類は多くなるだろう。感情の階層化は，資源の不平等な分配とほぼ相関もしくは一致している。分化した多様な領域にわたってつねに資源を受け取ることができる人びとは，より多くの肯定的感情を経験し，さらなる資源を確保するために必要な自信を発達させるだろう。それとは対照的に，多様な領域内の団体単位からいつも資源を受け損ねている人びとは，否定的感情を経験し，自信を失い，さらに人びとにとって破壊的であるばかりでなく，全体社会にとって潜在的に解体的でもある強力な否定的感情のプールあるいは貯蔵庫をつくりだすだろう。

第3章では，人間の感情力学一般について，こうした力学が感情の階層体系にとってもつ意味に注目しつつ，よりくわしく説明するつもりである。感情は，否定価と肯定価によって変異するだけでなく，その基本的な性質によっても変異する。感情の階層化理論においてもっとも重要な検討事項の一つは，人間が経験する多くの異なる型の感情を理解することである。さらに，人間は感情，とくに非常に苦痛な否定的感情を抑圧する能力を備えており，この能力が感情力学を劇的に変える。ひとたび感情が抑圧されると，多くの結果が展開するのだ (Turner, 2002, 2007, 2010b)。第一に，抑圧された感情は激しさを増加させることになろう。第二に，抑圧された感情はしばしば，当人にとってあまり苦痛でない（その周囲の人たちにとっては必ずしもそうではない）新種の否定的感情に変質するだろう。第三に，こうした新たに変質した感情は，皮質中枢を避けて表現されがちだろうから，社会関係を壊しやすい。第四に，変質した感情の表現は一般に，抑圧や変化を経験する以前の感情状態を弱めることはなく，激しい否定的感情の背後にある燃料は燃えつづける。第五に，抑圧された感情の本源と，それの変質した表現形態とのあいだの意識的な連結の破損は，否定的感情が変質した形態で現れる際に，その感情の本源は標的にしないことを意味する場合が多い。この，感情の本源と標的との連結の切断は，感情が個人的もしくは集合的に表現される場合に，それの危険性を激増する。

事実上，階層化と取り組む研究者や理論家はすべて，剥奪された人たちが否

定的感情を喚起し，変動志向の対立に向かうにあたっては，階層化が影響をお
よぼしていると認識してきた。しかしこれは，いくつかの意味で，感情につい
ての非常に限定的な見方である。対立を引き起こす感情をこのように強調する
ことは，おうおうにして，所得が中央値に近い，またはそれより上の階級配置
にある下位人口集群の人びとの肯定的感情を正当に評価しないことになってし
まう。きわめて重要なことは，肯定的感情は，否定的感情よりも広く，したが
って社会で，とりわけ高度産業社会ではより均等に分配されており，こうした
肯定的感情の状態は，当該階層体系の文化と構造，およびこの体系を生みだし
ている制度領域への信頼を育む，ということである。だから，マルクスの表現
の一部を援用するなら，社会の「二極分解」は，経済的な二極分解であると同
程度に，感情の二極分解でもある。この感情の二極分解は，比較的小規模な下
層階級の集合に位置する人びとと，みずからを「中間階級」あるいはそれ以上
だと考えている大多数の個人や家族とのあいだで生じている。したがって対立
の力学は，マルクスが思い描いたようには展開し̇な̇いだろう。その結果，社会
運動に関する多数の文献は，対立力学に関する一般理論よりも，対立の分析に
関連するものになる。対立は最終的に，多様な制度領域内の団体単位による資
源の不平等な分配によって生まれるが，高度産業社会における対立は，個人た
ちが変動のための社会運動に結集しはじめると，より戦略的で，グローバルで
なくなる。さらに，そうした動きが進行すると，身近で一時的な暴力も起こり
やすくなり，たとえば抑圧され変質した感情をもつ個人やその集団が，その憤̇
怒をさまざまな標的に向けて解放するようになる。

　次章では，制度的分化の過程が階層化と対立力学をどのように変化させるか
について説明する。制度領域は，さらなる分化を進めていくだけでなく，政治
や経済のような広く拡散している影響力さえからもさまざまな程度で自律する
ようになる（Abrutyn, 2013）。各制度領域は，言説やイデオロギー形成のため
ばかりではなく，資源交換や有価資源の不平等な分配のためにも，みずからの
象徴媒体をつくりだす。だから，制度分化が進むほど，階層体系が構築される
際に影響する資源やイデオロギーの数および種類は多くなる。一般化した象徴

媒体は制度境界を越えて流通するが，その程度はさまざまである。たとえば，経済で生まれた貨幣，政治でえられた権力としての権威，実定法体系から生じた不可欠な調整／正義は，他のすべての制度領域に広く行き渡っているが，ほとんどの高度産業社会においては，愛情／誠実や神聖／敬虔が流通する制度領域は少ない。さらに制度は，それが本来備えていた象徴体系が，経済，政治，法律のような支配的な制度で生まれた媒体による侵入に対して，あるいはユルゲン・ハーバーマス（[1973] 1976）のより活き活きした術語を用いれば「植民地化」に対して，どれほど抵抗できるかによって異なる。だから，資源の不平等な分配は，制度領域内の団体単位の構造や統合様式によって，ある領域で生まれた媒体の性質によって，他領域の媒体の「侵略」によって，団体単位ごとに行為の道徳的正当化をつくりだすイデオロギーによって，およびその他の制度的過程によって変異する。そしてこうした過程は，経済や政治の効果とは別に，階層化に対して独立した効果を発揮する。制度は，社会学者たちが論じてきたように，その権力と影響力を異にするかもしれないが，しかし少なくとも高度産業社会においては，少数の強力な制度によって統制され完全に支配される「単なる上部構造」などない。マルクスからのこの逸脱は，階層化一般，わたしの目的からするととりわけ感情の階層化，を検討するための概念的基礎を確実に手に入れさせる。またわたしは，高度産業社会で階級に基づく対立が起こる場合，感情階層化の力学が，その対立の起源，活性化，そしてその成果を変えることを具体的に明らかにしたいと願っている。そうした対立は，本書のタイトルが強調しているように，高度産業社会の中間階級から発生するだろう。この中間階級の蜂起は，社会間の既存のグローバルな体系を解体し，その過程において，各社会内の資本主義的な社会関係をつくり替えることになる，とわたしは確信している。

第2章

全体社会における階層化の制度的基盤

2.1 社会現実の水準

社会現実は，三つの基本的な水準で展開する。ミクロ水準は，個人たちが
① 焦点の定まっている出会いで対面的に (Goffman, 1967 ; Turner, 2002 ; Collins,
2004)，また② 予めの取り決めなしに相互監視を行う焦点の定まっていない出
会い (Goffman, 1961 ; Turner, 2002, 2010b) で相互に作用し合う際に，感情がつ
くりだされるところである。感情の階層化は最終的に，団体単位内の出会いの
なかで，また類別単位のメンバーとしての処遇から，人びとの生涯を通じて構
築され蓄積されていく否定的ならびに肯定的な感情の貯蔵庫でつくり出される。
出会いにおけるありとあらゆる相互作用は，便宜的には肯定的あるいは否定的
と標示されうる緊張した感情をつくりだす。だから各個人は，時間とともに積
み重なっていく感情喚起のキャリアを有している。感情喚起が分化した制度領
域——たとえば家族や親族関係，経済，政治，法律，スポーツ，芸術，宗教—
—内の団体単位における出会いのなかで一貫して肯定的であるなら，一般に個
人は，自分自身と他者についての肯定的な見方，効能感，自分の行為への自信
をもつだろう。反対に，制度領域内の団体単位での多くの出会いにおいて否定
的感情を経験すると，人びとは日常の思考や行為において拡散的な怒り，不安，
悲しみ，疎外の混じり合ったものを感じ，またそれを表しがちである。こうし
た感情の実際の力学については次章まで取り上げないが，しかしすぐ明らかに
するように，出会いにおける人びとのミクロ水準の経験は，個人と彼らの社会
での安寧感に対してばかりでなく，最終的には連結された出会いの連鎖から構
築されるよりマクロな水準の社会組織体の構造や文化の持続可能性に対しても，

多大な結果をもたらしうる（Collins, 2004）。

　ミクロな現実の対極には，人間が創造することができた大規模な社会文化的構造からなるマクロ領域の王国がある。人類史のほとんどにおいて，社会界は明らかにミクロであった。個人たちは，おそらく50人から70人ほどでつくられた比較的小規模な遊牧するバンドで，核家族（父親，母親，子どもたち）の一員として生きてきたのである（Turner, 1972, 1997, 2003）。人びとは，日々同じ人たちと相互作用をし，その全人生をこの小さな社会界で過ごすことができた。しかし第1章の冒頭で述べたように，早ければ1万2000年前頃に人類が定着を開始すると，人口集群が成長をはじめ，そしてそのことが社会文化的形成体の規模拡大を迫ることになった。より規模の大きい都市複合体に到達するには，それからなお5000年の歳月を要した。そこでは，親族関係以外の明瞭に分化した制度体系，すなわち，経済的・政治的・宗教的な活動のそれぞれに専念する構造と文化が判別できた。これを基盤にして人口集群は成長をつづけたが，それは，トマス・マルサス（[1798] 1926）のいう「四騎士」，すなわち自然災禍，飢饉，疾病，戦争による周期的な解体をともなっていた。

　それでも，この基盤がいったん措定されると，人類社会はさらに大きく，またより複雑な社会文化的形成体へと成長を開始することができた（Spencer, [1874-94] 1898 ; Parsons, 1966, 1971）。そして，こうした社会における制度体系の成長とともに，階層化が増進した（Lenski, 1966）。階層化が進むなかで，資源は，わたしが制度領域と名づけたもの——すなわち親族関係，経済，宗教，政治，法律，教育，スポーツなど——の内部にある団体単位によって，不平等に分配されるようになった。区別される複数の社会階級，すなわち一部は大きな富と権力を保有し，他はそれらをほとんど保有せず，そしてこれらの両極のあいだではそれらが若干保有されるという階級区別の出現である。しかし階層がひとたび出現すると，すべての社会の基本的輪郭が確立され，社会は資源を不平等に分配する制度諸領域から構成されることになった。つまり，階層体系が成立したのである。

　遊牧する狩猟・採集民のあいだでも，全体社会間体系は明らかに存在した。

人びとは，別のバンドのメンバーや，まったく異なるバンド文化をもつメンバーたちとも接触し，資源を交換していたからである（こうした体系の詳細については，Chase-Dunn et al., 2013 ; Chase-Dunn and Lerro, 2014 をみよ）。より複雑な制度体系が成立すると，マクロ領域における究極の社会文化的形態——全体社会間体系——は，事実上すべての社会において明らかに重要な部分になった。要するにマクロ領域は，制度領域，階層体系，全体社会，全体社会間体系によって構築されているのだ。しかし，こうしたマクロ水準の形成体が何からつくられているのか，われわれはこれを知る必要がある。

　マクロ領域は，究極的には，ミクロ水準の社会現実での出会いにおいて反復される相互作用からつくられているのであり，この出会いにおいて感情は形成される。しかし，ミクロ領域とマクロ領域との連結を媒介するメゾ水準の現実も存在する。このメゾ領域は，前章で始終言及した二つの異なる型の社会文化的形成体，すなわち，① ある目標——その定義は漠然としているとしても——を達成するために組織された分業からなる団体単位と，② 特定の社会類別に位置づけるパラメータで定義される個人たちからなる類別単位（Hawley, 1984 ; Blau, 1977, 1994 ; Turner, 2002, 2010b）によって構成される。人類進化史には，三つの基礎的な団体単位の型，すなわち集団，組織体，地域社会しかなかった（Turner, 2002, 2010a）。これら三つの団体単位の型は，制度領域の建築資材であり，具体的には地域社会のなかに組織体が立地し，その組織体に集団が埋め込まれるという形でつくられている。人類史の原初では，二つの普遍的な類別単位——ジェンダーと年齢による区別——が存在しただけであったが，社会の複雑性が増し，社会が階層化されると，新種の類別単位，すなわち人種／民族，宗教，地域圏，そしてむろん社会階級が，メゾ領域の部分として進化した。階層体系は，最終的には類別単位によって構築されている。当初，個別の階級はしばしば，ジェンダー，民族，宗教所属や出身地のような別の類別単位のメンバーたちが過剰あるいは過少に代表するようにして出現する。類別単位のメンバーはつねに，道徳律の観点から評価され，示差的に処遇される。だから，ある類別単位のメンバーはより「道徳的価値をもつ」とみなされ，したが

って他者の厚遇を受けるが，別の類別単位のメンバーたちは，これとは対照的に低く評価され，差別を正当化する偏見に満ちた地位信念に曝されることになる。団体単位と類別単位は，たとえそれらが偏見に満ちた信念や不平等性を顕わにしている場合でも，ミクロ水準の出会いに確実性と抗張力を与える（Fine, 2012）。団体単位に組み込まれないまま連鎖していく出会いもあるが，しかしそれは，制度領域内に立地した団体単位内に埋め込まれているとか，類別単位が階層体系の一部である場合には反復されることがはるかに多い。こうしたメゾ水準の形成体は，ある出会いの文化のほとんどを提供するとともに，ランドル・コリンズ（1975, 2004）のいう出会い自体の「特殊主義的文化」を発達させる。制度領域の文化や当該の階層化を正当化するイデオロギーが，組み込まれた出会いに浸透すると，きわめて多くの場合，こうした出会いは反復され，さまざまな程度でマクロ構造の文化を再生産することになる。同様にマクロ構造は，地位配置の体系，権威階統，ネットワーク関係のパターン，参加意欲を指示す

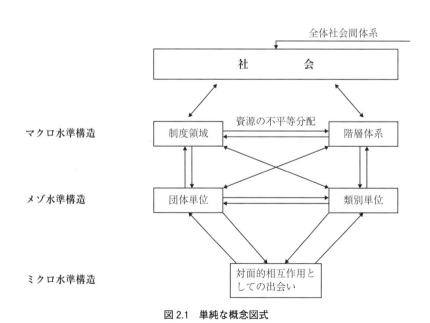

図 2.1　単純な概念図式

ることによって，ある出会い内および出会い間の関係の秩序化のほとんどを提供する。したがって，わたしのいう「ミクロ信奉者たち」の主張，つまり社会界はミクロ過程から構築されるとする見解は，出会いにはみずからを結びつける何か，もしくはミクロ領域の建築資材を結合する社会文化的な原動機のようなものがなければならないという事実を無視している。逆に「マクロ信奉者たち」は，制度領域や階層体系のような大きな事象は，団体単位や類別単位によって編み込まれた出会いのようなより小さな事象によって構成されていることを看過しがちである。つまり，感情の階層化という力学の多くは，メゾ水準の社会文化的形成体が，社会現実のミクロ領域とマクロ領域との間をどのように仲介しているかに属しているのだ。

　図2.1 は，社会現実の基本構造がどのようであるかについての，少なくとも社会学的視点に立ったわたしの見解を要約している (Turner, 2002, 2010a)。この図は単純であるけれども，同時に社会界の一般的な属性，およびこの世界を動かしている諸力の検討を可能にさせるので，ここしばらくわたしはこれを活用している。

2.2　制度体系の力学

　最近数十年間での理論社会学における不幸な一つの傾向は，わたしが制度領域と呼んでいるものの重要性を過小評価していることである (Turner, 2010a ; Abrutyn and Turner, 2011 ; Abrutyn, 2013)。組織体に関するここ数十年の文献は，制度を，特定の利害をもつ組織が活動する場合の単なる「環境」もしくは「場所」に過ぎないと定義してきた（たとえば，White, 1981, 1988 ; Hannan and Freeman, 1989 ; DiMaggio and Powell, 1983）。このアプローチでは，社会制度が，団体単位を構築するだけでなく，それ自体の固有な文化と構造力学を明示する創発的形成体であるという考えが欠落している。草創期の社会学では，理論化にあたって制度に優位性が与えられており，特定の制度を構成する組織体は，制度領域内のどこに位置するかという観点から分析されてきた。だから現在必要なことは，この「古典的制度主義」を呼び戻し，これを「新制度主義」と呼ば

れているアプローチに統合することである。もっとも，この新制度主義は，組織体を強調し，組織体の環境はあまり考慮されていないので，実際には「新組織体主義」といえる（この問題に関係する議論については，Abrutyn and Turner, 2011 ; Turner, 2013 ; Abrutyn, 2014 ; Friedland and Alford, 1991 をみよ）。この新制度主義は，多くの点で組織体とその環境に注目しているが，環境がいかに進化したか，あるいは環境が創発的な力として人間社会でどのように作動しているかを問うことはしない。われわれにとって必要なのは，制度についてのより強力な概念化である。なぜなら，これから議論するように，制度の力学は，どのように階層体系が進化を遂げたか，また感情の次元がこの体系にどのように現れたかを理解する上で重要だからである。

2.2.1　制度領域とは何か

　制度領域は，人口集群に突きつけられた適応問題を解消するために進化した団体単位の統合された集合である。人間の社会組織にみられる長期的な趨勢は，最初の領域，すなわち親族関係からの制度諸領域の分化であった。人類が存在した時間幅の 95 パーセントものあいだ，経済，宗教，教育などの制度的活動は，親族関係に埋め込まれていたのである。人口集群が成長し，縄張り内に定着するにつれて，制度領域が次々に親族関係から分化し，それらはしだいに自律的になっていった（Turner, 1972, 1997, 2003, 2010a）。

　個人行為者や集合的行為者が，食料や別の資源をより多く生産するといった問題を解消するとか，協同や統制という問題を解決する，人びとの存在条件について根本的に理解したいという欲求を充足する，新たな全体社会形成体でより複雑な役割を担えるように個々人を教育するための新しい方法を発見するなどなど，新たな適応問題に取り組むようになると，経済，政治，宗教，科学，教育のような新しい制度領域が進化した。このように進化してきた制度は団体単位から構築されているのだが，その団体単位のなかには，新しい地域社会形成体に配置された新しい組織形態としての集団が収容されていた。こうした団体単位が増殖するにつれ，行為者たちは，これら組織体を，構造的ならびに文

化的に統合する新たな方法を発見したのである。

　その結果，制度は次第に，独自の文化的要素――とくに最終的には社会の抽象的な価値前提から派生するイデオロギーや一般化した規範――をもつとみなされるようになった。この独自な文化的要素が，団体単位の行為を制約し，そうすることによって，こうした団体単位を独自の制度領域へ統合する一つの基盤を与えることになった。と同時に行為者たちは，団体単位を，図2.2に要約しているような多数の回路に沿って構造的に統合する方法を発見した。これについてはすぐ後で考察する。要するに制度領域は，文化的ならびに構造的にさまざまな程度で統合された団体単位の集合であり，人口集群が直面する基本的な適応問題を解決するために作動するものなのである。人口集群の規模が大きいほど，こうした適応問題は重大であり，したがってそれら問題に取り組む制度領域の行列は大きくなる。すぐ後でみるように，制度領域は，別の制度領域からの自律度の点で異なる。制度領域内の団体単位が，文化的および構造的統合の程度を明らかに異にするのと同じように，制度領域は，団体単位間の文化的ならびに構造的な統合のパターンを異にしている。

2.2.2　制度的統合の文化的な基礎

　(1) **一般化した象徴媒体**　　制度領域が形成されると，その制度領域の中心にいる行為者たちは，みずからが行おうとしていることについての言説のなかで，一般化した象徴媒体を使いはじめる。たとえば，大規模な人口集群の協調と統制という問題に取り組みはじめた行為者たちは，潜在的な対立と混乱に対処する統制力を強化するために，権力について，またそれの使い方について語りはじめる。権力とは，一人の行為者あるいは行為者の集合が，他の行為者の行為を統制する能力である。人間社会の歴史上，原初の遊牧する狩猟・採集民は，誰かに権力優位を獲得させることをひどく嫌っていた (Boehm, 2012)。実際，狩猟・採集民は，権力集中が進まないようにすること，またバンドの調和を壊させないようにすることに懸命であった。しかし，ひとたび人間が地域社会に定着すると，人間界の諸事万端に携わる一つの力として，権力が出現した。あ

るいはもっと正確にいえば，大規模な人口集群を掌握することが必要になったために，権力が出現したのである。権力はまず，定着した狩猟・採集民において，しばしば「ビッグ-マン」と呼ばれる指導者によって行使された。ビッグ-マンは，同盟者と結託して，権力を結集して行使できる権利を獲得した。もっとも，権力は当該人口集群の全体に還付される資源を増やすために使用するという要請をつねにともなったから，それは，ビッグ-マンとその同盟者の「寛大さ」を強調する威信付与行為として実行された（ビッグ-マン体系の記述については，Johnson and Earle, 2000 をみよ）。

　権力の動員と統合はつねに，何を実行するかについての言説や発話をともなう。だから権力は，単に他者を統制するために用いられる資源なのではない。それは，発話を指示し，権力を含む諸行為を道徳化し，最終的には権力行使を正当化するための道徳律の現の出現を導く象徴的媒体でもある。政治内部の権力について真であることは，別の制度領域のそれについても真である。人類進化史の過程で，それぞれの制度が出現するとともに，行為について語り，また正当化するための象徴媒体が発達した。こうして各制度領域は，時間の経過とともに「自前の」一般化した象徴媒体をはっきりとしめすようになり，そのため個人行為者や集合行為者は，こうした媒体を用いて，制度領域内で道徳的に正しいと思われる社会関係について語り，道徳的に説明し，（ルーマンの1982年の用語を用いるならば）「主題化」し，最終的には正当化し秩序化することができるようになった。図 2.2 はこの過程をしめしている。

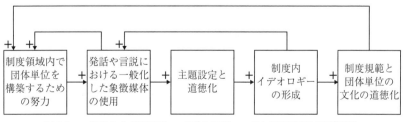

図 2.2　一般化した象徴媒体，イデオロギー，そして制度領域の道徳化

(2) **イデオロギーの形成**　　この一般化した象徴媒体は，ある制度領域の文化的統合の基盤になる。この象徴媒体を用いた発話や言説から道徳的主題が発達すると，それらは結局，イデオロギー，すなわち領域内で何が正しく何が正常であるかについての評価的信念に大系化される。こうしたイデオロギーは，(a) ある人口集群の高度に一般的な価値前提を，制度領域内の具体的な状況に適用し，(b) 個人行為者や集合行為者が領域内の団体単位を発達させる際に，彼らに指針を与え，(c) 領域内でどのようなことが行われるかについての教唆を道徳化し，そして(d) 領域内の個人間や団体単位間の行為や関係のパターンを正当化する。たとえば，行為者が農業社会において最初の国家形成体に近似した団体単位をつくりはじめると，象徴媒体としての権力は，団体単位の発達の仕方，またそれら単位間の関係パターンの正当化のための指針を提供した。つまり権力は，他者を統制する行為以上のもの，つまり，この統制がある制度領域の団体単位内およびその間においてどのように実行され，また構造化されるかを容認し，正当化する象徴的記号の集合でもあるのだ。

このように，各制度領域には，発話と言説，すなわち「制度上の発言」のために使用される特有の一般化した象徴媒体が存在する。この媒体は最終的に，ある制度領域の構造を正当化し道徳化するためのイデオロギーになるような道徳的な主題として大系化される (Heritage, 1997 ; Heritage and Raymond, 2005)。したがって各制度領域は，その領域で何が道徳的で，何が正当であるかを特定し，さらにはその領域内における行為者間の行為や相互関係，ならびに当該領域内で作動している団体単位の文化を特定する規範の発達を制約するイデオロギーを発達させる。

(3) **資源としての一般化した象徴媒体**　　一般化した象徴媒体には，諸属性の興味深い組み合わせがみられる。先に強調したように，一般化した象徴媒体は言説，道徳，イデオロギー形成をしめす言葉であるが，しかしそれ自体，有価な資源でもある。金銭，権力，学識，健康，神聖／敬虔，愛情／誠実など，表2.1 に列挙した媒体は，いくつかの意味で高く評価されている。第一に，そ

れらは所有することが満足となる。第二に，それらはしばしば付加的な資源に
進出するために使用できる資源である。第三に，それらは保有者に名誉や威信
も付与できるし，その威信はまた別の有価資源になる。そして第四に，それら
の所有は肯定的感情を喚起し，その感情は，威信と同じように，人びとが付加
的な資源に接近できるためのもうひとつの有価資源になる。なぜなら肯定的感
情を経験する人びとは，自信を強め，そのことによって付加的資源を追求でき
るからである。

　一般化した象徴媒体が社会生活のほとんどに大きな影響力をもつのは，こう
した諸属性の関連しあった組み合わせのためである。肯定的感情および否定的
感情の分配は，人びとがさまざまな制度領域で確保できる有価資源としての一
般化した象徴媒体と非常に強く関係している。人びとは，所有できる媒体が多
いほど，これらの媒体が有しているかもしれない属性に加えて，肯定的感情を
経験しがちである。しかしこれらの属性は，組み合わさることによって，肯定

表 2.1　制度諸領域の一般化した象徴媒体

親族関係	愛情／誠実，すなわち他者および他者たちの集団への信頼を育くみ明示する強い肯定的な情愛状態の使用
経　　済	貨幣，すなわち貨幣に内在する測定基準による対象物や行為やサービスの交換価値の表象
政　　治	権力，すなわち他者行為者の行為を統制する能力
法　　律	不可欠の調整／正義，すなわち社会関係を裁決し，正義，公正，行為の適合性についての判決を言い渡す能力
宗　　教	神聖／敬虔，すなわち目にみえない超越的領域に宿る力や存在についての信念への信頼と，こうした神聖な力や存在に準拠して事象や状況を説明する性向
教　　育	学識，すなわち知識を獲得し，伝達することへの信頼
科　　学	知識，すなわち社会界，生物界，物理化学界の全次元に関して確認された知識を獲得するための基準の援用
医　　療	健康，すなわち人体の正常な機能を保持することへの関心と信頼
スポーツ	競争力，すなわち競技者それぞれの努力で勝者と敗者をつくるゲームの定義
芸　　術	審美，すなわち鑑賞者に与える美と快楽の基準によって，対象物や演技をつくり，評価することへの信頼

注：これらの一般化した象徴媒体は，行為者間の言説・主題の表明・制度領域内で発生するはずのイ
　　デオロギーの開発において用いられる。それらは一つの領域内で循環する傾向があるが，しかし
　　象徴媒体のすべては，別の領域でも流通しうる。ただし，その傾向は一部の媒体の方が，別の媒
　　体よりも強い。

的感情を増大しがちと思われる。たとえば，一般化した象徴媒体の使用から生まれる言説，主題設定，イデオロギー形成に内在する道徳性は，これらの資源を保有する者たちが，自分たちを道徳律によって肯定的に評価することを可能にし，そうすることで彼らは肯定的感情を喚起できる。これらの媒体が，たとえば貨幣，権力，学識がそうであるように，威信をも付与するなら，肯定的感情はさらにいっそう強くなる。教育の領域では，高等教育を受けた人たちが習得した技能を貸し付けて，貨幣，威信，権威の付加量を獲得できるのだが，それと同じように，個人が付加的な資源を確保できるような媒体なら，人びとは肯定的感情で満ちていると実感するだろう。そして，これらすべてがより多くの肯定的感情を可能にするなら，そうした感情は互いを糧にして，肯定的感情エネルギーの全体水準をさらに一層高めることになる。

　一般化した象徴媒体のもうひとつの属性は，それが対象物として具象化されるようになる傾向をもつことである。この傾向は，一般化した象徴媒体にほとんど「事物」のような堅固さを与えている——少なくとも人びとの胸中ではそうである。たとえば，人びとがあの人は「お金を万能と信じ切っている」と言う場合，ある程度の具象化が行われており，たとえばこの場合，貨幣は儀式の対象になるかもしれない神聖な対象物であり，そうなると，感情はさらにいっそう充溢する。このように，報酬をもたらして肯定的感情を満たす象徴は，疑似神聖な対象物になりやすく，またそのことが，その象徴にさらなる価値を上乗せさせる (Durkheim, [1912] 1984)。だから「聖なる」場である家族の愛，学識の保有や学識水準を標示する資格の具象化，衣装や称号といったその存在を誇示する物における権力の客体化，人びとが介在を願うことができる神々への神聖／敬虔の客体化，スポーツにおける競争心の発動など，一般化した象徴媒体が具象化される方法はすべて，これら媒体により多くの存在感と力を与えるように作用する。というのもそれらの保有は，幸せなどの肯定的な感情をより多くもたらすからである。反対に，社会で広く尊重されるような対象物をもたないことは，まちがいなく，妬み，怒り，怖れ，悲しみ，不安のような激しい否定的な感情の集合を生みだしやすい。

40

　要するに，一般化した象徴媒体の諸属性の相互連結は，何か有価物を所有しているかのような有価資源としての堅固さを，それら象徴媒体にさらにつけ足す。この対象物は象徴でもあり，資源でもあるし，またより多くの資源に参入するために活用できる資源なのである。つまり，感情エネルギーの水準を上昇させるのはすべて，一般化した象徴媒体と結びついているのだ。

　⑷一般化した象徴媒体の流通　　これまでいくども述べてきたように，一般化した象徴媒体は制度領域の内部およびそれらのあいだで流通する。こうした媒体は，言説で用いられるだけではない。資源交換に用いられることも，媒体のもうひとつの属性である。貨幣は，学識，健康への接近，教会での神聖／敬虔への接近，権力への接近と交換される。そしてそうした貨幣と交換される権力は，ほとんどすべての資源，たとえば家族からの愛情／誠実，教育からの学識，法律からの不可欠の調整／正義など，政治一般の外部にある媒体との交換に際して，政治体系から付与されたものである。一部の媒体は，他の媒体よりも遠方まで流通する。たとえば貨幣（経済），権力（政治），学識（教育），不可欠の調整と正義は，事実上，複雑な社会のすべての制度領域で流通している。これらの媒体は，制度領域内およびその間の，行為者の行為や相互交流の進行役という意味で「クール」なので，広く流通する。他の媒体は，はるかに「ホット」で，より激しい道徳的な感情——たとえば愛情／誠実や神聖／敬虔のような媒体——を呼び起こし，領域間よりも特定の制度領域の団体単位内で流通しがちである。しかし，神聖制政治の場合は，宗教からのホットな媒体が，他の多数の制度領域への権威の分配をうまく操り，その結果，不安定でないとしても，たぶんホットな政治体系をつくりだすだろう。

　媒体は，流通するにあたって別の属性，とくにそれの道徳的基盤と，道徳的主題からつくられるイデオロギーとを随伴している。したがって，貨幣が他のどの領域でも流通するようになると，経済のイデオロギーが別の領域にもち込まれ，そしてこのイデオロギーとそれの基になった象徴媒体は，ある領域に元々あった媒体と共存するようになるだろう。たとえば，経済領域の団体単位から

生まれた貨幣が高等教育に直接に入り込む場合には必ず，学識「それ自体」の
イデオロギーと，「学識は利益を増進するために使用されるべき」という利益
志向的な資本主義のイデオロギーとのあいだに緊張が生じる。批判理論家たち
はこのことを，クールな媒体の，よりホットな道徳性を備えた領域への「植民
地化」あるいは侵略とみなす傾向にある。しかし実際には，分化した社会はい
ずれも，境界を越えて媒体が流通するパターンをもっており，そのことがその
イデオロギーに含まれる道徳性を流布させる (Habermas,［1973］1976)。元々そ
こにあった媒体がすっかり置き換えられることはめったにないし，その媒体か
ら構築されたイデオロギーが排除されることもない。むしろ一般に発生するの
は，イデオロギーが，わたしのいうメタ・イデオロギーへとある程度融合する
ことである。

　(5) メタ・イデオロギーの力学　　社会組織の全体社会水準では，一般に，
支配的な制度領域のイデオロギーがメタ・イデオロギーに変形され，次いでそ
れが，各制度領域内で作動する団体単位がつくりだす階層体系を正当化する（こ
の過程については，すぐ後で詳述）。このメタ・イデオロギーが出現するのは，
支配的制度の媒体が社会のほとんどで流通しているからである。つまり，これ
ら媒体と，媒体からつくられるイデオロギーとが合わさって，より一般的なメ
タ・イデオロギーに統合されるのである。メタ・イデオロギーを構成する各イ
デオロギーは，高度に一般化した社会の価値前提から派生しているので，一般
にそれらの統合は，比較的容易である。こうした価値前提が相互に一致し，あ
る人口集群によって受け入れられている限り，複数のイデオロギーを統合して
一つのメタ・イデオロギーをつくり上げる過程は順調に進む。もちろん，こう
した条件が十分でなければ，メタ・イデオロギーの構築は妨害され，その結果，
当該の階層体系を正当化することに役立たなくなるだろう。
　もっとも支配的な制度領域の象徴的媒体は，一般に，社会メンバーによって
もっとも価値あるとみなされているので，そこからつくられたメタ・イデオロ
ギーは，非主流領域のイデオロギーよりも，社会における影響力は大きい。し

かしながら強調しておきたいのは，この一般化が，非主流領域の資源が個人や家族にとって価値をもたないことを意味しないことである。事実，感情階層化の力学は，支配的な制度領域からの資源持ち分がより少ない個人や家族に埋め合わせをするにあたって，こうした象徴的資源がいかに価値的であるかを実証している。

メタ・イデオロギーがもつ正当化の力がきわめて重要なのは，この複合的なイデオロギーに内在する道徳的尺度が，個々人や個人の類別，また社会内の団体単位を評価する道徳基準になるからである。目下，拡散的地位特性，わたしのいうメンバー所属に関する膨大な量の文献がある（確認のためには以下をみよ。Berger and Zelditch, 1993 ; Berger and Webster, 2006 ; Webster and Walker, 2014 ; Wagner and Turner, 2013)。個人たちは，ジェンダー，年齢，民族，および社会階級のような社会的類別に属している。地位特性に関する文献が強調するのは，地位信念は類別単位へのメンバー所属をめぐって，あるいは特定の型の拡散的地位特性（たとえばジェンダー，民族，社会階級）をもつ人びとをめぐって形成されるということである。こうした信念は道徳的であり，類別単位にいる個々人の価値を評価する。そうした地位信念に基づいて，個々人があらゆる出会いにおいていかに振る舞うべきかという，より特定的な状況の期待状態が発達し，それが，団体単位の分業内の地位的位置を占めている人びとに付着している他のすべての規範的期待を補完する。団体単位の分業に付着している規範も，類別単位へのメンバー所属から生じる地位信念も，いずれも当該の階層体系を正当化するメタ・イデオロギーによって制約される。団体単位の文化は，その団体が位置している制度領域のイデオロギーと，当該の階層体系を正当化するメタ・イデオロギーによって制約されるだろう。その結果，それの規範的構造は，イデオロギーやメタ・イデオロギー，そして最終的には社会の基本的価値の潜在的，しばしば顕在的な道徳的評価を含むことになろう。そして，類別単位へのメンバー所属が団体単位の分業上の配置と互いに関連しているならば，地位信念とそこから派生する期待もまた，その団体単位の文化に影響するだろう。たとえば，ある団体単位において，白人男性だけが分業上高い水準の

第2章 全体社会における階層化の制度的基盤　43

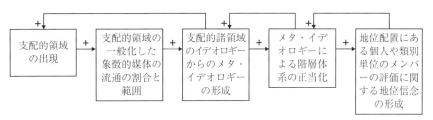

図2.3　制度的領域，階層化のメタ・イデオロギー，地位信念

位置を保有し，女性だけがその階統的な分業上の中間水準にいて，低く価値づけられた他の類別単位のメンバーだけがその分業の低い地位についている場合，この団体単位の文化全体がこうした類別単位メンバーの配分に影響する一方，その団体単位の分業上のさまざまな配置に対する期待が，位置に対する規範的義務，それよりも重要なことには地位信念による類別単位へのメンバー所属についての道徳的評価や，地位信念から派生するより特定的な期待状態に影響を及ぼすだろう。この過程は，図2.3にしめされている。

　このように，階層体系を正当化するイデオロギー，とくに・メ・タ・・イ・デ・オ・ロ・ギ・ーは，人びとが道徳的にどのように評価されるかに関して，また団体単位の分業上での出会いにおける人びとへの期待状態に対して，きわめて大きな効果をもつ。個人たちは，みずからに対する道徳的評価や，みずからに課せられた期待状態しだいで，異なる感情を経験するだろう。類別単位のメンバーに対する道徳的評価が低いと，否定的感情が喚起され，反対に，類別単位のメンバーの評価が高いほど，その単位にいる人たちは，当該の団体単位の分業にともなう出会いでより肯定的な感情を経験するだろう。

　より複雑な交差パターンについては，先の章で考察したし，また以下の諸章でも引きつづき考察するつもりである。低く評価されている類別単位の人びとが，ある団体単位の分業上で高い位階の位置に就いている場合，低く評価される類別単位へのメンバー所属が変わらず重要であるなら，この地位の非一貫性はかなりの不安を引き起こすことになる。人びとは，分業上の自分の実際の地位配置が高いと，暗に「下賤な奴」という烙印を押されることに憤慨する。類

別単位へのメンバー所属と分業上の配置との交差が，時とともに頻繁になり，また広まっていくと，類別単位へのメンバー所属は重要でなくなるだろう。ただし人びとは，たとえ他人が露骨に見下げないとしても，自分は低く評価される類別単位のメンバーだとして，主観的には相変わらず低く評価されていると感じるかもしれない。こうしたことは，自分が何者であるかについての人びとの感覚に対して地位信念がもつ汚名化の力である。なぜなら，低く評価される類別単位のメンバーであることに貼られる汚名は，他者たちが否定的な地位信念を捨て去った事実にもかかわらず，個人の自己評価の部分でありつづけるかもしれないからである。要するに人びとは，分業上の配置で成功を収めたとしても，団体単位における配置と類別単位へのメンバー所属とのあいだに地位の非一貫性を認知すると，やはりストレスや不安のような否定的感情を経験することになる。

　こうした力学は，メタ・イデオロギーによって作動する。したがって地位信念の力は，(a) メタ・イデオロギー上での評価の論理が一貫しているほど，(b) メタ・イデオロギーについての社会全体の合意水準が高いほど，(c) 低く評価される類別単位にいる者たちについての地位信念が否定的であるほど，そして(d) 団体単位の分業上の地位の位階と類別単位へのメンバー所属の肯定的・否定的評価の程度との相関関係が高いほど，といったすべての状況で大きい。またしたがって，その拡散的な地位特性が低く順位づけられ，低く評価される者たちは，よりいっそう否定的感情を経験しがちである。

　実際，分業上の位階と，類別単位へのメンバー所属についての肯定的もしくは否定的な評価の程度とが実際に統合もしくは互いに相関している場合，地位信念は分業上の階統的な配置によって支持されているためにその重要度を増す。したがってこの統合は，低く評価される類別単位や，階統的な分業上低い配置にいる人たちが経験する否定的感情を増大させるだろう。そして，彼らがこれらの否定的感情を絶えず，またさまざまな制度領域における多数の団体単位で経験すると，社会の低い階級のメンバーのあいだで否定的な感情エネルギーの大きな貯蔵庫が加増することになるだろう。

このように，社会がイデオロギー，メタ・イデオロギー，地位信念，類別単位のメンバーや資源を付与する類別単位での分業上の階統的配置についての期待状態によって文化的に統合されていると，そうした社会は，低く評価される類別単位，分業上の低い位置，低い階級配置にいる者たちのあいだに，かなりの否定的な感情エネルギーを生成することになろう。地位信念や，それと結びついて低く評価された類別単位のメンバーに対する偏見を壊すことができるのは，低く評価された類別単位のメンバーによる上昇移動率の増大のみである。そうした上昇移動は，類別単位のメンバー所属と団体単位の階統上の地位配置との交差を増やすからである。しかし先に述べたように，より広い社会で地位信念の重要性や影響力が低下しているとしても，従来から低く評価されていた類別単位のメンバーたちは，自分たちは低く評価される地位にあるという内面化された見方をもちつづけ，そのために地位の非一貫性を経験し，否定的感情を喚起するかもしれない——これは控えめにいっても，大いなる悲劇的な成り行きである。

2.2.3　制度統合の構造的基盤

　制度領域内およびその間における団体単位間の関係は，文化によってばかりでなく，構造的な連結によっても統合される。表2.2には，統合の構造的機構の広がりを簡潔に列挙している（Turner, 2010a：125-49）。すなわち(1)分節化，(2)分化，(3)(a)交換，(b)構造的組み込み，(c)構造的重複，(d)構造的移動によって生じる構造的相互依存性，(4)支配，(5)隔離，である。

　(1)分節化は，ある形態の団体単位の複製をつくる過程である。それぞれの新しい単位は，必ずいくつかの独自の特徴をもつとはいえ，基本的には別の単位のカーボン・コピーである。たとえばフランチャイズは，この統合様式を極端にまで採用して，特定の団体単位の組織体のテンプレートを可能なかぎり複製している。また，ある資源ニッチで生き残ることができた団体単位は，その資源ニッチに参入，あるいはそこで生き残ろうとする別の単位によってコピーされることもある。分節化の正確な理由がどうであれ，この過程は，各組織体

表 2.2 統合機構

1. 分節化

同じような構造，目標，分業，言説や交換のための一般化した象徴媒体，この媒体から構築される共通なイデオロギーを備えた，同形の団体単位の再生産。ある制度領域内の団体単位はこのように文化的に同質である。これら団体単位の文化は，当該の階層体系を正当化するイデオロギーやメタ・イデオロギーから派生し，その領域全体を通じて，類別単位のメンバーについての同様の地位信念や期待をつくりだすだろう。

2. 分 化

一般化した象徴媒体やイデオロギー，また制度的規範の集合をめぐる共通の文化によって，ある程度の分節化が維持されている一つの制度領域内における新しい構造形態，代替的目標，分業をもつ新しい型の団体単位の創設。しかし，新しい制度領域が進化すると，構造的ならびに文化的な相違は大きくなり，新しい象徴媒体，制度規範，イデオロギーが出現する。さらに，象徴媒体の交換やメタ・イデオロギーの形成による制度イデオロギーの再統合が生じると，領域内およびその間における団体単位間の交換は分節化に向けた圧力をうみだす。多様な領域における分化した団体単位は，それぞれの象徴媒体を交換するので，メタ・イデオロギーがより重要性を増すようになって，各媒体から構築されたそれらイデオロギーの再統合を強いることになる。その結果，これらメタ・イデオロギーが，当該の階層体系や，異なる類別単位のメンバーの道徳的価値を評価する地位信念を正当化することになる。メタ・イデオロギーや偏見に満ちた地位信念の形成によって，差別はよりたやすく制度化され，これによって感情の階層化が増強される。

3. 構造的相互依存性

3a. 交 換

分化は，団体単位間の資源の交換率を増す。最初は団体単位内およびその間で象徴的媒体が交換されるが，しかし貨幣を用いた市場が媒介する交換はしだいに増加していく。そうした市場は，分化と，すべての制度領域を通じた貨幣の流通を加速する。市場や準市場が領域を越えて拡張し，交換を規制し調整するために法律が介入すると，象徴媒体としての権力と影響力がすべての領域に移転する。貨幣，権力，影響力の流通は，経済，政治，法律それぞれのイデオロギーを，他のほとんどの領域にもちこみ，領域内にある団体単位の構造的相同性をつくりだす。また，貨幣，権力，影響力として出現するメタ・イデオロギーの文化的相同性は，それぞれ分化した領域の媒体と混ぜ合わされ，そうすることによって，低く評価された類別単位のメンバーに対する差別を正当化するために用いられる地位信念や偏見の生産を開始する。

3b. 内包／組み込み

団体単位間の分化によって，集団はしだいに組織体，次いで地域社会，また時に諸地域社会から成る体系に埋め込まれていく。さまざまな規模の組織体はしばしば混じり合い，より小さな単位を内部に取り込むことによって構成されるより大きな団体単位をつくりだす。こうした内包は，組み込まれた単位が市場の気まぐれな変化に直接に露出されることを減らす一方で，経済領域やしばしば別の領域内の団体単位の数や規模を増やす。こうしたより大きな単位は，一つの領域内にあるより小さな単位の構造と文化を統合する。より大きな単位はしばしば，交換関係でより支配的になっていき，そのことによって支配的単位との交換に参加する団体単位の収束をうみだす。次いで構造と文化の収束は，とくに政治や法律がその行為を規制するべく介入する場合には，各領域内だけでなく領域を越えた構造的および文化的相同性ももたらす。埋め込みは，それぞれの内部に収容されている団体単位の構造と文化に収束をもたらし，そうすることで，上の(1)「分節化」で記述したように，各社会単位を越えた構造的ならびに文化的な相同性をつくりだす。

第2章　全体社会における階層化の制度的基盤　47

3c. 重　複

重複は，上記した内包と同じ効果をもつ。重複は，領域内およびその間の一部団体単位間での市場媒介的交換を減らす。異なる領域の団体単位間に重複が生じると，多様な団体単位間の関係の範囲は広がり，それぞれの象徴的媒体が混じり合って共通のメタ・イデオロギーをつくりだす。このメタ・イデオロギーはしばしば，政治や法律の媒体がその混じり合いに合流したもので，だから複数の領域にまたがるメタ・イデオロギーになりうるのだ。重複は，類別単位へのメンバー所属が団体単位の分業上の配置と交差する蓋然性を高める。交差は，示差的に評価される類別単位のメンバー間の相互作用率を高め，そうすることによって類別単位へのメンバー所属の重要度および当該の階層体系を正当化するメタ・イデオロギーから派生した地位信念を弱める。緊張を生みだす不平等の普及と，こうした不平等を正当化するイデオロギーは，このようにして弱化する。

3d. 移　動

個人たちが領域内およびその間の団体単位間で高率な移動をすると，多様な類別単位のメンバー間の相互作用率は高くなり，そのために階層体系に結びついている地位信念やメタ・イデオロギーの重要性は低下する。時間が経過するにつれて，高率の移動は階層体系の階級境界線を弱めるが，その一方で，個人を評価するための（特殊主義的基準と対立する）普遍主義的な基準が普及していく。個人たちは，移動するとともに，多様な象徴媒体と，これらの媒体から構築されるイデオロギーに精通するようになり，結果的に，高率の移動により，制度領域を越えた共通の文化を生むメタ・イデオロギーを創造する。移動は，地位信念や階層化を正当化するメタ・イデオロギーの重要度を低めて，団体単位にいる者たちを評価する普遍主義的基準の使用を増やす。

4. 支　配

支配は，つねに権力基盤の動員をともなうが，時には別の資源の動員をともなうこともある。政治組織体による支配は，強制的，管理的，象徴的（文化的），物質的な権力の促進基盤の統合と，次いでこの権力の活用とを軸にして展開する。この権力の活用は，権力の作動を財政的に支えるために，経済や他の制度領域における行為者から物質的余剰を引きだすためのものである。政治組織体はまた，法体系を支配するだろうし，その結果，政治と法律，とくに立法と司法の主要な団体単位は，その管理においても，組み込みあったり重複したりする。支配はまた，非政治的な行為者たちからなる制度領域内で，典型的には資源を統制し，支配的でない行為者たちとの資源交換で優位を保つ中核的（しばしば基礎的）団体単位をめぐって発生することがある。どのような支配も，領域内およびその間における団体単位の協同や統制を導き，同時にある領域のイデオロギーを，この領域内の別の団体行為者や，また領域を越える交換が発生した場合には別の領域の団体行為者に押しつけることになる。高度に制圧的な支配は，類別単位へのメンバー所属を表示するパラメータと，団体単位内の配置とを統合し，それによって階層体系を正当化するメタ・イデオロギーの重要性と影響力を強化することも大いにありうる。

5. 隔　離

隔離は，対立する目標をもつ団体単位や，団体単位への接近および各団体単位の分業を拒否する類別単位を分離するために，類別単位のメンバーや団体単位内の在任者を，時空上つねに分離させることである。隔離は，団体単位の類型間や各類別単位のメンバー間に文化的違いをつくりだすとともに，それを維持する。隔離はほとんどつねに，政治組織体もしくは高く評価される類別単位のメンバーたちによる支配の結果である。これらの組織体や類別単位のメンバーたちは，低く評価される類別単位のメンバーと比べて過剰に大きな権力を有し，低く評価される類別単位のメンバーを差別し，特定の型の団体単位やこれら単位内の緒位置への彼らの接近を制限するためにその権力を使用し，これにより資源分配の不平等を維持するのである。隔離はほぼ必ず，低く評価される類別単位のメンバーを表示するパラメータ相互の，またそのパラメータと団体単位やこれら単位内の位置への示差的な接近との統合を促進する。

の分業ならびに文化に相同性を生みだし，そのため，これらの団体単位における担任者の経験や世界観を収斂し，それが，ある制度領域内の団体単位間の統合基盤になる。分節化はまた，一定の構造的形態が組織化活動の最良様式と認識されているのだから，制度領域を越えても発生しうる。事実，マックス・ウェーバー（[1922] 1968）による官僚制の合理化に関する古典的な分析は，近代世界における官僚制構造の分節化と社会文化的同価性に関するさまざまな点での議論である。彼の有名な官僚制の理念型の諸要素は，多様な領域における官僚制が実体的に多様な活動に携わり，異なる目標を追求しているとしても，その構造と文化は収斂している一つの暗黙のテンプレートになっている。またこうした組織体が，同じく分節化する地域社会の形成体に組み込まれている場合には，収斂に向かう分節化が二重に起こっていることになる。たとえば，別々の郊外地域社会に立地する教会は，それぞれ官僚制的構造と運営において収斂するし，小規模なショッピング・センターあるいは中心的な地域ショッピング・モールにおける零細企業も同じである。さらに，組織形態の収斂に向けた圧力があることも多い。たとえば教育制度領域内の大学は，官僚制によって大学はより効率的になるというよくある誤った仮定の下で，より「事務的」になるような（ほぼイデオロギー的な）圧力下に置かれている。事実，「営利を目的とした」大学と企業とのあいだに違いはほとんどない。なぜなら，こうした大学は基本的に同じ経済モデルを採用しており，それらが教育の制度領域内でひとたび活動し増殖すると，非営利的な大学に圧力をかけるからである。たとえば，オンライン課程をもっと導入するよう促す（たいていは政治領域からの）圧力は，この収斂，したがって分節化への圧力の格好の事例である。

　分節化は，団体単位を交差して構造的および文化的な同価性をつくりだす際に，類別単位のメンバーや，団体単位のそれぞれの分業上で同じような位置に配置される個人たちに関するイデオロギー，メタ・イデオロギー，地位信念，期待状態を強化する。分節化はしたがって，多様な制度領域における団体単位内の資源の分配上の不平等を同じにようにさせ，そうすることによって，人びとの自己経験に対する感情的な反応を悪化させていく。これが事実であるかぎ

り，感情の階層化は社会においてより明白だろうし，またそれを変えることは
より困難である。

(2)分化とは，多様な活動ごとに異なる構造をつくりあげる過程である。団
体単位の集合を統合するにあたってもはや分節化が効率的でなくなる時点があ
るが，それは制度領域内およびその間で多様な活動に携わる新しい型の単位を
つくる必要が生じたためである。もちろん，制度領域間の分化は，その組織形
態にある程度の収斂がみられるとしても，領域を越える団体単位の分化にとっ
て一つの力である。一つの制度領域内でさえ，活動の量が増すほど，多様な活
動の路線に応じた組織形態への分化圧力は増す。たとえば社会内でメンバーの
再生産水準を拡張する選択圧力が強くなると，一学級だけからなる学校は，初
等・中等・高等教育からなる分化した制度に置き換えられる。あるいは，開発
途上経済における市場が，多様な生産物やサービスをしだいに必要するように
なると，資本主義体系における企業という団体単位は，さまざまな資源ニッチ
に適応するようにますます分化することになる。しかし，制度領域内の団体単
位間にはつねに構造的および文化的な収斂があり，そのため団体単位の分化は，
構造的形態と文化においてかなりの重複と同価性をともなう。分化はこのよう
に，団体単位がその構造と文化を，拡大した目標と機能の行列に適応させるこ
とを可能にするが，同時に，団体単位を互いに多少とも分節化して同価のまま
にしておくこともできる。さらに分化は，多様な型の団体単位への移動機会を
広げ，そのために，類別単位のメンバー資格を定めるパラメータと，異なる型
の組織体およびこれら団体単位の分業上の配置との交差を促進する。その結果，
高度産業社会では，重複する階級の数が社会の全般的な階層化の程度を弱める
と同じように，制度領域内およびその間の団体単位の分化は，感情の階層化の
水準を下げることができる。というのも，個人たちは団体単位の分化によって
移動できるようになり，また分化した制度領域内の多様な団体単位の少なくと
も一部で，より多くの資源を確保できるからである。

50

(3) **構造的な相互依存性**は，多様な制度領域における団体単位の分化につれて増進する。分化はそれ自体，統合問題を増やし，それによって領域内およびその間の多様な団体単位を連結状態にすることへの選択圧力を生む。すでに述べたように，こうした連結を展開させる機構はいくつかある。

(a) **交　換**　　分化した団体単位は，頻繁に資源を交換し，そうすることによって関係を形成する。したがって，高度に競争的な市場においてさえ，交換される資源が多いほど団体単位間の信頼は発達しがちである。交換は多くの水準で作用し，そのため分化した単位間の統合を確立するための多数の仕掛けを堤供する (Parsons and Smelser, 1956 ; Turner, 1997)。交換にあたってはしばしば，価値の一般化した象徴としての貨幣が使用される。だから，制度領域内およびその間の組織体がその産出物を貨幣と交換すると，一つの領域の象徴媒体（たとえば教育における学識）が，別の領域の媒体（たとえば経済での貨幣）と交換されることになるので，制度領域間の統合は促進される。貨幣は多くの領域で用いられるので，教育を受けて学識と貨幣を交換する行為者（たとえば教会の職員）に給与を支払うことは，三つの媒体とそれに関連するイデオロギー（貨幣と資本主義イデオロギー，学識と教育イデオロギー，神聖／敬虔と宗教のイデオロギー）を接合することになる。こうして，三つの制度領域を交差する統合が発生する。この交換が規則的に行われるほど，メタ・イデオロギーの形成による文化的水準での，また構造的水準での統合が発生しやすい。なお，この構造的水準での統合とは，学識をもつ個人を，象徴的媒体として神聖／敬虔を用いる宗教組織体に雇い入れる際に，経済の媒体，つまり貨幣を使用する，ということである。個人行為者あるいは集合的行為者と，財やサービスの供給者との市場を介した交換は，しばしば契約によって媒介される。こうした契約は，その交換に法体系の象徴媒体——不可欠の調整（および正義や公正の権利）——をもちこみ，それによって，さらに別の制度領域とそれの象徴媒体，およびこの媒体からつくられるイデオロギーをも引き込む。そしてそれは，また別の領域からのイデオロギーと統合して，より包括的なメタ・イデオロギーを形成す

第2章　全体社会における階層化の制度的基盤　51

るかもしれない。

　交換に関する文献がきわめて明確に述べるところによると，行為者間の権力
差が小さい条件下での頻繁な交換が信頼を生みだすのは，頻繁な交換は肯定的
感情と，トーテム化ではないとしても，その交換関係を標示する象徴を生成
(Lawler and Yoon, 1996, 1993) しながら，危険と不確実性を軽減する (Kollock,
1994 ; Cook and Emerson, 1978) からである。つまり交換は，団体単位内の行為
者間に肯定的感情の流通を始動させて，感情の階層化を弱めることができる。
しかし，交換において権力差が存在すると（ある有価資源に関してある行為者
が別の行為者に依存している場合のように），その権力保有者は搾取となりが
ちで，そのため，依存者の否定的感情を呼び起こし，統合をいくぶん弱めて不
安定にさせてしまう (Emerson, 1962)。権力—依存と搾取との相違，あるいは
その逆の一例は，労働市場でみずからの労働力を別の制度領域——経済，教育
体系，行政官僚制，教会などのいずれであれ，賃金や給与と引き替えに人を雇
用する領域——に売りわたす家族メンバーである。家族メンバーがより対等な
足場に立ってその労働力を雇用者に売る場合には（たとえば高水準の技能や高
く評価される教育資格をもつ家族メンバー），親族関係からの誠実と，教育か
らの学識が，経済からの貨幣と交換される。被雇用者と雇用者がそれぞれの有
価資源に相互に等しく依存している場合，信頼は増大しがちであり，その信頼
は，愛情／誠実の媒体からつくられる家族のイデオロギーと，被雇用者が就労
する制度領域のイデオロギーのそれぞれにおいて増進し，大事に収納されるよ
うになる。その領域が経済であると，経済のイデオロギーと家族のイデオロギ
ーが混じり合って一つのメタ・イデオロギーになり，あるいはその被雇用者が
教育からの学識をもちこむと，家族と経済と教育のイデオロギーが混ざり合う。
すべての場合に信頼は，準神聖な対象物として具象化されうる象徴に大事に収
納され，行為者に肯定的感情を付与する。そして，十分な人数の個人が十分な
領域との交換関係を形成できるならば，対等な人びととのあいだのこうした交換
の結果として，感情の階層化の水準は低下するだろう。

(b) **構造的な組み込み**　団体単位はしばしば，より大きくてより包括的な単位の分業内により小さな単位が収容されるという具合に，相互に埋め込まれている。たとえば，集団は組織体に組み込まれ，組織体は地域社会に組み込まれている。組み込みは，多様な団体単位の行為者のあいだに，構造的にも文化的にも連結を生みだす。より包括的な諸単位からなる制度領域は，言説に用いられる象徴媒体や，この象徴媒体から構築されるイデオロギーをつくりだす。この文化的な統合力は，当該のより大きな単位内の異なる場所にある単位間の連結に濾過していく。組み込みにはまた，権威の系統をつくる傾向もあり，この権威の系統が構造的統合をもたらす。もっともこの構造的統合は，政治体系が特定の型の団体単位内の権威に対する限定的な権利として委譲した権力に基づくものではある。組み込みはまた，委譲された権力としての権威の流通のための水路だけでなく，組み込まれた団体単位の統合に作動しうる文化や情報の流通のための水路もつくる。団体単位がより大きな団体単位に組み込まれていると，さまざまな区分間に多様な階統があるかもしれないので，個人による移動機会は一般に増加する。組み込みが移動機会を拡げると，団体単位内で担任している者たちのより多くの割合が移動して，より多くの資源を獲得できることになるだろう。そしてこのことが，彼らの肯定的感情エネルギーの貯蔵庫を増やす。それとは対照的に，組み込みがきわめて階統的で，移動を制約し，もちろん分業上の上下動に厳格な制限を課すならば，移動は少なくなる。そうすると，肯定的感情の喚起が低下する一方で，権限の過剰使用が否定的感情を喚起するだろう。要するに，組み込みが，移動機会を開くのではなく，むしろ制限する程度によって，社会における感情の階層化の程度は増すことになるだろう。

(c) **構造的重複**　制度領域内およびその間の団体単位を統合するさらにもうひとつの機構は，団体単位の構造上の重複である。たとえば，資本主義経済における企業はしばしば，各団体単位内の部署がそれぞれの活動を調整しながら協同生産あるいは研究協約を推進する。こうした重複が起こると，各単位の

文化が団体単位の境界を越えて浸透し，明らかに二つの組織体の分業はある程度調整される。異なる制度領域における組織体の構造的重複もある。たとえば，製薬会社が大学キャンパス内に施設を設置したり，研究に資金援助をするといった場合である。この場合，経済からの貨幣，教育からの学識，科学からの確認された知識を含むいくつかの領域からの象徴媒体が始動をはじめているのだが，第一と第三の媒体は対立にいたるかもしれない。さらに，大学の研究部門の分業と営利企業の研究部門のそれとが混じり合うようになると，しばしば科学的研究の「商業化」への懸念のようなものが生じる。さらに，こうした懸念は正当化されるかもしれないが，多様な領域の組織体がその作動のために重複する構造的形成体を発達させる場合には，かなりの量の構造的統合と，暗黙裏には文化的な統合がみられる。

　重複は，統合されることになる分化のすべてのパターンと同様に，分業上の新しい配置への移動の機会，実際には多様な制度領域の団体単位を越えた移動の機会を生みだす。その結果，とくに団体単位と類別単位との交差が生じているところで，分業上の配置を上昇あるいは移動する個人たちは，肯定的感情を経験しがちであり，そのため感情の階層化の水準は低くなる。

　(d) **構造的移動**　　上記したように，分化は潜在的に移動機会を広げる。だから，分化した構造が統合されているほど，多様に評価される類別単位のメンバーたちの移動を推進する機会は増える。しかし，マクロ水準の支配パターン（次項をみよ）のような他の条件が一般的な場合には，必ずしもこうしたことにはならない。移動の機会が増えるのは，こうした支配を欠いた場合である。また，市場が，ある地位配置から別のそれに個人が移動するにあたってのふるい分け機構として作用するほど，資格をもつ人たちを選択する基準は普遍主義的となり，そのために，地位信念，とくに汚名化した地位信念，およびこれらの信念を生みだす期待状態の重要性と影響力は低下する。そして移動が発生し，配置上の地位と拡散的な地位特性（たとえば類別単位へのメンバー所属）との交差が増すと，地位信念の汚名効果は低下し，個人は，団体単位におけるミク

ロ水準の出会いでより多くの肯定的感情を経験できるようになる。

(4)支　配　　支配が重要な統合機構であるのは，それが，他者行為者を統制するための権力の行使を含み，また多くの点で，肯定的感情の制度領域内およびその間での流通を増すという構造的相互依存性の効果を包含しているからである。マックス・ウェーバによる支配の概念は，こうした統合の一形態とみなすことができる。ウェーバーの類型を使用するなら「伝統的」か「合理的」かにかかわらず，支配は，事実上すべての地位配置が権限に対する関係によって定義されるような一つの階統をつくりだす。その結果，大多数の個人と，彼らがメンバーである団体単位は，ほとんどつねに上位の個人あるいは団体単位の権限下に置かれる。こうした権限はそれ自体，恐れ，怒り，欲求不満，疎外，恥と罪などの否定的感情の情動状態を生成する。だから，当該支配体系内の各水準で上位者による支配や威圧的な統制力の行使の程度が大であるほど，当該人口集群のより大きな部分の経験は否定的となり，支配によってつくられたその階統体系のさまざまな水準で，否定的感情の溜まりや貯蔵庫が増える。支配，とくに強制力の乱用や厳しい管理的統制による支配が強いほど，階層のほとんどの水準における否定的感情の分配は大きいだろうし，またこの体系におけるエリートと，この人口集群の大多数とのあいだの感情の階層化の水準は大きいだろう。こうした感情の階層体系では，この肯定的感情と否定的感情の不平等な分配の帰結として，緊張と対立が起こりがちとなる。

(5)隔　離　　この機構は，両立しがたい活動に従事する団体単位を時間的・空間的に分離し，そうすることによって対立の可能性と，そうした対立が生みだしうる否定的感情を少なくする。しかし，隔離そのものはしばしば，低く評価される類別単位へのメンバー所属や団体単位における低い地位配置を標示するパラメータを統合する。そのため，こうした統合を経験した者たちは，地位信念の汚名，偏見の発生，低く評価される類別単位のメンバーへのあからさまな差別のせいで，否定的感情を経験するだろう。たとえば，異なる民族集団の

第2章　全体社会における階層化の制度的基盤　55

メンバーが対立を避けるため，異なる近隣住区，あるいは狭い範囲の組織体の配置に隔離される場合，一般にこの隔離はより強力な民族集団によってなされるので，差別の犠牲者たちのあいだには必然的に恥，屈辱，怒りとして爆発する民族的緊張が燃えあがり，しばしばそれは，復讐のような信じられないほど強力な感情の喚起をもたらし，極度に暴力的な民族闘争を引き起こす。階層化が，異なる階級の下位人口集群のメンバーたち，とくに民族もしくは宗教を中心とした類別単位へのメンバー所属と相関する階級の人びとに隔離を強いるようなすべての社会では，否定的感情エネルギーのきわめて大きな貯蔵庫が満杯となり，これがあたかもガソリン貯蔵庫のようになってきわめて暴力的な事件を勃発させ，さらにこれが否定的感情を高ぶらせ，したがって社会をより感情的に階層化し，また不安定にさせるかもしれない。

2.3　制度支配，団体単位，階層化

　階層体系は最終的には類別単位からつくられている。この場合の類別単位はおもに社会階級であるが，しかし階級上の配置と統合もしくは相関している別の類別単位の区分のこともある。階級は，制度領域内の団体単位による一般化した象徴媒体の分配の所産である。個々人がもつ有価資源——すなわち一般化した象徴媒体や，威信や肯定的感情のような他のより一般的な強化因——の水準や構成は，領域によって，領域内のどの団体単位かによって，団体単位の分業上のどの配置かによって異なるだろう。一般化した象徴媒体は制度領域を越えて流通するので，ある団体単位は，いくつかの一般化した象徴媒体——たとえば貨幣，権威，学識，確認された知識——，および一般化した象徴媒体を活性化させようとする一般化した強化因——たとえば威信や肯定的感情——を分配するかもしれない。

　一般化した象徴媒体は，同時に言説の言葉，道徳判断の基準，主題の道徳的基盤，イデオロギーやメタ・イデオロギーの象徴的建築資材，団体単位によって不平等に分配される有価資源でありうる独自の能力をもっているので，また以下のものの基盤になりうるために，巨大な力をもちうる。一般化した象徴媒

体は，(a) 具象化された準神聖な対象物，(b) 人びとが自己と他者を評価する際に使用するイデオロギーやメタ・イデオロギー，(c) 当該の階層体系を正当化するメタ・イデオロギー，(d) 類別単位のメンバーの道徳的な評価や彼らに対する期待状態を提供する地位信念，(e) 低く評価された類別単位のメンバーに対して，資源を提供する団体単位への最初の接近や，これら団体単位の分業上の地位配置への接近を制限するような偏見を正当化するために，折にふれて使用されうる予断的信念，(f) 多様な領域の他の団体単位にある付加的な資源を確保しようとする肯定的感情や自信を生みだす威信，の基盤となりうるのである。

　人びとが肯定的感情を経験するのは，資源を受け取る期待が適い，地位信念上で肯定的に表現され，かつミクロな出会いで他者が保証するアイデンティティをもち，出会った他者から肯定的裁可を受け取るときである (Turner, 2002, 2007, 2010b)。同様に，制度領域を越えた団体単位で一貫して一般化した象徴媒体を受け取ることができ，イデオロギーの道徳的基準や，それが生みだす地位信念によって肯定的に評価され，団体単位を越えて肯定的裁可を受け取ることができるならば，人びとは効能感を発達させ，肯定的感情エネルギーを蓄え，将来において付加的な資源を確保する自信を掴むだろう。反対に，イデオロギーや地位信念における道徳的評価によって汚名や偏見に満ちた信念に苦しむ場合，団体単位における有価資源への接近が差別あるいは必要な資源の不足によって制限される場合，また否定的感情エネルギーの貯蔵を増やしていく場合，彼らは，付加的な資源を獲得する自信を失い，あるいは資源を提供する団体単位への接近や移動を限定するような行為をしがちである。だから，類別単位へのメンバー所属と，個人や家族における肯定的感情エネルギーと否定的感情エネルギーの相対的な貯蔵庫とが統合されているほど，社会は，有価資源としての一般化した象徴媒体の持ち分から形成される階層体系とほぼ並行した，感情の階層体系を明示しがちである。

　感情の階層化は結果的に，他のすべての階層化の形態と同様，制度領域における団体単位からつくられている。激しさの点で非常に異なる水準の感情状態

の大行列を経験できる人間の能力は生物界で類がない，とわたしは確信している（Turner, 2000）。人間は，防衛機構の活性化に巻き込まれることの多い複雑な感情の流れを絶えず体験しているので，その気持ちを当人たち自身が，まして周りの他者たちが理解することは難しい場合が多い。しかし感情は，人間を互いに結びつける重要な力であり，したがって，たとえ否定的感情喚起が社会の持続可能性を低くするとしても，人間社会を持続させるための必要悪の一つなのである。

　すべての相互作用において，感情は「たやすく手に入れられる」。感情は絶えず形成される。そのため個人たちは社会界を，多くの場合肯定的から否定的尺度に沿って緊張した気持ちの複雑な集合として経験する。しかし感情は，電極の単純なプラスとマイナスのように，否定的状態と肯定的状態という極性よりも複雑で，内容や型を異にしている。つまり感情には繊細な差異がありうるし，そのことがひいては人間が複雑で微妙な仕方で意思疎通することを可能にさせている（Turner, 2000, 2002, 2007）。さらに，われわれの理解するところ，道徳性は感情が行動についての認知に付随するようになってはじめて可能なのである。したがって道徳性は，人間の感情能力の先行進化を抜きにしてはありえないのだ。この人間の感情能力は，後期ホモ属の進化期間に新皮質が現在の規模に成長しはじめるは̇る̇か̇前̇に̇起こったものである。感情的能力の基盤が所定の位置になかったなら，道徳性は社会結合を築く強制力も，巧妙さも，そして能力ももちえなかっただろう。

　人間は，人造の象徴から言語や文化を構築する能力をもった動物界で比類のない存在である。人間をこうした動物界で類をみない存在にさせているものの中心は感情である，とわたしは確信している。言語や文化を構築する能力は，後期ホモ属の進化の期間に人間感情能力が現在の水準に到̇達̇した後になってはじめて，進化したにすぎない（Turner, 2000）。感情は，霊長類の一種としての人間にとってそれほど中心的であるために，どこにでも，またつねに存在し，そのため出会いにおける個々人の相互作用の過程でつねに分配されつづけている。したがって，こうした重要な能力が階層化されるようになるのは驚くこと

ではない。個人たちは，肯定的感情を蓄積するために競い合い，その機会と能力に基づいてみずからを選別するわけである。感情は，貨幣と同様に，より多くの資源を獲得しようとする際に有益で有用であり，したがって貨幣と同様に階層化されて，当然のことながら人間が競う対象のようなものになるのである。

第3章

感情力学

3.1 超感情動物になるための進化

3.1.1 原基感情

　人間のもっとも独自な特性の一つは，感情性を強化するための脳神経の配線である。人間がなぜこれほどまで感情的になったかについては，進化的および神経学的な興味深い物語がある（本章末尾の付録をみよ）が，しかしここでのわたしの関心は，感情の広がりと潜在的な激しさが，どのようにして感情の階層化の部分になるかを理解することである。この感情の階層化は，社会の人びとが，なぜ，またどのように対立や制度領域の変化に動員されるかに影響をおよぼしているのだ。人間の感情を研究しているすべての学者が同意しているのは，人間が，少なくとも四つの原基感情，すなわち満足―幸せ，強情―怒り，反発―恐れ，失望―悲しみ，を経験し表現するよう神経学的に堅く配線されていることである。ほとんどの学者は，この原基感情のリストに別の一，二の原基感情――たとえば反感，驚きあるいは期待――をつけ足しているが，しかし感情の類型を開発したすべての学者のあいだで，これら付加された感情状態に関する合意はほとんどない（原基感情のさまざまな類型の再検討については，Turner and Stets, 2005 をみよ）。ここで言及するのは，すべての学者が激しさの高低の連続体として同意している上記四つの原基感情である。表 3.1 において，これら原基感情ごとに，激しさの異なる水準の事例を提示した。これで明らかなように，人間はかなり多様な原基感情の加工物を経験し，表現するのだ。

　人間やその他の高等哺乳動物における原基感情のもっとも興味深い側面の一つは，その 4 分の 3 が否定的（たとえば怒り，恐れ，悲しみ）であり，肯定的

表 3.1　原基感情の変種

原基感情	低度の激しさ	中度の激しさ	高度の激しさ
満足―幸せ	満足 快活 平穏 充実	上機嫌 陽気 親睦 好意 楽しみ	喜び 至福 歓喜 大喜び 得意満面 意気揚々 有頂天 身震い（興奮） 狂喜乱舞
反発―恐れ	気がかり 躊躇い 不本意 はにかみ	懸念 おののき 不安 恐怖 警戒 失意 うろたえ	恐怖 戦慄 強い不安
強情―怒り	いらいら 動揺した じれる 気に病む かき乱れる 恨めしい 腹立たしい 不機嫌	不快 失望 けんか腰 好戦的 敵対的 憤り 敵意 攻撃的 肝をつぶす	反感 強い嫌悪 むかつき 憎しみ 強い反感 遺恨 極度の敵意 激怒 憤慨 悪意 憎悪 悲憤
失望―悲しみ	落胆 悲嘆 意気消沈	失望 虚脱 悄然 あきらめ 憂鬱 悲哀 苦痛 気力喪失	悲憤 傷心 失望 苦悩 失意

出典：Turner, 1996, 1999a, 1999b より。

なのは一つだけ（幸せ）だということである。この事実が意味するのは，人間や他の哺乳動物には肯定的よりも否定的感情を表現する傾向があり，そのことは明らかに社会関係にとって破壊的だろうということである。ほとんどの哺乳動物のほとんどの種には，たとえ感情が否定的に向きを変えたとしても，集団形成のための強い生物プログラマーが備わっている。対照的に，また付録で概説しているように，人間はこうした生物プログラマーそのものを欠いており，そのため否定的感情が喚起されると必ず，人間の社会関係に問題が生じる。表3.1 に列挙した原基感情にもっと多くの変種をつけ加えることの効果の一つは，感情のより大きなパレットのなかで否定的な感情全般をいくぶんでも減らすことであるが，それにしても人間の場合，つねに否定的感情喚起の妖怪がいて，これが社会関係を壊し，しかもそれが集合的に経験されると，制度体系を変えることになると思われる。

3.1.2 原基感情の一次精巧化

　一部の学者は，人間の脳は，複数の原色が一つの大きな色彩パレットに混ぜ合わされるのと同じく，複数の原基感情の組み合わせができるように配線されたと推論している (Plutchik, 1980 ; Kemper, 1987 ; Turner, 2000, 2007)。この系統の推論についての私見は，表3.2 にしめしてある。表中には，原基感情の一次精巧化とわたしが名づけたものを列挙した。こうした精巧化は，——その過程を比喩的に表現すれば——大量のある原基感情を，少量の別の原基感情と混ぜ合わせることを意味している。そのことは二通りの結果をもたらす。第一は，よりニュアンスに富んだ大きな感情のパレットができること，第二は，哺乳類に基本的な原基感情一式における否定的な偏りをより少なくしたパレットができることである。複数の否定的感情が混ぜ合わされると，その否定性の力は多少軽減され，多くの場合には新種の結合的な感情が出現する。しかし一方，たとえば復讐のような，非常に強力な否定的感情もつくられる。こうした強い否定的感情は，対象への怒りと，この怒りを発散してこの対象に危害を加える際の幸せとが組み合わさったものである。さらに表3.2 の右欄にある感情の結果

表 3.2　原基感情の一次精巧化

原基感情		一次精巧化
満足―幸せ		
満足―幸せ＋反発―恐れ	→	驚嘆，有望，息抜き，感謝，誇り，敬意
満足―幸せ＋強情―怒り	→	復讐，融和，冷静，癒し，楽しみ，勝ち誇り，困惑
満足―幸せ＋失望―悲しみ	→	郷愁，思慕，希望
反発―恐れ		
反発―恐れ＋満足―幸せ	→	畏怖，崇敬，尊敬
反発―恐れ＋強情―怒り	→	憎悪，嫌悪，敵意，反感，嫉妬
反発―恐れ＋失望―悲しみ	→	恐怖，慎重さ
強情―怒り		
強情―怒り＋満足―幸せ	→	謙虚，鎮静，粗野，慰め，公正
強情―怒り＋反発―恐れ	→	嫌悪，ねたみ，不審
強情―怒り＋失望―悲しみ	→	恨み，意気消沈，背信
失望―悲しみ		
失望―悲しみ＋満足―幸せ	→	容認，不機嫌，癒し，憂鬱
失望―悲しみ＋反発―恐れ	→	悲嘆，わびしさ，安堵，悲惨
失望―悲しみ＋強情―怒り	→	憤慨，不満，不平，失望，倦怠，苦悩，羨望，不機嫌

のリストを読むと，下にいくほどより結合的な感情が生成され，多くの場合，否定的な感情の偏りが，ごくわずかであるとしても軽減されていることは明らかである。

3.1.3　原基感情の二次精巧化

　本章末尾の付録にしめす理由によって，人間の神経学的配線は，自然選択によって変更された結果，三つすべての否定的感情の組み合わせを生成するようになった。その際，二つの主要な道徳性の感情――恥と罪――が，疎外のような別の複雑な感情とともに生まれた。表3.3は，恥，罪，疎外の基本構造を要約しているが，これらは悲しみ，恐れ，怒りという三つの否定的感情が量を異にして混じり合ったものである。わたしの考えによれば，これらの異なる感情価を決定するのは，この三つの感情の相対量である（Turner, 2000, 2007）。こうした二次精巧化のすべてにおいて優勢な感情は，わたしが失望―悲しみと呼んでいるもので，だから，ある個人が恥と疎外を経験するのか，それとも罪を経

第 3 章　感情力学　63

表 3.3　二次的感情の構造：恥，罪，そして疎外

感情	構成要素である原基感情の順位		
	1	2	3
恥	失望—悲しみ （自己への）	強情—怒り （自己への）	反発—恐れ （自己の影響への）
罪	失望—悲しみ （自己への）	反発—恐れ （自己の影響への）	強情—怒り （自己への）

験するのかを規定するのは，怒りと恐れの相対的な順位である。

　恥は，人びとが経験できるもっとも苦痛な感情の一つで，他者の期待に応え損ねたという気持ち，その結果として自分がちっぽけで無力だという気持ちを含んでいる。恥が強大な社会統制力であるのは，個人たちがこの苦痛な感情経験を回避しようとして，他者や状況が己にかけた期待に積極的に応えようとするからである。さらに彼らは，矯正行動に従事することによって，この気持ちを取り除こうとするだろう。とはいえ彼らは，しばしばその感情を抑圧し，そうすることによって否定的感情力学の作動を複雑にすると思われる（すぐ後の議論をみよ）。だから恥は，主として期待に応え損なった失望—悲しみであり，次にそうなってしまったことへの自分自身への怒りの表出になり，さらには期待に応え損ねた自分自身への影響に対するより少量の恐れがつづく。

　罪もまた非常に苦痛な感情であり，道徳律に違反したという気持ち，したがって不道徳感を中心にしている。罪は，人びとが道徳律に同調し，これらの道徳律が侵犯されたときには矯正行為に取り組むように動機づけるのだから，恥と同様に，社会統制にとっての強力な感情である。とはいえ，ここでもまた，抑圧がその感情結果を歪めるかもしれない（これについては後で検討する）。罪は，恥と同じ構造をもつが，怒りと恐れの量の順位が逆転しているので，恥とはきわめて異なる感情経験をつくりだす。

　恥と罪は，多くの点からみて，人間が社会結合と社会統制を築くために自然選択が感情への依存を増していく過程の頂点である（詳細について付録をみよ）。三つの否定的原基感情が，異なる量の順位で組み合わされて恥と罪になり，そ

れらは，個人たちを結合させ，互いの期待に応える準備をさせ，文化体系における道徳律を順守させる強力な社会統制の感情になる。付録で議論するように，罪と恥は，道徳律を含む文化体系の進化にとって不可欠な先駆けであった。だから，人間の祖先の大脳新皮質の規模（最近200万年にわたる）の劇的な増加がこんなにも後になって生じたのだ，とわたしは考えている。最初に，新皮質の下部にある皮質下領野を再配線することによって，感情能力が増強しなければならなかった。その皮質下領野で，感情がつくられる。そして恥と罪が，社会統制の強力な感情となり，道徳律に実効性をもたせたのだ。興味深いことに，霊長目中で生物学的に人間に最も近い存在——チンパンジー——は，恥と罪を経験しない（Boehm, 2012）。だとすると人間はこの点で，生物の目として特別であるのかもしれない。むしろ人間は，他の哺乳類のような堅固な集団結合を形成する強力な生物プログラマーをもっていないために，恥と罪を経験する必要があったのではなかろうか。感情によって裏づけられた道徳律が，社会性と集団形成のための強力な生物プログラマーの欠落をうまく補う一つの方法になったのである（よりくわしくは，Turner, 2000 をみよ）。

　人間にもっとも近い霊長目の親族——たとえば大型類人猿——などの高等哺乳動物はすべて，人間が「正義」と呼んでいるもの，すなわち資源の公正な分配，を想定する生物プログラマーを備えているように思われる。高等哺乳動物は，公正な資源持ち分を手に入れられないと，怒りのような否定的感情を経験し，また表現する。そこで，たぶん他のどの哺乳動物よりも人間において，付加的な感情状態——怒りの変種と精巧化，プラス恥と罪——をつけ足すことが，公正と正義の認知的査定に強力な感情的な土台を与えたのである。だから，人びとが自分は騙されたとか，任務に対する貢献あるいは社会的な立場に見合う報酬を受け取れなかったと感じて集合的な怒りを経験すると，人間社会は分裂あるいは瓦解さえすることがある。しかし，人間はそれ以上のこともできる。人間は，期待し望む資源を受け取ることに失敗すると，罪や恥を経験することもあるのだ。そうなると，否定的感情喚起と人間社会における集合的な抗議といったそれの結果の力学は，すぐ後で述べるように，よりいっそう複雑になる。

疎外は恥と同じ構造をもっているが，帰属の力学が，怒りの標的を自己から他者へ，潜在的には社会構造へと移し替えている点で，両者は異なる。つまり疎外は，もっとも重要な防衛機構の一つである帰属（これについては以下で考察する）の活性化によって生まれる三つの否定的感情の二次精巧化である。疎外は，他者や文化や社会構造への信頼から自己を切り離そうとする感情であり，したがって社会関係を壊しうる。しかし疎外が社会関係を壊す程度は，単独の恐れや怒りほど激しくはない。さらに疎外は，原状回帰の必要があることを他者たちに警告する。疎外は，他者を攻撃し，あるいは他者に極端な怒りもしくは恐れを喚起させることなく，そうした警告を発する。この意味で疎外は，たとえ社会結合が満足のいくものでないことを他者に告知する場合でさえ，社会結合を促進するように働く。また疎外は，後で議論するように，怒りや，屈辱・復讐の欲求といった怒りの精巧物よりも，既存の制度体系に対する集合的動員を導きにくい――これは，疎外は階層体系における従属者たちの動員の原動力だとみなすマルクスの見方とは対立する議論である。

3.1.4 防衛機構と感情喚起

人間の脳のもうひとつの特性は，新皮質領野（記憶，思考，意思決定が生じる場所）と皮質下領野（感情がつくられる場所）の各内部およびその間で構造の連結性が激増したことである。この連結性は，感情を統制する人間の能力を増強する。こうした統制はおそらく，原基感情のより多くの変異，および原基感情からつくられる混合物の一次精巧化と二次精巧化を発達させるために必要だったと思われる。さらに，統制の増強がなかったとすれば，人間は感情的になりすぎて，社会関係の創造や維持どころではなかっただろう。脳の皮質中枢からの増強された統制はまた，自己についての否定的感情を抑圧する能力を強化したと推測される。人間はしばしば，みずからの否定的感情経験を意識覚醒の水準下に抑え込み，それらを（ほぼ確実に）海馬に蓄える。抑圧は，恥や罪のような否定的感情の意識的な苦痛を排除するが，しかし結局のところ，人びとの感情的な福利を引き下げる（Turner, 2014a, 2014b）。

表 3.4 感情の抑圧，防衛，変質，標的指定 1

抑圧された感情	防衛機構	変質された感情	感情の標的
怒り，悲しみ，恐れ，恥，罪	転 移	怒り	他者，団体単位*，類別単位**
怒り，悲しみ，恐れ，恥，罪	投 射	少量だとしてもいくらかの怒り	怒り，悲しみ，恐れ，恥あるいは罪の，他者の属性的状態への転嫁
怒り，悲しみ，恐れ，恥，罪	昇 華	肯定的感情	他者，団体単位，類別単位
怒り，悲しみ，恐れ，恥，罪	反動形成	肯定的感情	団体単位における任務
怒り，悲しみ，恐れ，恥，罪	帰 属	怒り	他者，団体単位，類別単位

出典：J. H. Turner, *Human Emotions : A Sociological Theory*, 2007.
* 　団体単位とは，目標を達成するための分業を明示している構造である。
** 　類別単位とは，示差的に評価され，示差的な反応が与えられる社会的類別である。類別単位のメンバーはしばしば，一つの社会的アイデンティティを保持している。

　抑圧は，まずは否定的感情を意識させまいとする，ある種の主要な防衛機構とみなされる。次に別の防衛機構が活性化され，それが否定的感情を新しい感情に変える。この新しい感情は，こうした過程を作動させた最初の感情が見失われたとしても，個人によって経験され，意識されるだろう。また，こうした別の防衛機構は多くの場合，熱線追尾式ミサイルと同じように，変質した感情を標的にする。こうした否定的感情の潜在的な標的は，その数が限られている。すなわち，自己，他者，状況，団体単位，類別単位，制度領域，階層体系，社会，そして全体社会間体系，がそれである（32 頁図 2.1 をみよ）。表 3.4 は，防衛機構についてのわたしの見解をしめしている。

　抑圧が起きた後に，別の防衛機構がつづく。表 3.4 の第 2 欄に列挙されているのが，それである。第 3 欄は，抑圧された感情の起こりうる変質の結果の一部をしめし，最右欄は変質した感情にとってのありうる標的を示唆している。転移は一般に，怒りを安全な対象に向け変えるもので，たとえ元々の怒りあるいは恥が自己に向かう場合でも起こりうる。こうした転移は個人たちを標的にできるが，反撃や否定的裁可が容易にできない個人相手の場合，またこうした個人がいない場合には，怒りは，その怒りについて認知すらしていないかもし

れないより安全な標的に向けられるだろう。より安全な標的とは，たとえば類別単位（ユダヤ人，ゲイ，女性，民族集団など），あるいは団体単位（職場，政府，修道会など）のメンバーである。防衛機構としての投射は，変質をともなうことは少なく，その代わりに，その個人が経験した感情を他者に転嫁して，典型的にはこの他者の否定的反応を呼び起こすことである。個人は自分が実感ない感情，とくに否定的感情を転嫁されることを好むことはめったにないので，投射はあまり危険ではないものの，しかし社会関係を損壊させる。昇華と反動形成は，否定的感情の極を逆転させる。昇華は，否定的感情を，肯定的感情や団体単位内の任務に向けたエネルギーに変えるのに対して，反動形成は別の存在あるいは他者に対する激しい否定的感情を，新たな他者や団体単位や類別単位への肯定的感情に変換する。

　表3.4 にしめした最後の防衛機構は，一般的には防衛機構のリストに含まれていない。それは，個人の経験や行為の原因を転嫁する認知的過程と考えられがちなのである。しかしわたしは社会学的視点からして，帰属を，おそらく最重要な防衛機構だとみなすにいたった。人びとは，ある感情を経験すると，ほとんどつねにその感情の元々の原因について帰属を行う。わたしは心理学で使用されている帰属理論（Weiner, 1986, 2006 をみよ）の用語を多少変えて，人びとが肯定的感情を自己に帰属させることを強調している。とはいえ人びとは時に，状況における他者たちを，彼らの肯定的感情の原因とみなすこともある。エドワード・ローラー（2001）が強調したように，肯定的感情は近位の偏向をもつ。その結果，その感情は身近に滞留し，ある個人の認知的―感情的な状態内部や，自己と他者たちとの身近な対面的な出会いの内部で循環する。したがって自己帰属が行われると，人びとは肯定的感情を与える素振りをみせ，それを与えられた個人たちがその好意を返すというように，状況内で肯定的な感情エネルギーの相互的な強化が行われる。それとは対照的に，否定的感情は遠位の偏向をもち，外に向かって押しだされる。つまり，ある個人に否定的感情を経験させた原因とみなされるものは，他者たち，身近な状況や出会い，団体単位，類別単位のメンバー，さらには社会構造さえもが標的にされる。こうして

帰属が外部に向けられるために，自己は保護される。さらに，この遠位の偏向は一般に，その責任を，他者たちからなる身近な状況の外部に押しつける。こうした身近な状況の他者たちは，自分の否定的な気持ちを他人のせいにする個人を攻撃し，否定的に裁可できるからである。すべての個人は，こうした身近な出会いからもっとも肯定的な感情を引きだすはずなので，肯定的な感情の流れの温床のなかで否定的感情を喚起しようとは思わない。しかしながら，たとえば暴力を振るう配偶者と生活している人たちの場合のように，反撃できない相手に対しては，否定的な感情を喚起することがある。

　こうした二つの偏向——肯定的感情の近位の偏向と否定的感情の遠位の偏向——の結果は，帰属過程によるよりマクロな構造の正当化を難しくさせる。というのも，肯定的感情が身近な出会いや，たぶん小さな集団内だけで循環するなら，それはどのようにして，社会のより大きな社会文化的形成体——たとえばその制度領域，階級体系，あるいは全体社会——へ移動するのだろうか。社会メンバーの大多数が，その肯定的感情経験をマクロ水準の社会文化的形成体に外部帰属をすることに失敗したならば，社会は存続できない。肯定的感情喚起によって決定される「拡散する正当性」の感覚なしには，マクロ構造は維持されることも，また再生産されることもない。否定的感情を外部に向けて移動し，対人的には「より安全な」マクロ水準の構造や文化を標的とする遠位の偏向，ならびに肯定的感情を間近な出会いや集団のなかに保持しようとする近位の偏向，この二つの偏向と帰属力学の作動によって，社会が必ずしも脱正当化されないことは驚きである。十分な数の個人が否定的感情を経験し，その否定的感情を外部に配当——的確かどうかはさておき——するなら，社会はバラバラになってしまうだろう。また，肯定的感情が身近に滞留するなら，社会は，当該社会や，その制度領域および階級体系を変化させるために，感情的で，しばしば暴力的な集合行動を経験するようになると思われる（よりくわしくは第7章をみよ）。

　しかしながら，近位の偏向の順守を打ち破ろうとする別の力が存在する。個人たちが多様な制度領域を越えたいろいろな出会いでつねに肯定的感情を経験

する——すなわち，こうした領域で有価資源を受け取る——と，その帰属は，制度領域内で順次組み込まれている団体単位が相互につくる構造的水路を辿りはじめる。こうして肯定的感情は，近位の偏向の遵守を破り，出会いから集団へ，集団から組織体へ，そして組織体から制度領域へと移動しはじめる。46頁から47頁の表2.2に列挙した制度統合の力学は，出会いの水準で生まれた肯定的感情喚起が，より大規模な社会文化的形成体へと移動する路線を供給する相互的な組み込みのさまざまなパターンをしめしている。したがって，多様な制度領域を越えた身近な出会いで一貫して肯定的感情の経験に成功した個人たちは，外部帰属をしはじめ，そうすることによってマクロ構造やその文化に対して肯定的な感情的愛着を発達させる（Turner, 2002, 2007）。肯定的感情を経験することに成功を収めるか否かは，前章で述べたように，人びとの階級上の位置と，高低で評価される類別単位へのメンバー所属とに依存する。このために，肯定的感情は社会で不平等に配当されるわけである。

　制度領域に収容されている団体単位内に埋め込まれた出会いの中で，つねに肯定的感情喚起を経験する人びとは，マクロ構造とその文化を，彼らの肯定的感情経験に因果的に関係するものとみなすようになり，そのためにマクロ水準の社会文化的形成体に正当性を付与しはじめる。だから，ほとんどの高度産業社会のように，人口集群の大きな割合——たとえば上層階層から中間の下流階級や下層の上流である労働者階級にいたるまで——が，資源としての一般化した象徴媒体の期待された持ち分を受け取っているような社会には，より遠方の社会文化的形成体へと向かう集合的な肯定的感情エネルギーの流れがあるだろう。この肯定的な感情エネルギーの流れはしばしば，より低い階級や低く評価される類別単位のメンバーたちからの否定的感情のより小さなうねりを，さまざまな程度で相殺することができる。しかし，一般化した象徴媒体の分配がより不平等になると，かつては資源に関する期待を適えることのできた者たちの失敗は，否定的感情エネルギーのより大きな貯蔵庫をつくりはじめるだろう。帰属の力学と否定的感情エネルギーの遠位の偏向は，こうした蓄積された否定的感情をマクロ構造やその文化に向けてしだいに外部に移動させるようになり，

そうすると社会には緊張と対立の可能性が高まることになろう。

　防衛機構としての帰属は，怒り，恥，罪，そしておそらく疎外のように変質した否定的感情の外部への移動を加速して，しばしば社会を不安定にさせるまでになる。社会において感情が階層化されているほど，社会内の否定的感情エネルギーのプールは大きいだろう。そしてこのエネルギーは，社会および全体社会間体系の建築資材といえる構造そのもの——制度領域や階層体系——を標的にするだろう。だから，ある人口集群のより大きな割合が受け取る一般化した象徴媒体が少ないほど，感情エネルギーの貯蔵庫は肯定的ではなく，より否定的になり，そしてこれらの感情は，遠位の偏向にしたがって，社会とその文化という中枢の構造を帰属の標的にするようになるだろう。社会変動はこのように，否定的感情喚起と帰属力学によって起こされることがしばしばである。とりわけ，恥のような否定的感情が抑圧され，拡散的な怒りや屈辱に対する憤慨のような強力で破壊的な感情に変質する場合には，そうである。

　人類史のほとんどの期間にわたって人間が暮らしてきた社会——すなわち遊牧する狩猟・採集社会——には，階層が存在しなかった。実際，狩猟・採集バンドのメンバーたちは，誰もが間違いなく他者より多くの一般化した象徴媒体を要求できないように懸命に努力した (Boehm, 2012)。その結果，人間が1万2000年から1万年前頃に定住しはじめる以前は，否定的感情が高まることはなかった。権力や物質的富の不平等な分配がはじまったのは，人間が定住するようになってからである。しかしながら狩猟・採集社会にも，破壊的な人物や心の問題を抱える人たちがいて，こうした人びとに対してはしばしば集団殺戮や追放という形で対処しなければならなかった。そしてそこにはつねに，感情問題の可能性が存在した。なぜなら，われわれの祖先はより感情的であるように再配線され，増強された抑圧の能力によって，恥のような苦痛をともなう多くの感情は抑圧され，あるいは，前文字社会でも問題を引き起こすような新しい否定的感情（しばしば拡散的怒り）に変質されたからである。しかし感情の階層化は，圧力釜にきわめて類似していた。感情の階層化は否定的感情の激しさを強めて，それらを拡散的な怒りに変質させ——この拡散的怒りが，帰属

の力学に従いつつ，人びとをその仲間メンバーや全体社会を標的するようにし向けるのだ。そして，農業社会の進化を通じて階層化が進むとともに（Lenski, 1966），前々から地上でもっとも感情的で，潜在的に不安定な動物であった人間の感情体系に，さらなる圧力が行使されるようになった。

3.2　人間社会の中心的な力としての感情

　感情は，人間の行動や相互作用，および社会組織体を駆動する主要な力の一つである。感情は多くの点で，社会現実の諸水準を連結する。というのも，感情は，社会組織体のミクロ，メゾ，マクロの諸水準で個人を社会構造に接続するエネルギーを供給するからである。感情はまた，人間が文化記号中の道徳的命令を順守（あるいは違反）するときに肯定的もしくは否定的な気持ちを喚起することによって，文化を強化もする。人びとは一般に，とくに自己については肯定的な気持ちを経験するように，また否定的感情そのもの，とくに自己について否定的感情を回避するように，強く動機づけられている。だから感情は，社会現実のすべての水準の社会構造内で，またマクロ，メゾ，ミクロ構造が用意した水路を流れる文化内で，人びとがいかに振る舞うかを制約する。感情は，社会構造やこれらの構造を通り抜ける文化に人びとを結びつける力なのだ。だから感情は，当然のことながら社会の階層化の力学に関する分析の方向を転換させる力なのである。肯定的感情が，それ自体で評価される資源だと考えられるなら，それは他のすべての資源と同じく，個人や家族に不平等に分配されることになる。感情はまた，一般化した象徴媒体を不平等に分配する制度領域内の団体単位で人びとが確保できる別の型の資源に対処する際には，人間福利の主要な仲介物にもなる。実際，個人が蓄積できる資源が種類はともあれ多いほど，その人の感情の貯蔵庫は肯定的であるだろうし，この肯定的感情の貯蔵庫によって，個人たちは多様な制度領域で付加的資源を確保する自信をもつことができるだろう。

3.3 感情喚起の基本的諸条件

肯定的感情と否定的感情はいずれも，二つの基本的な条件，すなわち(1)ある状況において期待を適えるか適え損ねるか，および(2)ある状況において他者からの肯定的裁可を経験するか否定的な裁可を経験するか，の下で喚起される (Turner, 2007)。これら二つの条件は，必ずしも相互排他的ではない。なぜなら，たとえば期待を適え損ねることは，否定的裁可のようにみえるかもしれないが，その一方で否定的な裁可は，ある個人が期待を適える機会を否定することだとみなすことができる。しかし分析目的からいえば，それぞれについて別個に考察できる。そのあと次章で，それらが感情階層化の体系内でどのように作動するかを検討することにしよう。

3.3.1 期待と感情喚起

期待状態，およびそれが対人的な力学を形成する力に関しては，膨大な量の文献がある [1]。しかしここでは，小さな実験集団における期待研究にほぼ限定されている文献について，詳しく述べることにする。これらの文献から引きだされる基本原理は，どの種類，どの本源から発したものであれ，期待がはっきりしているにもかかわらず，それが適えられないと，人びとは否定的感情を経験するだろう，ということである。ある集団の規範的な期待であろうと，あるいは類別単位のメンバーに関連する地位信念 (もしくは拡散的な地位特性) に由来する期待状態であろうと，その期待が適切と考えられる仕方で適えられないと，自己に対して，また状況内の他者たちに向けて，否定的感情が喚起されるだろう。しかし，状況内の人びとについては，それに関係すると思われる重要な多くの付加的な期待の源泉がある。だからわれわれは，現代の理論が比較的に狭い制約内で議論していることを越えて視野を拡げる必要がある。

3.3.2 より一般的な期待の概念化

94 頁表 4.1，113 頁表 5.1，133 頁表 6.1 には，文化，社会構造，個人の欲求

状態から生じる多様な期待の源泉が列挙されている。期待の文化的，構造的，動機的な基盤については，以下につづく三つの章のそれぞれでさらに多くのことを述べるつもりであるが，しかししばらくは，感情喚起の重要な力学として，期待それ自体に焦点を合わせることにする。

　(1)**期待の実現と応答**　　大まかにいえば，個人は期待が実現されると，肯定的感情を経験し，ある状況における他者たちに肯定的感情を表現する。こうした他者たちはふつう，肯定的感情を付与した人物に肯定的感情を表すことによって，好意を返す。この過程は繰り返され，肯定的感情エネルギーの水準を徐々に上げ，ランドル・コリンズ (1975, 2004) が相互作用儀礼と呼ぶもの——エミール・デュルケム（[1912] 1984）とアーヴィング・ゴッフマン (1967) から引きだされている——にいたる。相互作用儀礼で展開する基本的過程は，図3.1 にしめされている。相互作用儀礼は，多くの社会過程と同様に反復され，図中にしめしたその過程は，一連の段階を経てそれ自体にフィードバックする。こうした反復過程は，肯定的感情の近位の偏向の背後にある力であり，これによって肯定的感情が集団水準の団体単位内の身近な出会いのなかで循環するのだ (Lawler, 2001)。こうした感情は，循環しながらその激しさと多様性の双方を，少なくとも反応しなくなるまで上昇させて，その後の時点における出会いの相互作用の舞台を設定する。このように相互作用儀礼は連結されていく。だから，それが時間の経過のなかで連結されるほど，また図3.1 中の力学が展開するほど，組織体，地域社会，制度領域，階層体系，全体社会といったより大きな社会文化的形成体を支えるようになる。

　要するに，相互作用儀礼は，より大きな規模の社会構造やその文化の建築資材なのだが，階層体系を含むより大規模な社会構造を正当化するうえでも重要なのである。したがって，図3.1 で整理した過程で個人たちが包み込まれる別の制度領域内の団体単位における多様な出会いが多いほど，こうした個人たちは，当該制度領域への信頼を発達させ，またそれを正当化するようになる。

　(2)**期待実現の失敗**　　ある状況で，顕著で重要な期待が実現されないと，

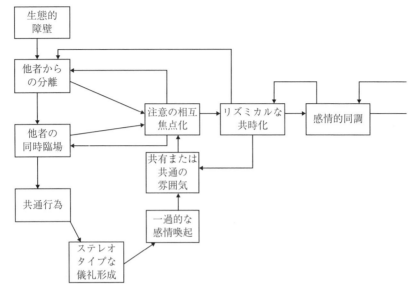

図 3.1　コリンズによる相互作用儀礼

個人たちは，否定的な原基感情の変種や，怒り，恐れ，悲しみといったそれの一次および二次精巧化を経験する（表 3.2, 表 3.3, および表 3.4 をみよ）。すでに強調したように，否定的感情は抑圧と帰属を中心にした力学なので，肯定的感情よりもずっと複雑である。人びとは期待を適え損ねると，しばしばそうしてしまったことに恥を経験するだろう。加えて，期待が文化によって高度に道徳化されているなら，彼らは罪も経験するかもしれない。その状況にいる他者たちは，件の者が期待を適え損ねたことに対して怒り，欲求不満，心配，あるいは悲しみを覚えるかもしれない。またこうした否定的感情は否定的裁可として作用するかもしれず，そうなると，その人物の，罪でないとしても恥の感覚は強まる。個人の内部および個人間におけるこうした否定的感情の流れは，図 3.1 でしめした相互作用儀礼を壊し，ある出会い内に重大な断絶をもたらし，それによってその出会いを持続できなくし，さらなる否定的な感情を他者からもたれることになる。

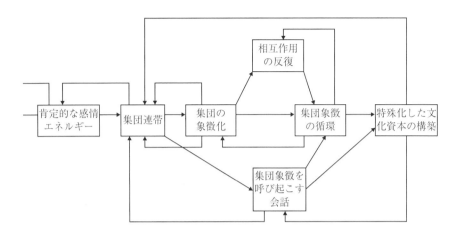

のモデルの精巧化

　否定的感情は苦痛なので，個人たちはしばしばそれをある程度抑圧し，表3.4 にしめした別の防衛機構を活性化させる。否定的感情の遠位の偏向 (Lawler, 2001) と帰属過程 (Turner, 2007) とが相まって，個人たちは，他者たち，他者の類別，社会構造，および身近な出会いの外部にある文化体系を非難するかもしれない。恥や罪の抑圧が引き起こされる場合には，外部に向かう否定的感情は，それらの顕在物——大抵は，恥については拡散的な怒り，罪については拡散的な不安（恐れ）であるが，別の感情も出現する——に変質する。抑圧は，期待を適え損ねたことに対する自己あるいは他者による評価から生じる否定的感情という直接的な痛みを取り除くけれども，その変質した感情は残って，しだいに個人の習慣的な感情状態の一部となっていき，長期にわたる，一部の人たちにとっては生涯にわたって続きもする感情的な苦痛となる。その結果，個人の福利感は慢性的に低くなるだろう。長期にわたって恥あるいは罪の抑圧に耐えている人たちは，喜びを感じることが難しく，簡単に怒り，しばしば悲嘆

にくれて落ち込み，慢性的に心配に取り憑かれるようになり，その他にも，彼らの「パーソナリティ」の一部になるような多数の否定的感情状態をしめす。結果的に，否定的感情は長くとどまり，個人の雰囲気を絶えず否定価へと押しだす（Turner, 2007）。

　時に個人は，その否定的感情を身近な状況における他者たち，たとえば反撃できにくい配偶者や子どもたち，に向けて発散させるだろう。ところがこれらの否定的感情は，同じようにしばしば，身近な出会いや集団，近隣住区などの団体単位を越えて，反撃しそうにない，より安全な標的——たとえばより大きな団体単位，制度体，文化的な信念，類別単位のメンバー——に向けられる。しかし，遠位の偏向と帰属の力学の影響力の下，否定的感情が外部に流出すると，個人のなかで，制度領域や階層体系への信頼，およびそれらを正当化し受け入れようとする気持ちは低下する。また，期待を適え損ねた結果として慢性的な否定的感情喚起を経験している個人が多数いると，マクロ水準の社会文化的な形成体の生存可能性は低下する。

　ところが，こうした否定的効果の軽減に作用する別の力がある。期待の引き下げである。期待がつねに実現されないと，個人はふつう期待を引き下げるだろう。人びとはみずからの期待をある状況で現実的に適えられるものに合わせる傾向があるから，期待が引き下げられると，感情的苦痛の急激な上昇は起きにくくなる。期待実現の最初の失敗とともにほとんどつねに現れる怒りの発散は，やがてなくなることが多いが，その一方で一段と控えめな悲しみや（不安としての）恐れは増し，しばしば疎外に変形する。だから，当該個人の感情的混乱はそれほど弱化しない。その代わり，拡散的な怒りの水準は，悲しみや恐れに比べて低下する。結果的に個人たちは，自分を慢性的に不幸せにさせている構造や文化をもつ体系に対して，正当性を与えることはないかもしれない。しかしこれは，そうした構造や文化に対する集合行為にはいたらない不幸せの形態である。それよりもはるかに多いのは，薬物常用のような「逃避」行動，別の集団に対する置換された怒り（より広い制度体系ではなく，たとえば別のギャングが怒りの標的になるような儀礼化された暴力的な状況での怒り），犯

罪行動などの社会病理である。これらでは，個人の悲惨さの究極的な元凶——階層化や，不平等性を正当化し，低く評価される類別単位のメンバーを汚名化するメタ・イデオロギーを生む制度秩序（Turner, 2002）——は直接の攻撃対象とはならない。しかし，たとえこれらが否定的感情喚起の結果であるとしても，否定的感情エネルギーの貯蔵庫はつくられている。もし個人が，家族や身近な集団や近隣住区のような閉鎖的団体単位内で否定的感情を経験しなければならないなら，こうした閉ざされた団体単位は，圧力釜のような作用を果たしはじめ，個人への感情圧力を増す。こうした圧力が加わると，一部の者はその苦痛の真の原因とすすんで向き合おうとするようになる。当初の社会運動組織体に指導力があるとすれば，抗議の烽火が燃え上がり，より危険で計画的な闘争の可能性が社会内で激増し，そうしてしばしば予期しない形で爆発する（第6章をみよ）。

(3) 期待の明確さと感情喚起　　期待がある状況において明確であると，個人は期待を適えやすい。期待の明確さは，出会いが団体単位もしくは類別単位に組み込まれている程度によって増す。団体単位における規範や，類別単位に結びついている期待状態の明確さがさらにいっそう増すのは，(1) 団体単位が，イデオロギーのつくられる一般化した象徴媒体を用いた制度領域に組み込まれている場合，また(2)類別単位が，メタ・イデオロギーから進化した法的な地位信念によって正当化された階層体系に組み込まれている場合，である。しかしこれは，すぐにも限定条件をつけなければならない大雑把な一般化でしかない。
　明確さは必ずしも，個人たちが自己に対する期待状態に同意していることを意味しない。団体単位内で低い水準の地位に配置されている人びと，あるいは低く評価されている類別単位のメンバーたちは，服従の汚名結果，あるいはみずからの道徳価値についての地位信念に憤慨するだろう。その結果彼らは，期待を適えるにあたってつねに，誰がどのように自分たちを処遇するかについての自己感覚に背くかもしれない。こうした状況下で期待を適えることは，多くの面で否定的感情を喚起する。たとえば，無意味だと感じる敬意や行動をしめ

さなければならないときに生ずる怒りや憤懣，他者がより肯定的にみなさないことに対する欲求不満，上位者からの否定的感情を回避するために「改善しようとする」個人の尽力を裁可する従属仲間への怒り (Ridgeway, 1994)，そして自己および自己実現への期待を適えられなかったことに対する屈辱と恥——これは道徳的な表現を用いるならば罪かもしれない——である。これら否定的感情のいずれか，あるいはすべては，抑圧されると拡散的な怒りや疎外へと変質し，その変質した感情をもつ個人は，自分がどこにいるかについてつねに感情的に思い起こしながら生活せざるをえなくなる。その結果，ついには否定的感情エネルギーのかなり大きな貯蔵庫が満杯になり，最後には爆発する。この貯蔵庫のエネルギーはマグマ流にそっくりで，周期的に表面に流出して，そのあと完全に噴火する。この圧力が増していくどの時点でも，社会運動の組織者は，否定的感情の流れをうまく活用して，社会の制度秩序や階層体系を攻撃しようと思うようになっているメンバーたちを補充できる。

　要するに，期待の明確さがより大きな支配体系内に存在する場合には，組み込みは，この支配パターンを維持し，正当化するためだけに作用する。また個人は，他の選択肢をほとんどもたないので，やむをえず服従するかもしれないが，しかし絶えず——抑圧や防衛機構の活性化を通じてであれ，あるいは感情を統制下に置く「感情労働」(Hochschild, 1979, 1983) を通じてであれ——怒りや欲求不満に対処しなければならない。抑圧や感情労働は，結局のところ個人たちに感情的損害を与え，悲しみ，怒り，恐れ，疎外，恥，さらには罪のような，もっとも消しがたい否定的感情のすべてを喚起する。こうした感情に耐え，また管理しなければならないことは，身近な出会いにおいて喚起されるかもしれない肯定的感情エネルギーを侵食し，団体単位で従属的な位置にいる者たち，あるいは低く評価される類別単位のメンバーたちの，将来についての自信や希望の感覚を減退させる。個人たちは期待の水準を下げ，そうすることによって，引き下げた自分の期待さえ適えられないときに発生する否定的な感情の爆発を回避するかもしれないが，しかし不安定な否定的感情エネルギーの絶えざる喚起とその管理には，腐食性の，また長期的な結末がある。だから，ある社会の

第3章　感情力学　　79

支配機構が統合的であるほど（表2.2をみよ），当該階層体系のより低い水準で否定的感情エネルギーが累積しがちである。この否定的感情エネルギーは，長期にわたって休止状態を保っているようにみえるとしても，しかし対立が動員される状況下では，より激しい感情状態として突発するかもしれない（第7章をみよ）。

3.3.3　裁可と感情喚起

　事実上すべての状況における相互作用は，個人たちが互いに是認（肯定的裁可）および否認（否定的裁可）の合図をしめしあう相互裁可の過程である。相互作用儀礼は，相互に肯定的な裁可として作用する儀礼的挨拶によって開始され，維持される。違反が発生すると，それは儀礼的な謝罪と謝罪の容認によって処理され，ふたたび肯定的な裁可の過程に戻る（Goffman, 1959, 1961, 1967）。否定的裁可は，それの送り手と受け手双方に否定的感情を喚起させるので，ただちに出会いを行き詰まらせる。否定的裁可が下されると，出会いは不安定な状態になり，儀礼的な方法によって解決されない場合には，双方の否定的裁可が段階的に増幅し，その出会いを対立の悪循環や解体状態に向かわせる。

　裁可と期待は関連している。というのは，自己あるいは他者が期待を適えない場合，ふつうは——何らかの理由（たとえば権力差）で裁可を思いとどまらせることがなければ——否定的感情喚起が否定的裁可を導くからである。しかし個人たちは，裁可を抑制すれば，己の否定的感情を管理しなければならない。これは個人的には非常に高くつく。もしこれが慢性的になると，さらに段階的に費用が嵩んでいき，よりいっそう感情労働や感情管理を必要とするようになる。逆にいえば裁可は，先に述べたように期待を適えることを容認されたか否かについての人びとの感覚に影響をおよぼしうる。だから，ある個人がある状況で他者たちから否定的な裁可を受けると，この個人は，これらの裁可はその出会いで期待を適える自分の能力を妨げようとする意図的な作為だと（正しくもしくは間違って）認知してしまう。その結果，感情喚起の二つの条件——期待実現の失敗と否定的裁可——の両者が作動することになり，否定的感情喚起

の水準を上昇させる。

　否定的裁可は，感情を高ぶらせる稲妻のようなもので，恐れ，怒り，悲しみ，恥あるいは罪のいずれであれ，否定的感情をただちに喚起する。だから，この感情喚起が否定的であるほど，とりわけ恥や罪のような感情の二次精巧化が活性化すると，個人たちは防衛的行為によって自己を防御しがちとなる（McCall and Simmons, 1978）。防衛的行為には，他者の行為についての選択的な解釈，他者の行為の意味についての選択的な認知，他者の拒絶をある人物だけに関わるものとみなすこと，否定的裁可を与えた者たちとの将来における相互作用からの撤退，が含まれる。しかしこれらの防衛戦略が失敗するか，あるいはもっと否定的な裁可を招くだけである場合，また出会いが組み込まれている団体単位から個人が離れられない場合には，抑圧とより強力な防衛機構（表3.4をみよ）が活性化されるかもしれない——これは，期待に関して強調しておいたように，ある一組の否定的感情を別の一組の否定的感情，その個人の習慣的な感情状態や慢性的な挙動部分になるかもしれないような否定的感情に変質させるだけのことである。

　組み込みは，個人たちに期待を明確にさせるので，ある程度まで否定的裁可を減少させうる。とくに，組み込みが社会組織の連続層で発生し（32頁図2.1をみよ），その結果，出会いが制度領域および階層体系のそれぞれに組み込まれている団体単位や類別単位に収容されているほど，出会いに対する文化的および構造的制約があるため，期待はより明確になるだろう。しかし先に記したように，明確さは出会いにおける感情のジレンマを完全には解決しない。なぜなら個人は，他者の期待を適えることは屈辱的だとか，もしくは他者がいたずらに，あるいは不当に懲罰的であると感じるかもしれないからである。その結果，否定的感情喚起が習慣になり，否定的感情エネルギーの貯蔵量の増加にいたる。組み込みが権威や権力が延々とつづく階統制での支配によって強制される社会でこうしたことが多数の個人メンバーに起こるなら，より下層の階級，およびそのメンバー所属と相関して低く評価される類別単位のメンバーたちのあいだで，否定的感情のより大きな貯蔵庫が累積していくだろう。この，きわ

めて制約的な組み込みは，第7章で論じるように，身近な水準での対立に動員
される感情エネルギーがただちに他の団体単位に，最終的には制度領域を越え
て全体社会にまで広がっていく水路を提供してもいる。そして，従属的状況に
置かれている者たちの基本的な感情が抑圧され変質するならば，喚起された感
情はあたかも山火事のような動きをする。すなわち，ひとたび火が起きて，そ
れが社会運動組織体あるいは別の闘争集団のなかで燃え上がると，その闘争を
鎮火することはさらに難しくなる。遠位の偏向と帰属過程の一環として，長い
あいだ社会構造やその文化を標的にしてきた表層の感情が，抑圧されたあと変
質する感情，屈辱の激情や復讐欲求のような大きな力をもつ感情に育つと，闘
争が急速に勃発して社会中に拡がり，それは潜在的にはひどく凶暴になる。

3.4　むすび

　複雑な高度産業社会は社会現実のすべての水準でいちじるしく分化している
ので，そこでの個人たちには，その個人的な生活で採用する多くの期待の源泉
が存在する。多様な領域内の団体単位におけるしばしば複雑な個人たちの所属
のパターンと，多様な類別単位のメンバー所属を標示する同じく複雑なパラメ
ータとが結びつくと，感情喚起の力学もまた複雑になる。たとえばある夫は，
「男性」という類別単位の一員であり，「家族」という団体単位の一員であるが，
しかし彼はまた多様な制度領域——宗教，職業，教育，スポーツ，芸術など—
—における多くの異なる団体単位の潜在的なメンバーである。しかもこの男性
は，年齢，民族，社会階級のような拡散的な地位特性によって規定される別の
類別単位のメンバーでもありうる。これは，ある個人の所属の複雑さについて
の，むしろ単純な例であるが，しかしこれらだけでも，個人を，団体単位や類
別単位における異なる地位配置に埋め込み，そしてこれらの配置を通じて文化
的諸力の流れに内在している期待に接続できるのだ。

　これらの期待に加えて，媒体への露出によって獲得されるさらに多くの期待
がある。どの個人にも出会いのたびに多くの期待が作動していることは，たや
すくわかる。幸いなことに社会構造は，期待を確立する際に重要になる文化要

素をある程度まで分類する。したがって，どの制度領域におけるどの類別単位
であるかによって，また類別単位へのメンバー所属が団体単位とその単位内の
階統上の個人たちの特定の配置と交差もしくは統合している場合には類別単位
（階級を含む）へのメンバー所属の重要度によって，ある人物の期待の数はや
や読みやすくなるかもしれない。

　裁可を下すことは多くの場合，人びとが，特定の状況内で個人として何を行
い，何を語るのかと関係する。そのうえ，人びとがどのように出会いの流れに
適合し，いうならば身を委ね，そうして否定的裁可の経験を回避したり，ほぼ
肯定的な感情を経験したりするかには幅広い変種がある。しかしまた，特定の
制度領域内の団体単位内，および当該階層体系に付随する類別単位内での人び
との配置をみれば，否定的裁可あるいは肯定的裁可がなされる確率を予測する
ことが可能になる。この人びとの構造的（したがって文化的）配置についての
情報ならびに相互交流欲求に由来する期待とを用いれば，ある状況における否
定的あるいは肯定的な裁可の確率も，ある人物の認知や行為を導く期待の構成
も，推定することができる。それは複雑ではあるが，測定可能な諸力の集合な
のである。

　ひとたび，感情のある側面だけ——それの階層化もしくは不平等な分配——
に焦点を移せば，期待やありうる裁可のパターンを究明するという課題を多少
とも単純化できそうである。今や，究明しなければならない重要な課題は，あ
る人物が期待される資源を実際に確保する能力と比較して，その人物にはどの
型の一般化した象徴媒体がどれほどの水準で期待されているのか，ということ
である。制度領域における団体単位内の地位配置は，類別単位へのメンバー所
属の重要度，またそれと団体単位内の配置との統合や交差のパターンとともに，
期待と裁可の経験に関するより明瞭な画像をわれわれに与えてくれる。とりわ
けわれわれの焦点が，各個人でなく，個人たちの下位人口集群にある場合には
そうである。

3.5 付 録

3.5.1 人間感情性の進化に関するごく簡略な概観

　なぜ人類の祖先であるホモ属に高水準の感情性が進化したかについては，より生物学的な物語が語られるべきである。わたしはこれまでいくどもそれを語ってきた (Turner, 2000, 2007 ; Turner and Maryanski, 2005, 2008) ので，ここではごく簡略な概観をするにとどめたい。この物語を付録に収めたのは，感情の力学と感情の階層化が社会変動に向けての動員を引き起こすとしても，そうした感情への焦点をぼかしたくなかったからである。さらに，なぜ第3章でおそらく型破りな一般化を行ったかについて，この付録で説明しておきたいのである。これら一般化は現実離れした憶測ではなく，社会学者たちが一般に読んでいない諸文献に述べられている事実である。まず，若干の神経学的な事実から着手しよう。

3.5.2 比較神経解剖的構造

　われわれは幸いにも，大型類人猿という種——チンパンジー，ゴリラ，オランウータン——の存在を知っている。現生の大型類人猿は遺伝学的には人類に近いが，その祖先は，人類と現存する大型類人猿との最後の共通祖先が地球上にいた700万年のあいだにわたって，ほとんど変化を経験しなかった。人類の祖先であるホモ属が適応せざるをえなかった生息域と，大型類人猿が進化した比較的安定的な生息域とが異なっていたために，現生人類と大型類人猿との相違を調べることによって，自然選択などの進化の力が，人類の祖先に対して行ったことについて多くのことが明らかになる。人類とチンパンジーは染色体の数や備えているさまざまな表現機構を異にしているとしても，今なお人類は，その遺伝物質の98.5パーセントをチンパンジーと共有している。ここでの目的にとってもっとも有用なのは，人間の脳と大型類人猿のそれとをおおよそのところ比較してみることである。そうすれば，人間を感情的にさせるために，自然選択が人間の脳に何をしたかがはっきりする。

人間と大型類人猿の脳を比較すると，二つの特徴が明らかとなる。すなわち，① 人間の主要な脳組織の容積は大型類人猿より大きいこと，② 大脳の古い皮質下部と新皮質それぞれの内部，および両者間の脳組織の接続性がいちじるしく増加していること，である。社会科学者たちは一般に，これは人間の新皮質が大型類人猿のそれの3倍にまで劇的に成長した壮大な物語だとみなしている。しかしこの成長のほとんどは，人間の祖先であるホモ属のなかでむしろ遅くになって発生した (Turner and Maryanski, 2008 ; Turner, 2014a, 2014b, 2014c, 2014d)。少なくとも500万年のあいだ，ホモ属の新皮質は，チンパンジーのそれと比べてさほど大きくはならなかった。したがって人間の生存にとって，話し言葉や文化はよく言われているほどには決定的に重要なことではなかった。実際，洗練された人間の発話に必要なきわめて重要な領域の一部を統制している遺伝子に関する最近のデータは，こうした遺伝子が自然選択下にあったのはわずか200万年ほどのあいだに過ぎないことをしめしている (Enard et al., 2002a, 2002b)。この期間は，われわれに直近する先祖であるホモ属，すなわちホモ・エレクトウスから，ホモ・サピエンスが最初に出現した時間枠とほぼ重なる。だから，人類であることの基準であるすばらしく手の込んだ発話は，ホモ・サピエンスに関する唯一の証拠かもしれないが，われわれとしては，話し言葉や象徴的文化が出現するに先立つ500〜600万年のあいだに何が起こったのかを知る必要がある。

　ヒト属の脳に何が生じつつあったかを知るための一つの手がかりは，感情がつくられる脳の皮質下領野の採寸からえられる。人間の古くからあるこの大脳皮質（この上のぐるりに新皮質がつくられた）のモジュールは，身体規模（哺乳動物の場合は，脳の規模とほぼ相関している）を統制したうえでも，類人猿のそれの2倍の容積である。人間の新皮質の容積は，大型類人猿の新皮質の3倍であるが，表3.5にしめしたように，決定的に重要な新皮質領野の容積は，平均で類人猿のそれのほぼ3倍である。頭蓋化石にはさほどはっきり認められないが，この新皮質の成長は多分，ヒト属進化のきわめて早い時期に起こったことであり，多くの点で，自然選択が感情の生成を司る脳の中枢部分を成長さ

第3章 感情力学 85

表3.5 類人猿と人間の脳の要素の相対的な大きさ：テンレックとの比較

脳の要素	類人猿（オランウータン）	人間（ホモ属）
新皮質	61.88	196.41
間脳	8.57	14.76
視床		
視床下部		
扁桃体	1.85	4.48
内側基底核	1.06	2.52
外側基底核	2.45	6.02
隔壁	2.16	5.48
海馬	2.99	4.87
遷移性皮質	2.38	4.43

出典：Stephan（1983），Stephan and Andy（1969, 1977），Eccles（1989）より。

せたことの「決定的証拠」なのである。感情は，話し言葉や，それがつくる文化のいずれにもまして，われわれの祖先が生き残るための鍵であったと思われる。

3.5.3　ヒト属，次いで人間をより感情的にさせること

　自然選択は，ヒト属進化の早期において，感情の範囲，種類，激しさを増強するために，皮質下の脳構造に対して選択を開始した。人間の祖先であるヒト属が生き残ることができたのは，話し言葉や文化体系のせいではなく，しだいに大きく，またますます繊細になっていった感情の集合のおかげであった。つまり，こうした感情が，より強固な集団に基礎を置いた結合を構築するために用いられたのである。

　すべての大型類人猿は，人間のほぼ3歳児水準の言語を習得できるのだから，言語のための神経的な配線は，人間と大型類人猿との共通祖先にすでに存在しており，したがって増強した感情性がヒト属の適合度を高めたのだとすれば，その配線を選択に利用できたはずである。その結果が，わたしのいう原初の感情言語である。この感情言語のなかでしだいに，感情的な「音素」と「形態素」が構文でつなぎ合わされ，それがより繊細で複雑な感情状態をつくりだしていった（Turner, 2000）。人間は現在，発話の支援を受けることなく，顔面の

表情や身体のジェスチャーによって複雑な意味を読み取ることができる。音声を消して映画を観るとしても，この原初の言語が作動していることがわかる。人びとは，身体や顔面で合図される感情をかなり容易に，しかも素早く読み取ることができるのだ。また，文脈についてほとんど知識をもたなくても，われわれの誰もが，人びとが何をしているか，またもっとも重要ことには人びとが何を感じ，またその気持ちを相互作用や関係にどのように影響させているか，を理解できる。感情ジェスチャーは，時間をかけてでも共通の意味を伝達し合い，個人が他者の内面状態を理解できるようにさせ，そうすることによって集団状況で他者と協同することを可能にさせる。

　身体言語（ボディ・ランゲージ）は話し言葉を補完するものと考えられがちであるが，しかし実際はその逆である。感情言語は，ホモ属の言語能力の進化において最初に——何百万年も前に出現した。話し言葉あるいは聴覚言語は，より原初の感情言語に便乗しながら進化したのである。実際われわれは，他者の基本的な感情を探ろうとするとき，他者の言葉に耳を傾けるよりも，他者を凝視する。またわれわれは，誰かと結ばれたいと思うときには，優れた視覚様相を頼りに感情の合図を求めて相手の顔面や身体のジェスチャーを読むが，それは主として，人間がすべての哺乳類と同様に視覚優位の存在だからである。要するに，最初の言語は視覚的であり，またもっと重要なことには感情的であったということである。

　類人猿とホモ属に話し言葉が可能であるためには，かなりの量の遺伝子変化が必要で，口，唇，咽喉の筋肉や構造の解剖学的組織が再加工されねばならなかった。また上記したように，これらの解剖学的構造と，それらを駆動する神経構造は，ホモ属進化のはるか後になって出現したことはすでに知られている（Enard et al., 2002a, 2002b）。感情的な手話は進化できたはずだが，しかし大型類人猿——したがって現生の類人猿と人間にとっての最後の共通祖先——は，すでに眼や顔を読むことができるようにプログラムされており（Turner, 2012a, 2014b, 2014c, 2014d），さらに彼らはすでに，顔面に表現される感情を読むことによってもっともうまく獲得される感情移入や役割取得という行動性向を構築

していた (Turner, 2014a, 2014b, 2014c ; Turner and Maryanski, 2012)。

　この点に関しては，新生児は生後数週間のうちに介護者が表現するすべての原基感情を摸倣できるが，乳幼児が意思伝達のために発話をし始めるには生後2ヵ年を要する，ということによっても示唆されると思われる。発達段階はしばしば，行動能力の進化段階の指標である。新生児が生後ほとんどすぐに原基感情を摸倣し，読み，顔面に表すことができるというデータは，人間の発話が進化する数百万年前に感情言語が早くも出現していたことをよく物語っている，とわたしは考えている。

　こうした感情の伝達能力は，一挙にではなく，長い時間をかけて進化した。類人猿は非常に感情的で，また事実，喚起された感情を制御できない。そのため，サヴァンナで生息する類人猿に対する最初の指令は，感情に対する新皮質の制御力をある程度獲得することであった。感情は，皮質下にあり，したがって新皮質，とりわけ前頭前皮質の直接的な制御下にないからである。自然選択は，前頭前皮質からの神経回路を，皮質下の感情中枢に拡張しはじめ，そうすることによって感情内容のある程度意識的な制御を可能にさせた。それは，サヴァンナで生息する類人猿が，危険に遭遇して感情が喚起されたばあいに，彼らを現生の類人猿よりも静かにさせるためである。サヴァンで生きる騒々しい霊長目は，たちまち死滅することになる。アフリカの森林が1000万年にわたって後退していくにつれて，人間の祖先であるホモ属はサヴァンナで生きることを余儀なくされたが，多くの類人猿の種は，感情制御を行えなかったために絶滅の一途を辿った。確かに類人猿は，地球上に残された種がごくわずかであることからみて，進化の大きな失敗作である。ただし，人間はその例外で，他の類人猿とは真反対な問題を抱えながら，地球上に残った。自然選択は，こうした感情制御力を用いて感情パレット，またしたがって感情言語によって意思伝達されうる意味の複雑さを拡張することができたのだ。このことこそが本章の冒頭で述べたことだが，まさしく感情パレットの拡張は，人類の祖先である類人猿を生き延びさせた決定的な突破口であった。いいかえればほとんどの類人猿は，樹上生息域で進化しているあいだに彼らを含む哺乳類が用いていたバ

イオプログラムがそのゲノムから淘汰されてしまったために，感情パレットを組織できず，その結果この1000万年のあいだにほとんど死に絶えてしまったのである。感情パレットの継続的な拡張——原基感情の新しい変異からはじまり，次に原基感情の一次精巧化，そして最後に原基感情の二次精巧化にいたる——が，広く開けたサヴァンナ状況でホモ属と人類が生存することを可能にした——これは現生のいかなる類人猿もなしえなかった大事業である。

　最後に，以下のことを付言しておきたい。感情の階層化に関する社会学的分析に進化生物学，霊長類学，神経科学で生まれた考えを導入することは奇妙に映るかもしれないが，しかし社会学には実際に，不平等を人間性に関係するものとして考えるかなり大きな伝統がある。事実，カール・マルクスは，不平等の力学を人間の基本的な動機と衝動に違反するものとみなしたし，また人類学は，なぜ狩猟・採集の人口集群が平等を促進するために努力したかに関して，人間性にその根拠があると推論した。より根本的にいえば，社会学にとって重要なのは，感情は不平等の源泉であると同時に，それへの基本的な反応様式であると認識すること，また感情は人間の脳の神経学によって生みだされているので，この神経学に関するある程度の理解の有用性を認めることである。そして等しく重要なことだが，感情の生物学をもっとよく理解できれば，非常に多くの階層分析が冒した過ち，すなわちごく限定された範囲の資源を強調するという過ちを繰り返すことはないはずである。

　わたしは，上記した分析に含まれている議論について証拠を提示することをしなかった（Maryanski and Turner, 1992 ; Turner, 2000, 2005, 2008 ; 2014a, 2014b, 2014c, 2014d をみよ）。だから，ここでのわたしのごく限られた目的のために，この事実が受け容れられることを切望するしかない。たとえ人間の祖先たちが社交性を促進する多数の行動性向をもっていたとしても，人間は，その遺伝子の中核に高度の社会性を備えている動物ではないという点で独自である。こうした社交性を促進する性向には，共感する能力，顔面と目に現れる感情を読む能力，一緒にいる者たちの集合的な興奮の熱狂的なお祭り騒ぎに参加する能力，交換関係で支払い額を査定し，その公正さを判断する能力，資源交換における

互恵性を解釈し，それに従事する能力など，自然選択にさらされた行動性向が含まれており，その結果，社会性の低いヒト属をより社会的にさせることに成功した（これらの性向の要約については，Turner and Maryanski, 2012, 2015；Turner, 2014a, 2014b, 2014c, 2014d をみよ）。しかしこれらは明らかに，凝集的で高度に連帯的な集団を生成するには不十分であった。このことは，1000万年におよぶ霊長目の歴史が類人猿消滅の歴史である事実によって立証される。人間を除く類人猿たちは，広く開けたアフリカのサヴァンナで危険に直面したとき，集団水準でうまく組織化できなかったせいで，霊長目の中から事実上姿を消したのである。実際，結局のところ人間がこの生息域で生きることのできた唯一の霊長目であった。別の類人猿はすべて森林で生活しており，森林生活から離れた類人猿はすでに絶滅してしまった。自然選択はたまたま，人間の祖先であるホモ属のための解決策をみつけたのだ。すなわち，感情能力を強化し精巧にし，またすべての大型類人猿にみられるような言語に向けた前適応を選択して，同種の仲間同士が意思を伝達し，感情を帯びた結合の育成を可能にさせる感情言語を創出するという解決策である。この言語は，現代のネットワーク化した世界で起きているすべてのお喋りにみられるように，今なお対人行動において優位を保っている。人びとは今もって，他者たちが何を感じ，また考えているかを理解するために，耳よりも目を重用している。

　このように感情は，種としてのヒト属と人類の生存の中心に位置を占めている。感情は，社会性の低い類人猿が広く開けたサヴァンナの状況で生き残ろうとすることを可能にした。それゆえ感情はつねに存在するし，人類は感情的に中立ではありえない。われわれは，他者に話しかけていようと，友人にメールをしていようと，独りで歩いていようと，あるいは深い眠りに就いていようと，つねにある種の感情興奮が起こった状態にある。人間におけるこの強化された感情性の理由を理解し，そして次に，人類のなかに感情が喚起される基本的条件を別々に取りだすことによって，感情がなぜ，またどのように社会の階層体系の部分になりうるかの分析に着手することができる。人びとの生活上重要な資源である感情は，他のどの資源とも同じく，全体社会進化上，遊牧する狩猟・

採集段階後の人類社会において，不平等に分配されるようになり，したがって階層体系の重要な部分になった。われわれは今や，感情の階層体系における感情興奮と，この感情の階層体系が社会，とくに高度産業社会における対立とどのように関係しているかについて，さらなる一般化を展開することができる。

　感情興奮と階層化についてのこうした分析は，階級に基づく対立，とくに否定的な感情をもっとも経験している階級からの対立が，なぜ高度産業社会で生じにくいかを説明することを可能にする。全体的にいえば，高水準の肯定的感情興奮を経験し，そのために制度秩序への信頼を発達させ，そのようにして社会での対立の可能性を減らしている大きな中間階級の集合が存在している。しかし人間の感情性はいわば応急装備的な体系であり，原基感情の圧倒的に否定的な偏向は，絶えず人間を後押しし，そのために対立の可能性を高める。人間の感情性がしばしば不安定であるのは，それがきわめて強力で，かつ自然選択による人間の神経構造に対する応急装備でしかないからである。肯定的感情は突然否定的感情に変わり，もし抑圧などの防衛機構が活性化するなら，こうした力学は非常に複雑でいちじるしく不安定になりうるのだ。

注

1) この膨大な文献の中から利用したものは多々あるが，それらを本書内で列挙する代わりに，本書を通じて参照したものだけを列挙させてほしい。Berger, 1958, 1988 ; Berger, Cohen and Zelditch, 1972 ; Berger, Fisek, Norman and Zelditch, 1977 ; Berger, Rosenholtz and Zelditch, 1980 ; Berger and Conner, 1969 ; Berger, Norman, Balkwell and Smith, 1992 ; Berger and Zelditch, 1985 ; Webster and Whitmeyer, 1999 ; Webster and Foschi, 1988 ; Webster and Walker, 2014 ; Ridgeway, 1978, 1982, 1988, 1994, 2000, 2001, 2006 ; Ridgeway and Walker, 1995 ; Ridgeway, Backor, Li, Tinler and Erickson, 2009 ; Ridgeway and Berger, 1986, 1988 ; Ridgeway, Boyle, Kuiper and Robinson, 1998 ; Ridgeway and Correll, 2004 ; Ridgeway and Erickson, 2000 ; Ridgeway and Johnson, 1990 ; Wagner and Turner, 2012.

第4章

ミクロ水準での感情分配Ⅰ：文化的期待の力

これまで強調してきたように，社会現実は三つの水準——ミクロ，メゾ，マクロ水準——で展開している（Turner, 2002, 2007, 2010a）が，感情が実際につくられるのは社会組織のミクロ水準においてである。人びとは，自分が今いる状況に反応する。個人は，公共の場を歩行することができるし，期待に沿わない何かに，あるいは他者からの否定的裁可に感情的に反応する。この同じ人物は，たとえばテレビを視て，他者や状況とのある種の媒介物を用いた相互作用の中で感情を表すことができる。また別の時には，最近のことか，あるいはずっと以前のことかはともかく，過去の経験を振り返り，感情的になることもある。そしてもっとも重要なことには，この個人は，実際の対面的な相互作用において他者がいったりしたりしたことに感情的に反応できるのである。こうした状況はすべて，ある脈絡におけるある個人が他の個人たちのしていることに反応しているという点で，本質的にミクロである。感情は社会現実のミクロ水準で喚起され，経験され，また表現される，とわたしが強調するのはこうした理由からである。

しかし，ミクロな出来事がメゾ水準やマクロ水準の構造から切り離されて発生することはめったにない。人びとが感情的になるのは，多くの場合，メゾ水準やマクロ水準の文化や社会構造が彼らに課す制約に対してである。だから感情興奮を説明することは，より高次の社会現実における出会いの組み込みなどの社会過程の効果も理解しないと難しい。

以下の三つの章では，感情が，すべての出会いにおよぼす三つの制約——文化的，構造的，動機的——によってどのように分配されるかを考察していくのだが，本章はその最初の章である。文化的制約は，価値，イデオロギー，メタ・

イデオロギー，地位信念，規範に内在している期待をめぐって展開する。構造的制約は，団体単位内の担任者や類別単位へのメンバー所属が指示する地位と役割構造に内在している期待と，それよりも遠方にあるマクロ水準の期待，いいかえればマクロ構造へのメゾ構造の組み込みによって提供される水路を通じてミクロ水準の出会いにいたる期待，を意味している。そして動機的制約は，すべての人間が保有しているとみなされる普遍的欲求または動機状態に由来する。この欲求または感情状態が，すべての出会いにおける個人自体への期待を設定しているのである。しかしながらこうした動機状態は一般に，状況の文化的および構造的現実に合わせて修正されるのだ。まず本章では，文化的力学，第5章では構造的力学，そして第6章では動機的力学に焦点を合わせることにする。

4.1 出会いにおける文化的期待

文化的象徴体系——価値前提，イデオロギー，メタ・イデオロギー，地位信念，規範，状況的な期待状態など——は，個人への期待を設定することによって，組み込まれた出会いでの行動を制約する。こうした期待は，適えられるばあいには肯定的感情を，適えられないと否定的感情を生みだす。さらに，期待が適えられたり適えられなかったりすると，出会い内の他者たちはそれぞれ肯定的裁可もしくは否定的裁可を下し，即座に感情を喚起する。このように文化は，社会界のどの力とも同じように，個人に感情を喚起させるような期待と裁可をもたらし，そうすることによって感情の階層化過程を作動させるのである。

社会構造の組み込みは，文化がマクロ水準からメゾ水準を経て，対面的相互作用のミクロ水準へと下降する水路をつくっている。逆に，文化的期待を適えることに個人が成功するか失敗するかによって，また肯定的裁可を受けるか否定的裁可を受けるかによってつくられる感情は，ミクロ水準からメゾ水準を経て，ある社会のマクロ水準の構造や文化，さらに潜在的には全体社会間体系にいたる同じ構造的水路に沿って移動していく。要するに，感情階層化の分析はすべてここから，すなわち人間社会組織のマクロ水準からよりミクロな水準に

第4章　ミクロ水準での感情分配Ⅰ：文化的期待の力　　93

いたる文化がつくりだす期待に焦点をおいて着手されるべきなのである。表
4.1には，文化的期待のさまざまな層をしめしたが，これらは最終的に，ミク
ロな出会い内の個人に影響をおよぼしている。

　表中，期待の列挙は，マクロからミクロへの明瞭な順位ではなく，出会いに
おける個人へと濾過していく順序に従っている。ほとんどの出会いの場合，価
値，イデオロギー，メタ・イデオロギーなどの信念はすでに所定の位置にある。
というのもそれらは，個人や団体単位の過去の行為が制度領域をつくり，次い
で社会の階層体系を生みだすなかで生成されたものだからである。

　文化は，文化取得と文化形成という二重の過程を通して，その影響力を出会
いにおよぼす。個人たちは，当該の出会いのなかで文化のどの要素が重要であ
るかを決定するために，状況の構造や他者の行動を評価する（文化取得）と同
時に，文化のどの側面が当該状況に妥当するかを彼ら自身の行動で主張する（文
化形成）ことによって，こうした過程に関わっている。この二つの過程には必ず，
他者のジェスチャーを読み，状況を検討し，次いで表4.1に列挙した文化の要
素のどれが重要であるかを評定するために手元にある知識の貯蔵庫（Schutz,
[1932] 1967）を見渡すことが含まれている。そして，ある出会いにおける個人
たちは，この相互的な文化取得と文化形成の過程から文化的諸要素を引きだし，
それらを自己と他者についての期待状態として組み立てる。要するに彼らは，
表4.1でしめした文化的諸要素を一覧し，必要ならば，当該の出会いにおける
相互作用を導くのは文化のどの次元かについてそれとなく協定を結ぶのである。

　価値前提はイデオロギーに取り込まれ，イデオロギーはメタ・イデオロギー
に混ぜ合わされる。こうした文化体系のすべては，一般化した象徴媒体からつ
くられる。これらがすべて合わさって，ある社会の道徳性を規定する強力な力
となる。個人たちは，状況に「存在するもの」の評価において事実上決して「客
観的」ではありえないのだが，経験的世界では何が事実か，何が起きているか，
そして何が重要なのかといったことについて認知的理解をする。この道徳性は，
そうした個人たちの認知的理解を破壊するのだ。この点からわたしは，この道
徳性を経験的信念という概念を使って強調している。制度領域のイデオロギー

表 4.1　文化諸力からの期待

価値前提	ほとんどの社会状況における正・不正，適・不適を指示する高度に抽象的な道徳的指令からの期待。
評価的信念もしくはイデオロギー	制度領域で起こるべきことについての道徳化された概念によってつくられる期待。
メタ・イデオロギー	主には支配的制度領域（支配的でない場合もある）の複数のイデオロギーの組み合わせから生じる期待。
経験的な信念	ある制度領域内で現実に存在し発生していることについての考えから生じる期待（イデオロギーやメタ・イデオロギーがもつ経験的認知を歪める力のせいで，しばしば不正確）。
制度規範	特定の制度領域内に組み込まれている出会いで，適・不適の行動の範囲を特定する一般化し道徳化された規範からの期待。
一般化した象徴媒体	すべての象徴媒体にある暗黙の道徳的指針に内在している期待。ただし，この力はイデオロギーやメタ・イデオロギーに統合されているものより大きい。
地位信念	拡散的地位特性をもつメンバーたち，あるいは類別単位のメンバーたちの道徳的価値やその他の評価についての信念から生じる期待。こうした信念はつねに，部分的には当該階層体系を正当化するイデオロギーやメタ・イデオロギーから引きだされる。
状況的規範	団体単位の分業上の地位配置に付随する期待。こうした期待はしばしば，イデオロギーやメタ・イデオロギーによって道徳化される一方で，拡散的地位特性あるいは地位配置の担任者のメンバー所属についての地位信念によって形成される。
特殊化した文化資本	反復する出会いでの個人たちの独自な経験に由来する期待。それは，感情が喚起される出会いや連帯性が高い出会い，また集団メンバー所属を標示する象徴が発達している出会いに参加している個人たちに対する独自の期待である。
出会いの標準化	以下に関する規範的理解を発達させている個人たちから引きだされる期待。 ａ．身近にいる人物の類別と，拡散的地位特性があるとすればその重要度。 ｂ．社会的，儀式的，あるいは実務的といった状況の型の類別化。 ｃ．重要な人物の類別や状況の型にふさわしい発話や対人的な挙動の形態。 ｄ．発話に含まれるはずのもの，そこから排除されるはずのものの枠づけ。 ｅ．ある状況でどの種類の感情が，どの水準で感じられるべきか，またその状況で開示されうる感情は何かについての感覚的規則。 ｆ．相互作用の流れを開始し，終了し，違反を修復し，構造化するために用いられる儀礼的慣行。

は，制度領域内の行為者たちにその制度的規範をかなりの程度規定するし，一般化した象徴媒体が交換される制度領域間のメタ・イデオロギーも同じである。

わたしとしては，文化形成と文化取得における一般的な全体社会の価値——機能的理論化（Parsons, 1951, 1978）の終焉以降は脚光を浴びることのなくなった文化水準——の重要性を強調したい。価値前提は，他の文化次元——経験的な信念イデオロギー，メタ・イデオロギー，地位信念，状況規範および期待状態——に取り込まれているために，状況のなかで何が生じるべきかについての期待を設定する。一部の価値体系は，ほとんどの高度産業社会のそれのように，個人たちが状況において何を達成すべきかの期待を大きくするよう，つねに彼らを追い立てる。たとえば表4.2に列挙したようなアメリカ社会の価値（Williams, 1970）は，それをしめしている。これらの価値は，いちじるしく一般化した道徳的前提というだけではない。これらは，先に指摘したように，イデオロギー，状況規範，団体単位の文化に変換されて，期待を「達成」できたりできなかったりした者たちに高値をつけたり汚名を被せる地位信念や，出会いの水準で達成されねばならない期待状態を設定する道徳的前提なのである。こうした価値前提の多くは，状況習熟に際しては「達成的」，「効率的」，「積極的」であること，またライフコースを通じてはよりよい状態へ前進すること，という恒常的な上昇期待を強く要求する。「個人主義」という価値前提は，人生において達成的，効率的，積極的，進歩的であるのは個人だということを強調する。道徳的前提でもある「自由」や「機会均等」は，「自己啓発」のために自由と平等を活用することを個人たちに督励する。こうしてアメリカ社会は，一部の論者が「業績主義文化」と呼んでいる状態を顕わにする。ここでの人びとは，高いだけではなく，絶えず上昇しつづける期待をもつものと想定されている。実際，期待を高くできなかった者たちは地位信念によって烙印を押されるが，この地位信念はイデオロギーやメタ・イデオロギーの形成を指示する価値前提を組み込んでいる。これらがイデオロギー，メタ・イデオロギー，地位信念，規範，期待状態の基礎となる道徳的前提になると，それらは，人びとが多くの状況で実現できるよりも高い期待を抱かせることもある。このようにこれらの価値前

表4.2　アメリカ合衆国の価値前提と文化的期待

1. 業績と成功	個人は，すべての状況でつねによく励むべきである。業績をあげる人ほど成功する。したがって，道徳的価値は部分的には業績と成功によって定義される。
2. 活動性	個人はすべての状況で仕事と努力をとおして環境を統御しようとすべきである。
3. 個人主義	活動的で，また成し遂げようとすべきなのは，集団ではなく，個々の人間である。
4. 物質主義	勤労のうえで成し遂げた人たちは，懸命に働かずに成し遂げられなかった者たちよりも，多くの報酬や物財を受けるに価する。
5. 進　歩	個人は，そのライフコースを通じてつねに進歩を求めるべきである。活動と達成は中断すべきではなく，さらなる物質的安寧を享受できるように続けるべきである。
6. 効率性と合理性	個人は，目的達成のためにもっとも効率的な手段を用いるように，実用的かつ合理的であるべきである。
7. 機会均等	個人たちはすべて，活動的であること，成し遂げること，物質的安寧を獲得すること，生涯を通じて進歩的であること，効率的であることについて，等しい機会をもつべきである。しかしその機会をうまく利用できない個人は，高水準の報酬を期待すべきではない。
8. 道徳性	個人は，道徳的観点から状況や選択肢や機会を評定し，道徳的に行為し，他者の行為について絶対的道徳性の観点から評価しようとすべきである。
9. 人道主義	個人は，運のよくない他者に対して，その不運がその者の失敗や達成のための努力の欠如から生まれたものでないかぎり，支援すべきである。

注：総合的にみると，こうしたアメリカ社会（それほどではないにせよ，他の高度産業社会）の価値前提は，制度イデオロギー，メタ・イデオロギー，規範，地位信念の道徳律になっている。これらは，人びとやその行為を評価するために用いられる。これらはまた，絶えず上昇しつづけうる期待をつくるために結合することも可能で，これによって，ある時点で，上昇した期待を適える難しさに個人たちが苦心する確率が高くなる。

出典：R. Williams, *American Society : A Sociological Interpretation* (1970) and J. H. Turner and D. Musick, *American Dillemmas* (1985) より作成。

提は，期待されることと，状況のなかで実現できることとのあいだで系統的に亀裂をうみ，その結果，否定的感情も生む——そうなる可能性は，あまり業績志向的ではない価値体系に比べて高い。

　これらの価値が個人の動機構造の部分として内面化されている場合，たとえ個人が過去に期待を適えられなかった経験に照らして期待を低くしようとしても，こうした価値はより高い期待を押しつけつづける。そうすると多くの個人

は，低くなった期待を適えたとしても，挫折感や悲しみを感じることになると思われる。さらにこれらの道徳的前提は，類別単位のメンバーが判定され，評価され，称賛され，あるいは汚名を被せられる際の基準である。そのためにこうした類別単位の個人たちは，多様な状況における差別が期待を低く下げた後でさえ，自分を，価値やメタ・イデオロギーに含まれているより広汎な全体社会水準の文化指令の順守に失敗したと否定的に評価しつづけるかもしれない。そしてもし，この失敗から生じた恥を彼らが抑圧するなら，それの変質した感情はやはり否定的であり，その基本にある恥を覚醒させないために多量の感情エネルギーを費やすことになる。このように個人たちは，期待を低くすることに成功したとしても，彼らをより高い期待によって評価しつづけるメンバーから構成される社会と対峙しなければならない。低く評価された類別単位にいる個人たちの宿命もそうである。彼らは，たとえ実際に適えられるところまで自分の期待を低くしようとしても，失敗に対する否定的な判定を免れない。

　文化が出会いの水準まで濾過していくと，それは，ランドル・コリンズ（1975）の用語を使うならば集団の特殊化した文化資本さえも制約する。この文化資本は，個人たちが，集団象徴やトーテムによって標示される社会的連帯感を（74〜75頁図3.1でしめした力学によって）生むような，反復する出会いに関わるときに出現する。しかし，出会いの水準で出現し維持されるこの特殊な文化は，より広い文化から逸脱することがある。だからこそ，特殊化した文化なのだ。そしてこうした文化は，イデオロギー，地位信念，制度規範をとおしてその出会いにまで濾過していく過程で，価値前提の力からいくらかの救済や安堵を与えられる。しかし特殊化した文化が，より広い文化における道徳律からの，逸脱とはいわないまでも若干の変異を生みだす場合でも，ほとんどの出会いはこの一般的な文化要素によって制約されている。それぞれの出会いにおいて人びとは，より広い社会の文化——価値，イデオロギー，メタ・イデオロギー，制度規範，地位信念——を，出会いで発生すべきことに影響を与える。このより一般的な文化はふつう，出会いが収容されている集団で出現するかもしれない特殊化した文化以上でないとしても，それとほぼ同程度に個人の行動を規制す

る。文化は，一般化した文化でも特殊化したそれでも，わたしが標準化と呼ぶ文化取得と文化形成の過程によって個人に取り込まれる。

標準化とは，表 4.1 でしめした文化のすべての層が出会いに濾過していく過程であり，その過程は，参加者たちが文化のどの側面がその状況に妥当し適切であるかについて同意しようと努力することから生じる。この過程において個人たちは，当該状況に注意を払いながら相互にジェスチャーを読み合い，どの文化期待が妥当と思えるかを決め（文化取得），また同時に，当該個人が文化的に妥当だと考えることを（意識的あるいは無意識的に）他者にジェスチャーで伝える（文化形成）。つまり個人たちは，文化取得と文化形成を同時に行い，文化のどの側面がその状況で呼び起こされるべきかについて，暗黙の合意に到達しようとする。そうする過程で彼らは，自分自身と他者にとって妥当で適切な期待を確定してもいるのである。

次章でよりくわしく考察するように，組み込みによってつくられる構造的水路は，当該の社会構造内の配置にいる個人たちに文化取得と文化形成をするようにし向ける。個人たちは，その集団に独自な，より特殊化した文化（Collins, 1975, 2004）をつくりつつあるときでさえ，文化取得と文化形成を通じて，社会のより一般的な文化のどの側面がその出会いに妥当するかを確定する。このように個人たちは積極的な文化取得と文化形成を通じて，文化の妥当な側面だと彼らが認知するものを確定しながら，同時に，その相互作用の経過のなかで彼らが信じているものが自己と他者にとって適切な期待であることを他者たちに知らせようとする。

上記したように文化は，個人たちが表 4.1 にしめした文化の諸水準を実現する標準化の過程によってある出会いにもち込まれ，一連の行動期待として行使しようとする。一連の行動期待とは，① 現にその場にいる人たちの類別の特徴，② その状況のある型への類別，③ 適切な発話や挙動の形態，④ 発話に含まれたり排除されたりする事柄の枠組み，⑤ ある状況においてどのような感情がどの程度の激しさで感じられ表現されるべきかについての規則，⑥ 相互作用の開始，終了，修正，構造化のために採用されるはずの儀礼，こうしたことを

第4章　ミクロ水準での感情分配Ⅰ：文化的期待の力　　99

めぐる期待である。標準化は，ある出会いにおける期待状態をことごとく満た
すことはないが，しかし個人が適えることを期待される最小の指針を確定する。
この最小の期待の集合を適えないと，彼らは否定的に裁可されるだろう。すぐ
に明らかになるように，この標準化についてのわたしの見解は，ドラマツルギ
ー，とくにアーヴィング・ゴッフマン (1959, 1961, 1967, 1974, 1981, 1983) が提唱
したそれから引きだされたものである。文化的期待をよりくわしく考察する前
に，標準化に関してもう少し言及しておこう。

　(1)個人の類別についての標準化　　個人がある相互作用で最初に行うこと
の一つは，その場にいる人びとが類別単位のメンバーで，その出会いが組み込
まれている団体単位の分業上に位置を占めていることを所与として，これらの
人たちの類別とそれに適切な反応方法とを評定することである。個人はほとん
どの状況でこの評定を，文化取得と文化形成によって瞬時に，しかもしなやか
に行う。その結果，ほとんどの相互作用は円滑に進行し，すべての参加者は期
待を適え，それによって肯定的感情エネルギーの基礎的水準を引きだす。しか
しながら，類別単位がいちじるしく低く評価され，しかもそれが重要である場
合，あるいはそれが分業上の低い位置と統合している場合，行為者たちの期待
は異なるものとなるだろう。たとえば低い地位の人たちは，高い地位の人たち
に多少の敬意を払う必要があるたろう。類別単位へのメンバー所属および分業
上の配置の双方に由来する期待状態は，そのようであることを要請する。それ
が倍加されるのは，団体単位における低い地位と，低く評価される拡散的な地
位特性とが統合される場合に，それらが助長し合い，地位の相違を一段と際立
たせるからである。ある個人が適切な敬意の型と水準をしめすと，その低い地
位の仲間たちは，適切な敬意や挙動を表す低い地位の人たちに十分に肯定的な
裁可を下すかもしれない。期待状態の研究 (Ridgeway, 1994) のデータがしめす
ところによれば，高い地位の人たちも，その地位への敬意に対して肯定的感情
を発し，そのためその出会いにいる他のすべての人たちに肯定的裁可を下す，
ということである。その結果，(a)慢性的に低い地位や，(b)上位者への敬意を

理由に起こるかもしれないのは，疎外や怒りではなく，それに代わって，低い地位の人たちのあいだでさえも期待が適えられた，またその出会いが円滑に進行したという穏やかな満足感が出現するのである。というのも低い地位の人たちは，高い地位の人たちは適切な敬意が払われないと否定的感情を表し，権力をもっていればその状況を自分たち地位の低い者にとって慢性的に不快にさせることができると学習済みだからである。同じく低い地位の仲間たちもまた，そうした経験から，適切な敬意をしめさなかった者たちに否定的裁可を下すかもしれない。自分たちも，下位の者たちからの敬意の不足に気分を害された高い地位の人たちによる否定的な裁可や感情に耐えねばならなくなるからである。

　しかし，地位信念が絶えず変化し，敵対的なイデオロギーやメタ・イデオロギーがより広い社会で結集される場合には，出会いのなかで期待状態への挑戦が発生するかもしれない。そうすると出会いは壊れ，必然的に否定的感情が喚起される。もっとも，この挑戦を企てた個人たちは，そうすることに自尊心のような肯定的な感情を抱くかもしれない。こうした状況下では，肯定的感情と否定的感情の混じり合いは複雑かつ流動的になるだろう。たとえば，より高い地位の個人は悩むと同時に，おそらくは恐れや気がかりも経験し，低い地位の者たちは攻撃的な相手の行為を恐れるが，しかし上位者を支持すべきか否について憂慮し，あるいは不安にもなる。それゆえ，社会運動あるいは社会の制度秩序や階層体系への挑戦などによって，ひとたびより広い制度構造の変化が始まると，身近な出会いで喚起される感情は，肯定的感情価と否定的感情価が混じり合う形で絶えず推移するようになり，結果的にそうした出会いはすべての関係者にとってしだいに大きなストレスになっていく。こうした状況は，いくつかの点で肯定的感情と否定的感情の比率をある程度均等にするが，しかし必ずしも別の有価資源の分配を均等化するわけではない。しかし出会いの水準における持続的で一貫した否定的感情喚起は，結局のところ，従来低く評価されてきた類別単位のメンバーについての，また分業上異なる配置にいる個人たちについての，地位信念に圧力を加えることになる。こうした圧力は一般に，その他の資源の分配におけるより一般的な平等性の前触れとして，感情の平等性

第4章　ミクロ水準での感情分配Ⅰ：文化的期待の力　　IOI

を増すだろうが，しかし必ずしもそうなるわけではない。感情の平等性は，権
力や金銭など，団体単位の分業上のさまざまな配置に分配される資源としての
象徴的媒体の不平等性を劇的に低減させなくても，出会いのなかで起こること
によって変わりうるのだ。

　(2) 状況の標準化　　ゴッフマン (1959) とコリンズ (1975)，この両者が論じ
たように，状況には少なくとも三つの一般的型がある。すなわち① 人びとが
非形式的に混じり合い，相互作用そのものを享受する社会的な状況，② 出会
いが団体単位内の特定の目標を達成するための調整された努力の一部であるよ
うな実務的状況，③ 出会いが卒業や昇進など意味のある出来事や移行を儀式
や壮麗さをもって標示されるような儀式的な状況，である。状況がこのように
正確に標準化されていると，一般に個人たちは肯定的な感情を経験するだろう。
社会的状況では，地位の区別が多少とも緩やかでありうる。実務的な状況では，
分業の規則と権威体系が明瞭な期待をつくる。そして儀式的状況では，儀礼が
その状況を支配し，結果的に個人は潜在的に，一般的には肯定的な，適切な感
情を感じることができる。このように状況の標準化は，期待を明確にし，類別
単位へのメンバー所属の重要度をある程度和らげることができる。また社会的
および儀式的状況の場合には，分業上の階統の明白ささえ，少なくともある程
度緩和できる。より一般的にいうと，状況の明確性は期待の不確実性を，した
がって不安のような否定的感情を低減する。不安が生じるのは，どのような地
位にいる者であれ，どのように行動すべきかが明確でない場合である。

　(3) 発話と挙動の標準化　　すべての出会いには，発話の形態——たとえば
形式的，非形式的，雑談めいた，遠慮がちな，深刻な，おどけたなど——，お
よびそれにふさわしい挙動についての期待がある。発話や挙動は，上記したす
べての次元によって影響され，また表 4.1 と表 4.2 に列挙した文化的諸力のす
べてによって制約される (Goffman, 1981)。発話や挙動としての身体言語は，個
人たちが相互作用する際の基本的機構なので，出会いのこうした側面を正しく

理解することは大事である。ある出会いにおける一方の当事者あるいは数人の
メンバーが，その発話形態やそれに応じた挙動から「外れ」てしまうと，その
出会いは壊れるだろうし，したがって期待違反への怒り，あるいはより穏やか
にいえば苛立ちに業を煮やした他者たちからの否定的裁可を招くことになる。
もっとも，すぐに儀礼的な謝罪が表明されるか矯正行為がなされるならば，そ
の出会いは進行できる。しかし人びとはしばしば，自分が誤った形式で発話し
ていること，またその挙動がその状況に不適切であることに気づかない。その
結果，否定的感情はより一般的に喚起されることになり，個人たちはしばらく
のあいだ継続する怒りや欲求不満などの感情をもちつつ，その出会いから離れ
ていく。それとは対照的に，発話と挙動が適切であると，個人は，出会いが円
滑に進行していることに満足のような穏やかな形態の幸せを経験する。

　ある出会いにおいて人びとの類別が多様であるほど，また状況の型（実務的，
社会的，儀式的）が漠然としているほど，どのように発話し，どのように振る
舞うかについて，個人はさまざまな解釈を行いがちである。その結果，あるぎ
こちなさのようなものが生まれ，それはしばしば怒りのような強力な否定的感
情に変換される。一般的には，人びとは地位の差異を意識すると，会話や身体
言語の「基調」を高い地位の人たちに合わせる。しかし地位への挑戦が企てら
れている場合には，個人たちはその挑戦を起こすことになった発話や挙動の形
態を通じて，故意にその出会いを壊すかもしれない。しかし，低い地位の仲間
たちがその挑戦を支持しない場合，また高い地位の個人たちがこうした対人的
な「反乱者」に対して否定的裁可や結果を押しつける権力や権威をもっている
ならば，こうした戦略は危険である。いずれにせよ，期待が実現されないかも
しれないとか，否定的に裁可されるかもしれないという理由で，すべての個人
は否定的感情喚起を経験するだろう。そしてこうした期待の阻害が慢性的にな
ると，人びとはできればこうした出会いを避けようとするだろう。

　⑷枠組の標準化　　1974 年，アーヴィング・ゴッフマンは，初期の著作
（Goffman, 1959）では漠然としていた枠組と枠づけという概念を，相互作用分析

第4章　ミクロ水準での感情分配Ⅰ：文化的期待の力　　103

に積極的に取り込んだ。枠づけに関するわたしの見解 (Turner, 1988, 2002) は，ゴッフマン (1974) ほど複雑かつ層化されていないが，その基本的な考えは同じである。すなわち，個人は，ある出会いに何が含まれ，何が除外されるかの境界を知らねばならない。話題にできるのは，自己や他者のどの側面なのか。どの規範や信念やイデオロギーが目立った状態あるいは休止の状態にあるのか。より大きな社会構造のどの側面が必要となるのか，またどの側面が回避されるのか。人びととはどのような動機や気持ちを顕わにできるのか，逆に発動しない動機や気持ちはどれなのか。こうした疑問が枠づけの基本であり，これによって個人たちは認知地図の枠組をつくるのである。この枠組内には妥当で適切なものがある一方，その枠組外の情報は触れてはならず，妥当かつ適切ではない。枠組は期待を設定する。人びとがこれらの期待に違反し，あるいは排除されたものを求めたりすると，他者たちは怒り，あるいは恥や欲求不満のような感情を経験するだろうし，また可能であれば否定的裁可を下すだろう。

　ゴッフマンは，入力と再入力と名づけた過程を通じて，人びとが枠組を再調整すると考えた。枠組は，設定または入力され，それから変えられるか再入力されるが，しかしこうした入力過程は，高度に儀礼化される必要がある。だから個人は，基本的には枠組みを変える許可を求めて，定型的な語句を使ったり，妥当な挙動をしめす。たとえば，個人的な質問をしてもよいかどうかを問う場合がそれである。相手がこれを承諾すれば，枠組の推移は可能になり，相互作用はより個人的に進行でき，親密な間柄にもなる。枠組は最初，その状況構造，そこにいる個人たちの動機，彼らが文化取得と文化形成によって妥当とみなす文化によって，入力される。こうした入力はしばしば，個人間の最初の挨拶のあいだに儀礼化されるが，これに対して再入力は，個人たちがその出会いへの違反を回避しようとするので，必ず高度に儀礼化されている。儀礼的な言葉でそれとなく変更の許しを求めずに枠組みを変えること，また他者の同意を取り付けることなしにその枠組を再入力することは，期待に違反することになり，しばしば否定的裁可を招くことになろう。そうすると，その出会いの後しばらくのあいだは否定的感情が喚起しつづけることになる。

(5) 感情の標準化　　アーリー・ホックシルド (1979, 1983) が早くに指摘した
ように，ある状況での文化は，感情イデオロギー，もっとはっきりいえば
(a) 人びとがある状況で感情的に経験すべきことについての感情規則と，(b) ど
のような感情が他者に開示されるべきか，開示しうるかについての開示規則，
によって管理されている。感情規則は，当該の状況において人びとが何を感じ
るべきか，また表現できる感情は何かについての期待を確定する。こうした規
則を順守するならば，個人たちは強化された肯定的感情を経験するだろう。逆
に感情規則が侵犯されると，その出会いは破壊されることがあるし，否定的な
感情興奮を引き起こし，しばしば否定的裁可を招いて否定的感情を増すことに
なる。枠づけの力学とほぼ同様に，感情規則の変化は，多くの場合既存の感情
規則に違反したことへの謝罪をともなう儀礼によって，管理されねばならない。
感情開示規則が課している制限を越えて感情開示をした場合に，「感情的にな
りすぎている」と謝罪をするなどがそれである。こうした謝罪は，非常に儀礼
化されており，他者に対して，自分は感情規則を知っていてそれに同調し直し
たいと思っていることを知らせているのだ。

　感情規則は感情開示に関する期待を設定するので，その違反は感情性の追加
投与を招く。人びとは，感情規則に違反する感情は急速に増幅し，さらには出
会いを損壊し，誰彼かまわず激しい感情の興奮状態に引き込むのだと認識して
いる。こうしたことは，とりわけ不適切な怒りが開示される場合に起こりやす
い。不適切な怒りは，対抗的な怒りや潜在的には恐れを呼び起こすからである。
儀礼的な謝罪をともなう悲しみは，しばしば人びとに受け容れられ，こうした
他者から同情やその他の支援的反応さえ得られるかもしれない (Clark, 1991)。
規範的でないことの不安や恐れは，悲しみと怒りの中間に位置する。だから個
人たちは，感情規則が課す限界を超えて他者たちが心配を表明すると，しだい
に恐れを経験するようになる。とはいえ，ある人物が表現する不安が謝罪の挙
動をとおして濾過される場合には，同情が提示されることがある。謝罪の挙動
とは，たとえば，その個人がその違反を理解し，感情開示をしたことに対して
「誠に遺憾」と思っていると述べる，などである。

(6) 儀礼の標準化　　すべての相互作用は，儀礼で始まり，儀礼で終わり，儀礼によって構造化される。儀礼とは，当該の相互作用の流れにおける主要な契機を標示する規格化された一連のジェスチャーの配列のことである。基本的に儀礼は，出会い文化の緒要素を強化するためのものだから，期待によって強く制約されている。文化は，儀礼によって監視され，儀礼によって強化され，相互作用儀礼によって維持される。この相互作用儀礼は，規則，地位信念，イデオロギー，メタ・イデオロギーから引きだされた期待に沿っていて，それが文化を維持するのである。枠組の開始，終了，修正，入力と再入力，感情の推移，およびその出会いを潜在的に傷つけうるその他の行為，これらそれぞれにおいて，儀礼の使用そのものに対する期待が存在する。また，基本的な状況の型に用いられるべき儀礼や，さまざまな人びとの類別のなかで用いられるはずの儀礼の種類に関して，より特定的な規範的期待もある。正しい儀礼を用いることは相互作用を順調に維持し，肯定的な感情反応を呼び起こすが，しかし人びとが間違った，あるいは不適切な儀礼を使用する場合には，その真逆になる。こうした儀礼はただちに相互作用を傷つけるが，しかしそれにとどまらない。たとえば，違反をする人たちがその状況における儀礼の遂行を制御している規範に気づいていないように思える場合には，儀礼は相互作用の修復を難しくさせることにもなる。そうした場合，否定的裁可はうまく働かないかもしれないし，実際により劇的な儀礼違反さえ招くかもしれない。さらに儀礼規範の侵犯は，基本的には相互作用のリズムや流れを冒すことになるので，より激しい否定的感情喚起を引き起こす。個人たちは，どうすればその相互作用を期待通りに戻すことができるかに確信がないために，怒り，悲しみ，不安などの否定的感情をもつのである。

　こうした標準化の力学の多くは，特定の出会いごとに特有である。だからその力学は，恒常的・長期的に現れないこともあり，そうすると感情階層化を導く感情を生成しにくい。しかし，特定の団体単位の個人たちがつねに，どのように出会いを標準化するかについての期待を適えられないと，否定的感情が蓄積し，しだいに個人の感情の貯蔵庫の一部になり，したがって他者に向けた挙

動になる。しかしたいていの場合，団体単位の分業に付随する規範の明確さと，多様な類別単位へのメンバー所属に関連する期待への同意が標準化を円滑に進める。標準化の力学がより恒常的・長期的な否定的感情喚起の一翼を担うのは，標準化にともなう問題が，資源の受け取りや自己確認，イデオロギーや規範の道徳律の実現，さらには地位信念の確認といったことに関する期待実現の失敗と関連している場合に限られる。

反対に他の期待が多く適えられるほど，個人は標準化の期待を理解しがちである。その結果，標準化は肯定的な感情状態の喚起に寄与することになり，この雰囲気が反復する出会いにおいて絶えず生成されるなら，肯定的感情が蓄積されていくだろう。しかしながら，団体単位の分業内で反復される出会いでの特殊化した文化資本の進化が標準化に影響をおよぼすとすれば，これらの規範に違反することは，文化資本と関連するこの特殊化した文化期待をいちじるしく破壊することになる。そして，こうした期待が破壊されるなら，文化違反は，団体単位の文化，あるいはこの単位が組み込まれている領域のイデオロギーへの違反，もしくは人びとの類別についての地位信念を形成するために使用されるメタ・イデオロギーから派生する期待状態の違反へと連動していく。

4.2　むすび：文化の力

文化は，期待を設定するとともに，これら期待を適えることの成功もしくは失敗に関する肯定的あるいは否定的感情を個人に経験させる。業績主義文化といいうるものをもつ社会，成功やよりよくなることをつねに目指すよう強いる価値をもつ社会は，いくつかの意味で期待増進機械であり，最終的には多くの個人たちに期待実現の失敗を味わわせることになる。期待が絶えず増進すると必然的に，個人は少なくともいくつかの期待を適え損なうだろうし，そうすれば否定的感情喚起を引き起こすことになる。マクロな視点から重要な検討事項になるのは，価値前提に内在するこうした期待を適える個人もしくは適え損なうの個人の，ミクロな出会いの水準における相対的な人数である。ほとんどの人たちがほとんどの期待を適えているか，あるいはそうだと認知している一方，

第4章　ミクロ水準での感情分配Ⅰ：文化的期待の力　　107

こうした期待に応え損なったと感じ，またはそう認知している者が非常に少数であるなら，感情エネルギーの貯蔵庫には不平等があることになる。しかしほとんどの高度産業社会でそうであるように，より大きな割合が肯定的感情エネルギーをもつかぎり，感情の階層秩序の底辺にいる者たちはその体系を変えるうえで相対的に無力である。さらに彼らが防衛機構を活性化すると，彼らの感情は変質し，彼らの否定的感情の本源は不明確になり，したがってしばしば誤って帰属させる羽目になる。さらに大いにありうるのは，こうした個人の多くは悲しみや絶望のような抑圧された感情を経験するだろうこと，それが感情の階層化体系に対抗する行為の発生確率を下げさせること，である。疎外のようなより大きな怒りの要素をもっている抑圧された感情でさえ（66頁表3.4をみよ），個人たちを，感情の階層化体系の打倒に向かわせるよりも，それから後退・撤退させようとする。しかしながら，社会の中間階級のメンバーたちが自分たちは価値前提における期待を適えられないと実感しはじめると，感情階層化の力学は急速に変化することになり，目下怒りを感じているより多数の個人たちは，相変わらず期待を適える手段を供給しないまま高い期待をつくりだす体系について，その公正さを疑問視しはじめる。

　これと同じ力学は，価値前提を統合しているイデオロギーやメタ・イデオロギーといった別の一般化した評価的象徴においても働く。多数の個人が制度領域のイデオロギーに内在する期待を適えていると実感するかぎり彼らは肯定的感情を経験し，この大きな肯定的な感情の貯蔵庫は，制度イデオロギーの期待を適えなかった者たちが効果的に結集することの妨げになるだろう。またこうした個人は，価値前提の場合と同様に，自分の失敗による恥や，おそらくは罪を抑圧し，そうすることで経験した感情と行った帰属を歪めてしまうかもしれない。さらにこうした帰属の一部が自己に向かうと，より抑圧された感情が社会の下層階級に鬱積することになるだろう。

　同じようにメタ・イデオロギーは，より大きな階層体系で「成功する」ことへの期待を特定する。階級を含む低く評価された類別単位に縛られている者たちは，複数の支配的制度領域の統合されたイデオロギーからもみずからが低く

評価されねばならない位置にいることを知るだろう。そうすると彼らは，否定
的な感情を経験せざるをえない。たとえ恥と罪は抑圧されて，他の否定的感情，
一方では拡散的な怒りと不安の混じり合った感情，他方では悲しみや絶望や疎
外の混合を中心にした否定的感情に変質するとしても，である。

　出会いを標準化する過程には，より特有な経験も内在している。ほとんどの
人はその経歴上，価値，イデオロギー，メタ・イデオロギーが生み出した期待
を適えることに成功したか失敗したかにかかわらず，出会いの文化的期待を理
解している。したがって彼らは，出会いで他者たちとうまく相互作用したこと
に穏やかな肯定的感情を経験できるのだ。こうした身近な期待を絶えず適える
ことができるなら，彼らは激しくはないが肯定的な感情の安定的流れを手にす
ることができる。そのことは，たとえ肯定的感情を含む有価資源の持ち分の不
平等な者たちの間の相互作用の場合であっても変わらない。こうしたことは，
身近な出会いにおける相当数の関係が上位者による支配を含んでいない場合に
限り妥当するが，高度産業社会，とくにアメリカ合衆国のような社会において
生じやすい。アメリカ社会では，対等でない者同士が標準化過程を通じて表面
上の親しさと非形式性に基づいて相互作用でき，そのため下位者たちは出会い
のなかで満足のような肯定的感情を経験することが可能である。しかし，支配
がごくふつうの統合機構である社会では，服従は一般に恥辱をもたらし，した
がって「感情労働」(Hochschild, 1979, 1983) であれ，抑圧 (Scheff, 1988 ; Turner,
2007) であれ，何らの方法で統制し管理しなければならないような否定的感情
が喚起される。

　しかしほとんどの高度産業社会では，また産業社会においても，身近な近隣
住区やこれら近隣内の団体単位，あるいは職場でさえ，そこでの個人たちの日
常的な出会いは支配から比較的に自由であり，したがって彼らはそうした出会
いにおいてかなり肯定的な感情喚起を経験することができる。その結果，出会
いの標準化に成功したことから生じる肯定的感情は，価値，イデオロギー，メ
タ・イデオロギーに内在するより一般的な文化期待をうまく適えなかった自己
の評価に由来する否定的感情を緩和する作用を果たす。だから，たとえ不平等

第4章　ミクロ水準での感情分配Ⅰ：文化的期待の力　　109

な状況でも日常的な基盤に基づく相互作用が堅苦しくないほど相互作用儀礼の一部要素（74〜75頁図3.1をみよ）が穏やかな肯定的感情を喚起する可能性は高くなる。こうした穏やかな肯定的感情が人びとの経歴を通じて蓄積すると，それは，個人が階級上の位置も含めて低く価値づけられた類別単位へのメンバー所属を評価されるときに感じる否定的感情の力を緩和する強い力となる。しかしながら，支配が全社会統合の主要原理である体系（46〜47頁表2.2をみよ）でそうであったかもしれないように，こうしたより頻繁で身近な相互作用が否定的感情を生みだしはじめるならば，標準化過程における否定的感情喚起は，人びとが価値前提，イデオロギー，メタ・イデオロギーにおける期待に沿うことに失敗したときに生じる否定的感情の度合いを増す。

第 5 章

ミクロ水準での感情分配 II：社会構造の配置力

5.1 地位取得と地位形成

　個人は，文化取得と文化形成を行うと同様に，他者の地位を見定め，自身に関する特定の地位を形成し主張するために，自分のいる状況について知識の貯蔵庫を活用したり，出会いに参加している人たちのジェスチャーを読んだりする。地位はメゾ水準の二つの型の構造——団体単位と類別単位——における配置を中心に展開するので，個人は地位を取得すると，他者のもつ団体単位の当該分業上の位置の妥当性や類別単位へのメンバー所属の重要性を評価する。そうすることで彼らはみずからを，構造と，制度領域の文化や階層体系が団体単位や類別単位を通じて身近な出会いにまで濾過していく水路とに繋げるのだ（Turner, 2002, 2010b）。

　個人は，自己を社会構造に接続し，他者たちの配置を評定しながら，自分の地位形成も行おうとする。この地位形成は，団体単位の分業上にいる他者たちが自分をどこに位置づけていると考えるかを主張することによって，またさまざまに評価される類別単位へのメンバー所属を重視または軽視することによって行われる。たとえばある企業の上級重役は，分業上の高い位置によって重視されるかもしれないが，しかしまたその年齢，あるいは民族性や宗教所属といった類別単位へのメンバー所属を標示する他の特徴のせいで軽視されるかもしれない。位置的地位と拡散的な地位とのあいだの交差率が一般に高い社会では，類別単位のメンバー所属を問題にする必要はないかもしれない。なぜなら，交差がごく当たり前になっている結果，団体単位の分業上の位置的地位が地位期待を規定する基本状態になっているために，類別単位はもはや表面化していな

いからである。しかし上記した重役は，会社主催のパーティのような社会的状
況では，実務的あるいは儀式的状況に比べて位置的地位が重視されないことを
望むかもしれない。ただし，地位の相違が大きい場合にはそうすることはしば
しば難しい。社会的な出会いの標準化にあたっては，さらに見せかけの親しさ
や非形式性があるかもしれない。これは，人びとの外見上の相対的な地位配置
は重要でないということであるが，たぶんすべての人に緊張をもたらす。

　このように，地位は社会構造の入口であり，そして社会構造が直接的に，ま
たそれに付随する文化的期待を介して間接的に人びとに課す制約なのである。
すでに強調したように，社会構造と文化は経験的に，また分析的にも容易に分
離できない。文化をもたない社会構造はまったく意味をなさないし，また一方，
運行するはずの社会構造をともなわない文化は浮遊しているからである。確か
に，文化社会学における「強力なプログラム」（Alexander and Smith, 2001）は，
文化が社会構造に付随するとみなされる「弱いプログラム」と区別しようとし
て小さな幻想を追い求めているといえるだろう。しかし弱いプログラムは，し
ばしば仮定されるほど文化を社会構造に従属させてはいない。実際，社会構造
がその影響力のほとんどを社会関係におよぼすのは，社会構造内の地位配置に
付随している文化の行動規範を介してである。感情の階層化の分析でもっとも
重要なのは文化の水路としての社会構造であるが，表 5.1 はこれに関するわた
しの見解をしめしている。

　もっとも包括的な社会構造は全体社会間のネットワークであり，次に全体社
会形成体がつづく。全体社会形成体は，(a) 一組の制度領域と(b) 一つの階層体
系から構成されている。制度領域は，さまざまに相互関連し統合された団体単
位の集積から構築されている。これに対して階層体系は，社会階級や，それと
相関している他の類別区分のような類別単位へのメンバー所属によって標示さ
れる下位人口集群に対しての，団体単位による資源分配の不平等から生成され
る。団体単位は相互に組み込み合い，集団は組織体に組み込まれ，組織体は一
般に地域社会内に配置される傾向がある。ただし，組織体はある全体社会内，
さらには全体社会間体系内での多くの地域社会をまたいで拡大されることも多

表 5.1 文化諸力の水路としての社会構造からの期待

全体社会間体系	全体社会間の関係に含まれる団体単位や類別単位へのメンバー所属に付随する重要な文化諸力（たとえば価値，一般化した象徴媒体，イデオロギー，メタ・イデオロギー，制度規範）からの期待。
全体社会体系	ある全体社会体系内の諸関係に含まれる団体単位や類別単位へのメンバー所属に付随する重要な文化諸力（たとえば価値，イデオロギー，メタ・イデオロギー）からの期待。
制度領域	ある制度領域内の団体単位の文化を制約する一般化した象徴媒体，イデオロギー，制度規範からの期待。この団体単位の文化は，出会いにおける個人たちへの期待状態を指示する妥当な位置規範と地位信念をつくりだす。
制度間体系	制度領域を超える一般化した象徴媒体の流れや，この流れからつくられるメタ・イデオロギー，および規範体系からの期待。これらは，制度間活動のさまざまな局面で，団体単位内における地位的配置および類別単位のメンバーたちの拡散的な地位特性に関する文化を生成する。
団体単位	以下のような，さまざまな型の団体単位の一般的文化に付随する期待。 　**ａ．地域社会**：居住地や生活空間の地理的配置および地理的配置の文化や，近隣住区とこれら住区中に分配されている団体単位と類別単位の文化に付随する期待。 　**ｂ．組織体**：有価資源もしくは一般化した象徴媒体，さらには威信や名誉ならびに肯定的感情エネルギーのような一般的強化因子を受け取るための組織体体系内の分業や部署に付随する期待。 　**ｃ．集　団**：集団が類別単位，地域社会，制度領域，階層体系，全体社会体系，全体社会間体系に組み込まれていることによって，ある集団に流入してくる文化をめぐってその集団で発達する期待，および集団メンバー間の出会いにおいて反復する相互作用による感情喚起，連帯，集団一体感から発達した特殊文化。
階層体系	三つの関連する力によって生成される不平等に起因する期待。 　**ａ．資源分配**：個人たちは，彼らが受け取るはずの一般化した象徴媒体の(i)種類と(ii)各象徴媒体の数量について，期待を発達させる。 　**ｂ．文化的正当化**：社会階級体系を正当化するメタ・イデオロギーは，個人がどれほどの資源を保有するに値するかについての期待を確定する。 　**ｃ．地位信念**：特定の類別についての人びとの信念は，メタ・イデオロギーから引きだされ，(i)当該階層体系上の異なる配置（階級）にいる人たちの道徳的価値，および(ii)類別単位へのメンバー所属を標示する別の拡散的な地位の道徳的価値を確定するために用いられる。各個人の期待は(i)と(ii)によって形成される。ある社会類別のメンバーであるかどうかを評価する他者の期待は，その他者の道徳的価値に照らして受け取ると期待されるはずである。
類別単位	階層体系を正当化するメタ・イデオロギーから集められた地位信念に由来する期待。これらは，さまざまな型の団体単位の分業上の配置と交差している。多様な制度領域の分業を越える多様な類別単位のメンバー間の交差が大きいほど，地位信念を設定する地位信念の力は弱くなり，逆に類別単位へのメンバー所属の道徳的評価の高低と，多様な領域にわたる広範囲な団体単位内の階統的な分業上の位座の高低との統合もしくは相関が大きいほど，資源に関する期待を設定する際の地位信念の力は大きくなる。
地　位	団体単位内の分業上の地位配置，および類別単位へのメンバー所属を中心とした拡散的な地位特性に付随する期待。拡散的な地位特性が，異なる制度領域のさまざまな種類の団体単位における階統的な分業上のすべての地位と交差すると，団体単位の階統的な分業における地位への期待はより強力になるのに対して，これらの信念から派生する地位信念や期待はあまり目立たなくなり，したがって類別単位の重要度は期待源として低下する。

い。類別単位は，なんであれ，ある人口集群のメンバーに顕著な相違によって
つくられる。だから，類別単位へのメンバー所属がある社会における人びとの
示差的な評価や処遇をもたらすほど，それは社会階級と統合しやすく，また階
層体系の部分になりがちである (Blau, 1977, 1994)。

　すべての水準の社会組織体における社会構造は，上掲表5.1とそれをめぐる
議論でしめしたように，各水準に付随する文化体系から期待をつくり出してい
る。こうした期待は最終的に，分業上の地位配置や類別単位へのメンバー所属
へと濾過されていく。個人たちは，地位を取得し，また形成すると，分業上の
位置的地位や類別単位へのメンバー所属から生じる期待を確定しようとする。
いずれの場合でも，これらの期待状態は結局のところ，地位信念を生成するイ
デオロギーやメタ・イデオロギーから派生している。地位形成をしようとする
個人たちは一般に，できれば最高の形で自己を他者に呈示しようとし，みずか
らの道徳的価値やその他の資質を強調する。たとえば，高く評価される類別単
位のメンバーではあるが，ある団体単位の分業上は低い位置に就いている人び
との場合，その地位形成は，位置的地位以上に類別単位へのメンバー所属やそ
れの威信を強調しがちである。ただしこの種の交差が広がると，類別単位への
メンバー所属は重要でなくなり，団体単位の階統的な分業上の配置しか個人た
ちの評価に関係しないようにもなる。

　現在では，地位や期待状態に関する膨大な文献がある。これらから，社会構
造がどのように地位と地位に付随する文化を経由して感情——肯定的であれ否
定的であれ——を喚起し，同じく肯定的もしくは否定的な裁可に繋がりうる期
待を形成するかについて，相対的に単純な一般化を行うことができる（こうし
た文献の解題については，Wagner and Turner, 2013をみよ）。つまるところ，あ
る個人の感情エネルギーの貯蔵庫は，団体単位におけるすべての地位的位置と，
社会内の個人の配置を規定するすべての類別単位へのメンバー所属，およびこ
の人物がこうした地位的配置によって獲得できる資源の結果なのである。

5.1.1　団体単位における地位と期待

　個人はほとんどつねに，自己との対比で他者の地位を決めようとする。なぜなら，ある個人がどのように行動すべきなのかは，他者の相対的な位階，威信あるいは権威が確定されるまで不明確だからである。だから個人は地位を取得し，そして基本的にその地位が妥当であるかどうかを知るために，他者の地位配置についての情報を収集し，それとなくそれらを組み立て，次いで団体単位の分業上の他者たちの地位と比べた自己の地位を見定めるのだ。すべての地位配置には文化に由来する期待があるので，地位取得は文化の取得なしには効果的ではありえない。この文化取得によって，ある地位に付随する文化記号が規定されるのである。ある団体単位の分業内の一つの地位配置と結びついたこうした道徳律は一般に，その特定配置の就任者の資質や特性についての地位信念にまとめられる。次にこうした信念は，人びとがどのように行動すべきか，彼らが明示すべき能力の水準，彼らが発話や会話を開始するためにいかなる権利をもつか，他者に対してどのような義務が存在するのか，権威あるいは威信に対してどのような権利が引きだせるのかについて，一組の期待状態をつくりだす。たとえこの種の期待が分業構造に組み込まれていないとしても，それらは時の経過とともに出会いのなかに，とくに組織体内のより手段的な集団のなかに，姿を現すだろう。こうした集団では，その目標として，地位的位置の就任者の行動を導くような分業の形成が目指されているからである。

　期待状態は，ひとたび所定の位置に就くと長く持続しがちである。その結果，個人たちのそれぞれの行動は地位秩序を支持し，そのためそれを補強することになる。集団メンバーは一般に，権力や威信のような資源の分配に階統がある場合でも，否定的感情の喚起を回避するために当該の地位秩序を維持しようとする。前章で指摘したように，地位秩序に挑戦する個人たちは，ある集団の従属メンバーたちすべてに否定的裁可を下す権力をもつ高い位階の人たちの否定的感情を喚起する。低い地位の仲間たちは，ここから起こりうることを承知しているので，当該の地位秩序に挑戦する同じ地位の者を否定的に裁可しがちである。その結果，個人たちは当該秩序を維持するように行為し，その過程にお

いて，上位者からの肯定的な感情，および破壊的な否定的感情が生じなかった
という少なくとも満足，あるいは安堵さえ呼び起こす。このように集団は，権
力や権威のような資源の分配における不平等を維持しようとする傾向をもつ
(Ridgeway, 1994) が，しかしそうするなかで，集団は穏やかな肯定的感情を生
成できる。これが，地位の相違に由来するどのような否定的感情も緩和するの
である。上位者が虐待的で抑圧的である場合，したがって下位者たちのあいだ
に常時否定的感情が生じている場合にのみ，下位者たちは慢性的な否定的感情
を経験し，さらに上位者と下位者のあいだの権力差が大きいならば抑圧を余儀
なくさせられるだろう。そうすると当該の下位集団には否定的感情が蔓延して
いく (Turner, 2002)。こうした状況下では挑戦が発生するかもしれないが，し
かしそれは権力保有者によるさらなる否定的な裁可のせいで，さらに否定的感
情を呼び起こす羽目になるだろう。そうなると，その集団の否定的な感情傾向
は増大する。要するに，組織体のような団体単位内の分業上の集団には，集団
の均衡を保持しようとする偏向がみられるが，しかしそうした傾向は，高い地
位を保有する人たちが自分はどのように行動すべきか，また同時に被支配者に
対する搾取的・虐待的行為をいかに回避すべきかについての期待を適える場合
に限られる。ひとたび彼らが他者たちに対して否定的に行動するか，あるいは
他者たちが彼らの期待を適えがたいような無力さを顕わにすると，集団内の緊
張はしばしばその均衡を壊すところまで高まるだろう。

　出会いが形式的な分業に組み込まれているほど，また個人が評価の準拠点と
して出会いが生じている組織体のイデオロギー，地位信念，規範的文化を利用
するほど，上位者がよほど無能あるいは虐待的でないかぎり，個人たちはその
地位秩序を維持するように行動する。均衡を維持しようとするこの傾向は，個
人たちがその資源──一般化した象徴媒体，名誉，尊敬，敬意などの報酬──
の持ち分が分業上の自分の配置にとって適切であると認知する場合に強化され
る。高い地位の人たちは一般に，資源は公平かつ正義であると考えるだろうし，
分業上中間水準にいる人たちも同様だろうが，しかし低い水準の者は，みずか
らの状況に対してさまざまに異なるパターンの感情反応を表すことができる。

第5章　ミクロ水準での感情分配Ⅱ：社会構造の配置力　　117

上昇移動は可能だ，資源はみずからの位置に公正に与えられている，また高い
地位の人たちは低い地位の人たちを妥当に処遇している，と彼らが認知する場
合には，集団の感情的な雰囲気はおそらく比較的肯定的でありつづける。

　こうした均衡化の傾向は，感情分配に対して多大な結果をより広範にもたら
す。低い水準の位置にいる個人たちですら，さほど肯定的な感情でないにせよ
少なくとも満足を経験しうるならば，その集団は否定的感情を組織的に生成す
ることはなかろう。つまり，社会の下位人口集群のメンバーたちのあいだに否
定的感情の大きな貯蔵庫がつくられて，それが堆積していくことはないだろう
ということである。したがって，位置が低くて資源持ち分も低い団体単位の場
合でも，その集団内に強い否定的な雰囲気がないならば，その集団はメンバー
を我慢させられる。またもし，こうした個人が多様な制度領域内の別の組織体
に収容されている集団での出会いにおいて，より大きな資源持ち分を受け取っ
て肯定的感情を経験できるなら，肯定的感情の分配は貨幣，権力，威信の分配
に比べてより均等であるだろう。したがって，組織体に収容されている集団が
否定的感情よりも肯定的感情を生成する偏向は，別の資源が平等に分配されて
いない場合でも，感情分配における平等性を維持するよう作用する。また，愛
情／誠実，神聖／敬虔，競争力，学識，連帯感などの主要な資源を高水準に供
給する補整的な集団——家族，教会，スポーツ仲間，学校，近隣集団など——
が存在すると，個人たちは，多様な制度領域における種々の団体単位を交差し
た各資源持ち分の総合的なジニ係数を見ても，剥奪されていると感じることは
ないかもしれない。多様な領域における広範囲な集団のいたるところで期待が
実現されない場合にのみ，個人たちは当該の地位秩序によってつくりだされる
不正の感覚を経験しはじめる。しかしながら高度産業社会においては，こうし
た結果は，全体社会進化の別の段階，たとえば初期産業主義や後期封建制より
も起こりにくい。そうした全体社会の進行段階においては，より大きな支配体
系内の地位秩序内で生じる虐待的な扱いが，低い地位にある下位人口集群によ
る動員を助長する。

5.1.2 類別単位における拡散的地位特性と期待

　個人たちを類別単位に位置づける拡散的地位特性——たとえば民族・人種，ジェンダー，年齢，宗教所属など——の示差的な評価は，分業上の地位とほぼ同じように作用する。類別単位へのメンバー所属と結びついた地位信念は道徳的評価を含んでおり，したがって出会い水準での期待状態になるのだ。しかし，拡散的地位特性と分業上の地位とのあいだにはいくつかの重要な相違もある。

　第一に，多くの拡散的地位特性は個人の社会的アイデンティティの一部になる（Burke and Stets, 2009 ; Hogg, 2006 ; Turner, 2002）ので，類別単位へのメンバー所属についての低い評価は，個人の自己感覚の基本的部分への否定的評価にもなる。したがって，低く評価される類別単位へのメンバー所属が期待の低下や汚名化すらもたらす場合には，恥，屈辱，激しい怒り，悲しみ，恐れといったきわめて激しい感情が喚起される。こうした期待は，たとえ適えられたとしても傷つけられたものなので，出会いにおいていかなる尊厳も保つことはほとんど不可能になる（自己の力学に言及する次章をみよ）。

　第二に，こうした類別単位を離脱することは必ずしも階統的な分業上の上昇移動ほどたやすくない。なぜなら，低く評価される類別単位へのメンバー所属にはふつう生物的な表徴がともなっているからだ。その結果，否定的感情には絶望，悲愴，疎外，慢性的な恥，また個人が自己評価において文化の行動規範を非難するようになる場合には罪，などが含まれるようになる。こうした場合，否定的な感情喚起は動員ではなく，引きこもりを導く。またそうした感情の貯蔵庫は個人的には大きくなるが，それらは一般に地位秩序への挑戦に向かうことはなく，怒りあるいは恥の形態を極端な屈辱的激怒もしくは復讐の欲求に変質させる。こうした力学は，分業上低い水準の位置に関しても作用するが，こうした位置にいる人たちがその位置に付帯して個人的なアイデンティティをもつことはないだろう。

　第三に，低く評価される類別単位へのメンバー所属は，多様な型の団体単位内の個人に対する広範囲な差別をともなう偏見的信念をつくりあげることがある。そうすると，低い社会階級上の配置と，低く評価される類別単位へのメン

バー所属や制度領域を横断する団体単位の分業上での低い位置とが統合される。実際に差別が極端な場合，低く評価される類別単位のメンバーたちは，主要な資源を付与する団体単位の低い水準の位置にさえ就くことを阻止される。

　領域を横断する団体単位への最小限の参加への期待さえ阻止されると，否定的感情が喚起される。もしこうした阻止が突然で，しかも予期されなかったものであると，その際もっとも喚起されやすい感情は怒りと，多分恐れである。それとは対照的に，歴史的に長期にわたる排斥を理由にして，一定の類別の人たちがつねに団体単位への参加を期待されない場合には，否定的感情喚起の力学はより複雑になる。貯蔵庫に堆積した否定的感情は対立にいたるような類の感情ではないことが多く，その代わりに悲しみ，絶望，抑鬱，罪および疎外の感情が堆積されていく。これらは，地域社会内の身近な集団や組織体や近隣住区への引きこもりをもたらす感情である。地域社会では，低く評価される類別単位のメンバーたちが制度秩序の主流からは外れたところで互いに助け合い，そうすることによって，それら身近な近隣環境のなかで少なくともある程度肯定的な感情を喚起できるのである。対立を生みだす感情は，個人たちを行動主義へと駆り立てるはずのものである。怒り，とりわけ拡散的怒りのような感情は，行動主義へと向かわせる一組の感情である。屈辱に対する激怒あるいは復讐の欲求へと変質した恥の改定版は，行動主義へのもうひとつの原動力である。しかし第7章でみるように，類別単位のメンバーたちがみずからの絶望の真の原因に対する効果的な闘争に向けて蜂起しようとするならば，こうした種類の行動主義的感情を水路づける別の条件が存在しなければならない。

　このように，拡散的地位特性と階級配置との統合は，制度領域内で資源を分配する団体単位の分業上の位置への接近を制限し，そうして対立の可能性を増やす。統合は，団体単位における低い地位と低く評価される類別単位へのメンバー所属それぞれの汚名効果を合体し，それぞれをさらに目立たせて，人びとの自己感覚を侵食する。また，地位信念が広く保持されている偏見の信念や制度化された差別パターンを正当化する場合には，低い階級に堆積する否定的感情ははるかに強力になる。それだから，類別単位へのメンバー所属についての

道徳的評価の水準と階級配置における位階とが互いに相関していると，社会は，資源としての一般化した象徴媒体の分配の点でより分極化されるだけでなく，肯定的および否定的感情の分配でもいっそう分離するようになり，こうして潜在的な対立が用意される。

　先に述べたように，拡散的地位特性の社会階級上の配置との幅広い交差と，多様な制度領域における団体単位の階統的な分業上の位階づけを横切る交差とでは，真逆の効果がある。交差は，類別単位へのメンバー所属一般，とくに従来から低く評価されてきた類別単位へのそれの重要度を低め，地位取得と地位形成を通じて初期値標識としての分業上の位置的地位を導く。この初期値の様相は，地位過程に関する既存の文献に基づいて論じたように，位置を越えて肯定的感情を生成しやすくし，否定的感情で支配されずに，より肯定的な感情によって支配される集団均衡を導きがちである。その結果，社会には，感情的な階層化や，したがって階級や類別単位（たとえば民族や宗教）に基づく対立の可能性は少なくなる。

　社会の制度領域が支配によって内外で統合されているなら（表2.2をみよ），政治上強制的ならびに管理的権力を保有する者たちが資源の強奪のためにこの権力を利用するので，この社会は高度に階層化されるだろう。その結果，社会は，肯定的感情を含むすべての有価資源の分配においていちじるしく階層化されるようになる。こうした体系は，社会の全水準で，地位の上位者と下位者との相互関係に依存しており，結果的に，位置的地位は事実上つねに拡散の地位特性と相関している。こうした社会ではそれゆえ下層階級における緊張が増大するが，それは，その社会において資源としての一般化した象徴媒体の分配が不平等であるためだけでなく，低く評価される類別単位へのメンバー所属と階級とが統合されているためもあって，下層階級の人びとが団体単位における他者たちとのすべての関係で格下に扱われているからである。下層階級の人びととのあいだでは，ほとんどの出会いにおいてきわめて多様な否定的感情が生成され，しかもその否定的感情は長期にわたって蓄積される。こうした否定的感情が抑圧されると，日常生活はより耐えやすくなるかもしれない。しかしより一

第5章　ミクロ水準での感情分配Ⅱ：社会構造の配置力　　121

般的にいうと，抑圧はその基本的感情の力を強め，人びとが消耗して資源獲得へ向かおうとしないといった別の型の否定的な感情に変質させるだけである。それだから，階級配置がつねに分業上での低い位置とぴったり重なり，これが次に類別単位へのメンバー所属の低い評価と重なると，マルクスが想起したような二極分解が発生する。しかしわたしが考えるに，これは階級利害の二極分解ではなく，否定的感情エネルギーに対する肯定的感情エネルギーの比率の二極分解なのである。下層階級のなかに否定的感情が堆積していくと，最終的に，闘争動員に向けた重要な垣根が越えられることになる（第7章と第8章をみよ）。

　諸制度領域を横切る分業上の低い位置と相関する低く評価された類別単位に所属している者たちの場合，その否定的感情の貯蔵庫はつねに潜在的な火薬樽であるが，しかしそれが必然的にマルクスのいう「対自的階級」をもたらすわけではない。というよりも，抑圧され，強化され，そして変質した否定的感情は，こうした否定的感情を生成した原因を必ずしも標的にするわけではないのである。帰属は，封建社会の教会，あるいは現代の中近東の一部社会における国家やそのメディアのような権力者によって操作されうるので，感情は，排除された人たちの悲惨さとほとんど無関係な，あるいは少なくともそれほど関係のない標的に向けられることになる。したがって先に述べたように，蓄積された感情エネルギーが，このエネルギーを生みだした原因を正確に標的にするためには，別の条件が存在しなければならない。

　類別単位のメンバーへの期待はやや安定した形に変わることがある。たとえば差別を禁止するために法律が制定されることがあるが，こうした法律がひとたび施行されれば，それは不利な類別単位のメンバーたちが耐えなければならなかったメタ・イデオロギー，地位信念，偏見的な信念，期待状態に挑戦しようとする正当な信念となる。この挑戦は，社会運動の一部になるような団体単位の形成の基盤になりうる。そしてこうした運動がひとたび機運を掴むと，個人たちは出会いの水準で差別的な期待状態やこれを生みだしている信念に挑戦を始めることができる。こうした挑戦は，上位の位置あるいはより高く評価される類別単位にいる人たちの否定的な感情喚起をもたらしうるが，しかし不正

と不公平な慣行への挑戦はまた，この挑戦を共に敢行することになった人たちのあいだに肯定的感情を生みだしもする。そしてこの自尊心や効能感は，とくに挑戦が部分的にせよ成功した暁には，非常に大きな報酬になりうる。

要するに，持続する出会いの水準には一種の対人的なゲリラ戦があるのだ。人びとは集団水準で闘争や否定的感情が持続するのを好まない（Ridgeway and Erickson, 2000）ので，期待状態や基本的な地位信念が長期にわたって絶えず挑戦を受けつづけると，それらは変化するだろう。とりわけ，より活発なイデオロギー闘争が制度領域内の慣行に挑戦する社会運動組織体の水準で勃発する場合には，人びとはその地位信念や期待状態を変更するだろう。イデオロギー，メタ・イデオロギー，地位信念，期待状態が変化すると，分業内の地位への接近の機会は広がり，移動によって類別単位へのメンバー所属の交差はより多くなり，資源を付与する制度内の団体単位の分業上の位置の全域にわたって就任する者が出現する。そうすると，肯定的感情エネルギーの分配上の均等性が長期にわたって増していく。そして既存の期待状態に挑戦しようと新しい方法で地位形成を行っていけば，人びとはそうした期待状態を非難されない形に変えていくことができる。地位信念の消極性が変化するとともに，類別単位のメンバーたちに新しい機会が広がり，彼らはより広い範囲の制度領域でより多数の団体単位に接近できるようになる。

5.2 役割取得と役割形成

役割取得は地位取得と非常に強く結びついている。なぜなら，個人たちが他者の行動の配列やありうる経過を定義するためには（Mead, 1934），多くの場合，他者の分業内での地位あるいは類別単位へのメンバー所属を標示する重要な拡散的地位特性の道徳的価値について，多少とも知っておかねばならないからである。もちろん，出会いが団体単位に組み込まれているなら，地位取得は役割取得に先行するだろう。というのも，特定の地位配置にいる人物に付随する期待状態を知り，またその人物に対する規範要請を理解することによって，その状況を標準化するのが容易になり，その結果，他者たちの役割行動を予測する

第5章　ミクロ水準での感情分配Ⅱ：社会構造の配置力　　123

ことがきわめて単純化されるからである。

　しかしながら，出会いが団体単位の分業にさほど明確に組み込まれていない場合には，役割取得が地位取得に先行するかもしれない。なぜなら人びとは，他者がどの役割を演じようとしているのか，ひいては彼らがその状況でどのような地位を要求しようとしているかについて，把握しなければならないからである。実際，あらかじめ人びとに地位を割り当てないで形成される集団ではいずれも，個々人がその現実の行動によって己の相対的な地位を整理するための役割形成と役割取得が大量に取り込まれることになろう。集団が実務集団である場合，あるいは実務作業的として標準化されている状況の場合，行動を評定するための基準は実務行動に必要な技能や才覚だろう。すると，技能や才覚を有する人たちが高い威信をもって現れ，またおそらく技能の未熟な人たちに対する権威や権限を蓄えていくだろう。こうした場合，地位は役割行動によって確定される。

　人びとはある集団内で地位を獲得するために役割を演じるわけだから，地位形成と役割形成とは混じり合っていることが多く，この点で両者の関係はより複雑になる。ある個人は，他者との役割を取得すると，自分の行動の配列がその出会いや，またおそらくその出会いが組み込まれているより大きな団体単位における地位の強化に志向しているかどうかを決めなければならない。こうしたことは実務遂行集団においてしばしば事実であるが，しかし，個人たちがその「評判」と，したがって社会的地位を強化しようとする社会状況においても確かにみることができる。もし既存の実務遂行集団内である社会的な行事があったとすると，その力学はさらに複雑になる。たとえば実務遂行上の地位は，少なくともその社会的な行事が持続する間，ある程度まで社会的技能に従属することになるかもしれない。しかし，こうした状況で分業上の地位がなくなることはめったになく，また無視されることも一時的でしかない。儀式的な状況においては自由裁量の程度はより少ない。なぜなら，こうした場合はほとんど，個人たちの相対的な地位は儀式を遂行する団体単位によってすでに分配されているからである。このように標準化に頼って役割と地位を区別する場合には，

人びとはより包括的な文化取得にも関わっている。こうした包括的な文化は，地位項目に対しても文化的に強制された期待状態に対しても役割行動が何を意味しているかを決定する手がかりを与えてくれるのだ。

　このように役割を取得するにあたって人びとは，役割を理解するために文化取得と地位取得にも携わらなければならない。その逆もまた真である。文化を取得するためにしばしば有用なのは，当該の社会構造の性質と，この構造における人びとの配置をよく知ることである。なぜなら，文化は社会構造や位置間の関係ネットワークによってつくられる経路に付着し，またこれを伝って移動するからである。同様に文化的情報を入手するためには，個人は地位を取得し，その状況内の文化の該当する側面に関する地位信号を探さねばならない。そのようなわけだから，文化，地位，役割の取得と形成はすべて結び合わされている。このことはおそらく，ジョージ・ハーバード・ミード（1934）が役割取得という頑強な概念化によって企図したことである。しかしわたしは，ミードの役割取得の見解を，その構成要素——すなわち文化取得と文化形成，地位取得と地位形成，役割取得と役割形成，また次章で検討するように動機取得と動機形成——に分解あるいは解剖する方がより有用だと考えている。

　役割形成も多くの水準で作動する。その一つは，個人の意向，状況の定義，行為のありうる経過を，印象操作あるいは発話や挙動の編成によって他者に伝達するという水準である（R. Turner, 1962, 2001）。たとえばある人物は，幸せであることを伝達しようとし，したがって快適な社会行動以外なにも伝達しないかもしれない。しかしほとんどの状況において，役割形成は文化と地位形成とに織り込まれている。また人びとは，適切だとみなした文化の緒要素を他者たちに伝達しつつ，同時に，他者たちに対する自己の地位を確立しようともする。実際，文化形成や地位形成がうまくなされるかどうかは，人びとが役割形成をどれほどうまくできるか，すなわち特定の文化要素——たとえば特定の地位信念とか期待状態——や，類別単位へのメンバー所属あるいは威信や権威体系上の配置といった地位項目と関連した行為に従う意向や覚悟を伝達する行動をいかにうまく提示できるかどうかによるのだ。

第 5 章　ミクロ水準での感情分配Ⅱ：社会構造の配置力　　125

　出会いが団体単位や類別単位に組み込まれていないほど，また地位項目が明確でないほど，人びとが役割形成をする余地は多くなるが，しかし同時に彼らは，文化形成と地位形成をうまく行うために，役割形成により多く取り組まねばならなくなる。だから一般的には，ある状況における文化と地位の明確性は，個人たちが役割取得や役割形成そのものにどれほど従事しなければならないかだけでなく，彼らがその出会いで妥当な文化や社会構造の側面を発見するために，どれほど役割取得に依存しなければならないかも規定する。組み込みはこの不確実さを軽減し，そうすることで役割取得や役割形成の負担を減らすだろうが，しかし同時に役割形成，地位形成，文化形成における人びとの選択肢を劇的に狭めてしまうだろう。

　役割は，文化や地位と同様に期待をともなっている。組み込みの度合いが大きいと，分業上の役割期待，あるいは示差的に評価される類別単位内の異なる場所にいる人たちの役割期待は，相対的に明確だろう。人びとがこうした期待を適えると，それが低い地位の人びとに関する期待であっても，一般的には満足のような穏やかな肯定的感情が起こるだろう。しかし，類別単位へのメンバー所属や分業上の位置配置に付随した地位信念に内在している期待が挑戦を受けると，役割形成は既存の文化的，地位的秩序を疑問視しながら展開することになろう。上位者と下位者双方において否定的感情が喚起され，その結果，その挑戦を開始した人たちに否定的裁可が下される。こうした裁可が役割形成の努力を成功させて期待を変更できたなら，沈黙していた人たちはできればそこを離れるか，もしくは屈辱から悲しみや疎外までの範囲の感情を経験し，そしてこれらが抑圧されると，悲しみから恐れを経て怒りにまで広がる複雑な拡散的感情状態の集合をもつことになる。挑戦が成功した状況から離れられないために，慢性的にこうした感情に忍従しなければならない人びとは，相反する否定的感情の大きな貯蔵庫を累積して，一般には惨めな生活を送ることになる。

　リッジウェイと同僚たち（1998）が考察したように，役割形成は，地位秩序とこの秩序内の基礎的な期待状態への挑戦を企てる際に有効に使用できる。たとえば，男性支配の状況において低い地位にいるある女性が，いちじるしく断

定的な言明とそれに応じた挙動をするなら，こうした役割形成の努力，すなわち彼女の地位を強化し，団体単位の分業上での女性に関する地位信念を変えようとする努力は，少なくとも最初は失敗するだろう。こうした男性支配の状況においては，暫定的な提案を行い，疑問を投げかけ，複数の選択肢を熟考するなど，権威や男性支配に対してあまり直接的でない挑戦をするような役割形成の様式に変えることが，やがては非常に効果的となりうる。そうすることによって，たとえばこの女性はその才能についての人びとの評価を上昇させ，当該集団やより大きな団体単位内で新たな，より高い地位を獲得できるほどにその威信を高めることができるかもしれない。このように，戦略的な役割形成はしばしば地位形成や文化形成をうまく果たすための鍵であり，この過程から期待状態の変化が発生しうるし，それによって個人たちが肯定的感情を経験する機会は多くなる。

　地位とは別に，本質的に役割に付随する期待がある。たとえば幸せ，能動的，攻撃的，感じがよい，他人行儀といった状態であることはすべて一般化した役割であり，こうした役割は標準化と地位形成において呼び起こされ，また別の種類の役割にも付随することがある。人びとはまた，特定の文化記号の付いた周知の地位的配置——たとえば母親，父親，学生，労働者，友人，敵対者，信者，クライアント，アスリートなど——と関連する役割を標準的にしめす，あらかじめ組み立てられ一包みにされた役割についての知識の貯蔵庫を携行している。こうした一般化し，あらかじめ組み立てられた役割はよく知られており，また地位と文化に関係する大量の情報を示唆しているので，これらの役割が結び合わされると，役割形成も役割取得も大いに単純化されることになる。そうすれば人びとは，地位取得や地位形成の必要も，付加的な文化取得や文化形成の必要も軽減できる (Turner, 2007)。この種の役割は，役割についてばかりでなく，地位と文化についても明確さを高めるため，期待状態の明確さをも高める。

　期待が明瞭であると，人びとは期待を適えがちであり，そうすると肯定的感情を経験しやすくなる。また，役割形成のあいだにこうした役割を呼び起こす

ことによって，類別単位のメンバー所属の潜在的に差別的な地位力は，その重要度が看過もしくは低下されるまでこの当該の出会いから取り除かれるので，そうすれば，低く評価された類別単位のメンバーたちが期待を適え，肯定的感情を経験する確率は増加する。たとえば，低く評価された類別単位のあるメンバーが「子育てをする母親」の役割を伝達しようとすれば，類別単位へのメンバー所属に関連するどんな項目よりも，母親としての地位を確定できるのがふつうであり，そのことによって彼女は，母親としての地位への自尊心と，加えて肯定的感情も享受するだろう。この肯定的感情は，彼女には母親という地位と役割への期待を達成する能力がある，と他者たちが（肯定的裁可として）是認の反応をすることに由来している。

　要するに，多様な制度領域の団体単位内において，さまざまに評価される類別単位のメンバーたちが他者たちからの肯定的な裁可を招くような一般化し，あらかじめ組み立てられた役割を呼び起こしうる出会いが多いほど，地位の相違に烙印を押すような文化信念は重要でなくなる。実際，マイノリティの下位人口集群のメンバーたちに関するメディア，とくにテレビでの描写の仕方の転換を考えてみると，低く評価される類別単位のメンバーたちが団体単位内の異なる配置にある普通のよく理解されている役割と交差している映像は，現実の経験的世界における交差を促進する作用を果たしている。人びとがテレビのホームコメディやドラマで，かつては烙印を押され低く評価されていた類別単位のメンバーたちがふつうの烙印のない役割を演じているのを見慣れるにつれて，より広い人口集群中の偏見は少なくなる。

　それゆえ，これまで強調してきたように，低く評価される類別単位のメンバーたちが演じる諸役割が団体単位における多様な配置と交差しうるならば，地位信念は変化しうる。そしてこうしたことが変わりはじめると，個人たちは，かつて出会いでの期待を供給していた古めかしいステレオタイプや偏見に満ちた信念に挑戦することができる。しかもこうした地位信念への挑戦が，メディア漬けされた人びとがつくる文化や，公民権法にみられるよりマクロな水準での変化によって支持されるなら，それは定型化した地位信念を除去するうえで

ますます有効になると同時に，低い階級や低く評価された類別単位のメンバー間の上昇移動の機会を増やす。そうすると，社会の感情階層化における均等性の水準は高まる。

5.3　むすび

　文化，地位および役割の力学は，互いに織り合わされている。文化社会学における「強力なプログラム」の主張は社会力としての文化に対する注目を呼び起こしたが，文化を，それが人びとに流れ込む水路から切り離した点で理論的な誤りがある。これまで強調してきたように，地位と役割は，文化がそうであるようにそれ自体の力学をしめすが，しかしこうした力学は呼応し合って作用し，個人たちへの期待をつくりだし，またこれらの期待の達成あるいは失敗に対する裁可を引きだす。要するに期待は，相互に織り合わされている文化，地位，役割を介してミクロの社会秩序──すなわち個人間の出会い──に到達する。したがって，感情が生みだされる出会いの水準でこれらの力学がどのように織り合わされた結果，どのような型の肯定的および否定的感情が生産されるのかを概念化することが重要である。

　感情の階層化は肯定的ならびに否定的感情の不平等な分配の結果であるが，この分配は，社会の階層体系を構築している他の資源の分配にいちじるしく対応している。また感情は，他のどの資源と比べても，焦点の定まっている出会い，時には焦点の定まっていない出会いにおける個人間の対面的な相互作用の「現場で」分配されることが多い。地位と役割は出会いに文化をもちこむ。だから地位と役割が団体単位や類別単位に組み込まれていると，文化が移動する水路は明瞭で，それが出会いにおける個人たちに対する期待状態を確定する。また感情資源を含む個人の資源持ち分は，団体単位の分業上や示差的に評価される類別単位における地位配置によって異なるだろう。類別単位へのメンバー所属が，階層体系の社会階級上の位階づけや，資源を分配する団体単位への接近，およびこうした単位の分業上の高低の位置と相関しているほど，肯定的感情と否定的感情の比率を含むすべての資源分配は均等でなくなるだろう。した

がって，肯定的および否定的感情の分配に不平等が大きいほど，感情階層化の程度は大きくなるはずである。

　個人に対する期待が団体単位の分業上の低い位置，あるいは低く評価される類別単位へのメンバー所属に由来する烙印をともなっていると，たとえその期待が実現されたとしても，それだけで否定的感情をつくりだすことができる。低いと烙印を押された期待は，それ自体で，怒りや悲しみから恥と罪の変種にまで広がる否定的な気持ちを生む。そしてこうした期待が最小限の水準で実現されなければ，否定的感情喚起がその嵩を増すだけである。こうした否定的感情が下層階級や低く評価される類別単位の下位人口集群間に累積すると，長期的にみて対立の可能性は高くなる。しかし，人口集群の大多数が肯定的な期待によって評価され，またそうした期待を適えるならば，この大きな肯定的な感情エネルギーのプールは，より小規模な下層階級で蓄積している否定的感情エネルギーの力を緩和するだろう。こうしたことは現代の高度産業社会において実際にみられるが，しかしおそらく近い将来においてはみられなくなるであろう。

第6章

ミクロ水準での感情分配Ⅲ：相互交流欲求の力

6.1 動機取得と動機形成

　人間の行動は欲求状態によって動機づけられ，活性化される。わたしはこれまで，人間のもつ交流欲求もしくは動機状態の集合は比較的小さく，個人たちはそれらをすべての出会いのなかで活性化する，と論じてきた（Turner, 1987, 1988, 2002, 2007, 2010a）。この小さな集合は，人びとを動機づけるすべてではない。実際，多くの動機は特定の個人や状況に特有であり，人びとはほとんど無限ともいえる仕方で気持ちを引き立てている――すなわちエネルギーを費消する用意をしている。動機状態はある個人が適えるべき，また適えなければならない期待を設定するので，人びとはある状況で欲求を適えられないと，否定的感情を経験する。さらに欲求を適えられなかった人びとは，他者の意図に関係なく，他者が自分を否定的に裁可したと感じてしまうことが多い。

　感情の階層化を理解するためには，わたしが普遍的な相互交流欲求とみなしている欲求に注目しなければならない。これは，つねに焦点の定まっている出会いのなかで活性化する欲求である。もちろん人びとは，ある出会いのなかで文化の取得と形成，地位の取得と形成，役割の取得と形成を行いながら，自己の動機をその状況に順応させていくだろう。そのようにして彼らは，動機取得と動機形成の過程に携わるのである。人びとは動機取得を行うにあたって，他者の行為を作動させている動機状態――とくに普遍的な相互交流欲求――と，この動機づけの強度を査定する。彼らはまた，他者たちが彼ら自身の動機状態に応化すると思われる程度をも査定する。個人たちは潜在的にこうした普遍的な動機状態に気づいているので，他者たちがそれを適えないことが否定的感情

を喚起し，その状況を壊すかもしれないと認知している。だから，動機取得において知らねばならないより特定的な問題は，ある状況における自己欲求の型や強度に他者たちが進んで対応するかどうかである。加えて，動機取得の成功を増すことに作用するもうひとつの潜在的な力がある。すなわち相互交流欲求であるが，これは普遍的に，それ自体相対的な重要度を異にしている。一部の相互交流欲求は，事実上すべての状況において他の欲求以上に適えることが重要である。その結果人びとは，他者が動機取得を行う際できればそれに応じたいと努力する。とくに，その他者が動機状態の階統とみなしうるもののなかで高位を占める相互交流欲求，すなわち個人にとってもっとも重要な動機や欲求，を達成しようとしている場合には，そうである。

表 6.1 は，相互交流欲求に関するわたしの最新の考えをしめすもので，ほとんどの人にとっての欲求状態の重要度によって序列づけられている (Turner, 1987, 1988, 2002, 2010b, 2014e)。いうまでもなく，他者の見地から自己を確認したいという欲求は，人間にとってもっとも強力な欲求である。そして，交換関係で（費用や投資を上まわる）利益を獲得しているという感覚を経験したい欲求は，二番目に強い欲求である。効能感もしくは自己の行為に対する制御感を経験しようとする欲求は，三番目に強力な欲求であるが，これは最近になって相互交流欲求のリストにつけ足した欲求状態である。相互作用を駆動する第四，第五，そして第六の強力な欲求状態は，集団内包の欲求（もしくは人を進行中の相互作用の一部とみなす感覚），他者の行為は予測可能で自分に配慮しているものだという信頼感を経験したいと思う欲求，そして最後に，自己と他者が当面の状況を同じように経験していると感じる欲求をともなう事実性もしくは他者との間主観性の感覚を経験したいという欲求である。

要するに個人たちは，あらゆる出会いにおけるすべての相互作用状況において，これら六つの相互交流欲求を実現しようとする。それに成功すると，彼らは肯定的感情を経験する。逆に欲求が適えられないと，個人たちは否定的感情を経験する。ある個人が感じる肯定的あるいは否定的感情の強度は，欲求状態が表 6.1 にしめした階統のどこに位置しているかに関係している。たとえばア

第6章　ミクロ水準での感情分配Ⅲ：相互交流欲求の力　　133

表 6.1　相互交流欲求状態からの期待（感情反応への影響力の順位順）

自己とアイデンティティの確認欲求：人の欲求から生まれる期待は，他者に対する自己についての概念と感情をしめし，また自己についてのこうした感情的な認知を他者たちに是認させ，受け容れさせ，確認させる。自己は多水準で作動し，したがって自己確認の期待は，ある出会いにおける人びとの間で重要とされる多水準のアイデンティティ形成に起源をもつ。多水準のアイデンティティとは以下を含む。

a．**中核的あるいは人格的自己**——すべての相互作用において，人びとがどのように処遇されるべきかについての期待に付随した高度に感情的な状態から構成される。こうした期待は，ある人の中核的自己が出会いのなかの他者たちによって確認もしくは認証されている程度を査定する基準になる。

b．**社会的自己と社会的アイデンティティ**——人は自己をどのように提示すべきか，また重視されている類別単位へのメンバー所属によってどのように処遇されるべきかについての期待に付随した，高度に感情的な状態から構成される。こうした期待はすべての相互作用においてほとんどつねにある程度顕著であり，したがって，ある個人がその社会的アイデンティティをある状況内の他者たちによって確認または受け容れられているかどうかを判定する基準になる。

c．**集団アイデンティティ**——個人の団体単位との同一化もしくはそれへのメンバー所属に付随した期待から構成される。こうした期待は，団体単位へのアイデンティティが重要とされている場合に人がどのように行為すべきか，また団体単位へのアイデンティティの提示によって人はどのように処遇されるべきかを指示する。

d．**役割アイデンティティ**——さまざまな型の団体単位内の特定の地位的配置に付着した期待，たとえば人は役割をどのように演じるべきか，またその役割遂行を他者たちがどのように評価すべきかについての期待から構成される。

利益を得る交換報酬への欲求：他者との交換を行う人が，どの型およびどれほどの水準の資源を受け取るべきかについての期待。こうした期待は，以下によって規定される。

a．**費用や投資**，すなわち，ある型と水準の資源を他者から受け取るために，時間の経過において放棄または投資した（蓄積された）資源。

b．**正義と公正**，すなわち，放棄または受け取った資源が公明正大であったかどうかを規定するための，その状況に妥当する文化基準の発動。

c．**比較**，すなわち，自己の費用や投資と，同型の資源を受け取る他者たちの費用や投資との比較。

効能性への欲求：人びとがその行動の成果に対して操作もしくは統御の感覚を感じる程度。

集団内包への欲求：人びとが進行中の相互作用の一部であると感じる程度。

信頼への欲求：他者の行為が予測可能で真摯，かつ自分に配慮したものだとみなされる程度。

事実性への欲求：ある状況における自己と他者たちが，その相互作用のために同じ仕方でその状況を経験していると感じる程度。

イデンティティの欲求が達成されないと，それは個人にとってもっとも大きな感情的苦痛になるだろうし，一般には，恥の連続体上，低い強度では当惑，高い強度では屈辱を個人たちに感じさせる。同じように一般的にいって，他者との資源交換において利益を手にしたという感覚や，その資源の受取りが公正かつ公平だという感覚を経験しない場合には，個人たちはかなりの怒りを感じる

だろう。そして公正や公平の基準がひとたび導入されると，この怒りは，道徳的な憤りのような激しい感情として高度に道徳化されがちである。人びとは，ある出会いで操作もしくは効能の感覚を得られないと，潜在的にさまざまな感情——怒りから欲求不満を経て，状況を道徳的とみなす場合には恥や罪にいたる——を経験するだろう。自分が進行中の相互作用の一部であると感じられない個人たちは，集団内包の欲求を達成できず，その結果，おそらく悲しみ，恐れ，欲求不満，恥，あるいはこの感覚を道徳的に定義した場合には罪，を経験するだろう。他者たちが自分を尊敬し，予測できるような形で行動し，リズミカルに共時化しながら相互作用をしているのだとは信頼できないと感じる場合には（より内包的な過程のモデルについては，74〜75頁図3.1をみよ），人びとは怒り，恐れ，心配，欲求不満のような感情を経験するだろう。また，他者と共通の主観的状態を共有しているという事実性の感覚や，自分と他者は同じ世界を同じ仕方で経験しているという感覚を経験できないと，個人たちはほとんどつねに特定の他者を非難し，その他者に対して怒りの諸変種，たとえば不快感，苛立ち，欲求不満を経験し表現する。

　相互交流欲求は，その欲求を相互作用で満たそうとする期待を生むが，しかしこうした期待は別の期待の集合によって条件づけられている。相互作用に入った人びとは，すべての欲求を適えたいと期待するのだろうか，期待するとしてその程度はどれほどなのだろうか。欲求充足の成功あるいは失敗に対する肯定的および否定的反応は，自己の全水準を確認したいと期待するかどうか，資源交換における公正かつ公平な利益の受け取りを期待するかどうか，みずからの行為を制御しているとの有能感を感じたいと期待するかどうか，みずからを出会いにおける進行中の相互作用の一部であると感じたいと期待するかどうか，信頼感を経験し，事実性の感覚を手にしたいと期待するかどうかによって異なるだろう。ほとんどの場合人びとは，どの欲求状態がどの水準で現実に適えられるかについて暗黙の感覚をもっている。こうした暗黙の予測を踏まえて人びとは，みずからの期待を上げ下げして調節する。したがって，期待が高く，そうした期待を生む欲求状態を充足できない場合，その感情的反応は，欲求を駆

第6章　ミクロ水準での感情分配Ⅲ：相互交流欲求の力　　135

動させている期待が最初から低い場合に比べてはるかに激しいだろう。その反対に，欲求を適えることに疑念をもち，期待を下方に訂正したものの，実際には期待をはるかに超えてその欲求を実現できた場合，こうした個人の感情的反応はかなり肯定的で，その欲求が適えられたという自尊心や安心と，この欲求を適えてくれた他者たちに対する感謝とが入り交じった気持ちを中心にして展開する。

　高い期待を抱いて重要な出会いに参入する個人たちは，潜在的に激しい感情反応——怒り，欲求不満，恐れ，恥，屈辱，また道徳的にみるならば罪——にみずからを追い込むことになる。これに対して低い期待をもつ個人は，肯定的にせよ否定的にせよ，さほど激しくない感情を経験するだろう。皮肉なことに，たとえ高い期待が適えられるとしても，その肯定的感情の激しさには，高い期待を実現し損ねた場合の否定的な感情に対応するような急上昇はない。この個人は，肯定的感情の範囲内で低い強度の終端での幸せを，もっとも一般的には満足や充実感のような感情を感じるだろう。より強い肯定的感情が喚起されるのは，期待が引き下げられる場合のように，期待が適えられることに疑念をもった場合に限られるだろう。そうした感情としては，上記したように自尊心，安心，感謝が一般的と思われる。

　相互交流欲求達成への期待との関係における肯定的感情と否定的な感情の強度の非対称性は，社会の下位人口集群中に，肯定的感情エネルギーと否定的感情エネルギーのプールがつくられることを暗示する。低く評価される類別単位のメンバー，あるいは分業上低い水準の地位に配置されている個人たちは一般に，とくに相互交流欲求に関する広範な欲求の全域で，期待を引き下げるだろう。その結果，引き下げられた期待を適えられなかったことに対する否定的感情は，より高い期待をもっている人ほど激しくないだろう。低い地位の個人たちは失望，欲求不満，あるいは疎外のような感情を経験するはずであり，もし彼らが怒りを経験するとしても，それは疎外と混ぜ合わされた怒りになるだろう（表3.4をみよ）。彼らはまた，とりわけ欲求充足の失敗によって汚名などの高水準の否定的な結果に曝される場合には，恐れや不安を経験するかもしれな

い。

　より高い期待をもっていそうな，より高い地位の人たちの感情反応は，低い期待をもつ人たちよりも否定的でありがちである。それは，彼らがみずからの欲求を適え，そのことから生じる満足や控えめな充実感に慣れているからである。もちろん高い地位の人たちはふつう，いくつかの理由で，たとえば相互交流欲求を適えるためのみずからの努力を倍加するために使用できるより多くの資源を保有しているとか，過去における欲求充足の成功から自信を得ているとか，また権力や威信をもっている場合にはその資源を用いて他者たちにその欲求を調整させることができるとかという理由で，将来により多くの資源を確保できる位置にいるのだが，しかし彼らは怒りや欲求不満を覚えるだろう。

　要するに，高い地位の人たちの否定的感情は，彼らを，一時的に失われた満足感を再入手するためにその資源を活用することに向かわせる。これに対して引き下げた期待さえも適え損ねた低い地位の人たちの否定的感情は，その状況からの感情的な撤退にいたるような，穏やかなものになる傾向がある。だから，低い階級に否定的感情が堆積することは一般に思われているほど危険ではない。もちろん，高い地位の人たちが絶えず欲求充足に失敗をつづけるようになると，たとえその期待をいくぶん引き下げた後でも，彼らは恐れや，堕落する運命に対する怒りと混合した恐れの別の変種を経験しはじめる。

　上記した諸過程は，どの欲求状態が期待との関連で実現されるか否かによって，さらに制約されるはずである。否定的であれ肯定的であれ，もっとも激しい感情は，最初の二つの相互交流欲求——すなわち，自己確認の欲求と交換において公明正大に利益を得る欲求——が適えられないときに喚起されるだろう。人びとは怒りや恐れの激しい変種やそれらの一次精巧化，あるいは悲しみ，恥，屈辱，罪のような悲しみの二次精巧化を経験するだろう（62 頁表 3.2，63 頁表 3.3，66 頁表 3.4 をみよ）。こうした感情は持続し，個人の全体的な感情エネルギーの貯蔵庫の一部となるだろう。人びとは，もし効能性，集団内包，信頼性の欲求を適え損なう経験をすると，中程度に激しい否定的感情，そのほとんどは怒り，欲求不満やおそらく恐れを経験するだろう。ただし，有能と感じられな

かったことに由来する感情だけは，人びとに，社会構造への外部帰属を行わせるだろう。またもし，事実性の欲求を実現し損じるなら，先に述べたように，人びとはその出会いにおける特定の他者に対して怒るだろう。

相互交流欲求を適え損なったことに対する人びとの感情反応を理解するには，帰属過程が非常に重要である。人びとは失敗したことで自己を責めると，悲しみ，恐れ，（自己への）怒りを別々の感情として経験するか，あるいは（その失敗が道徳的に定義されるならば）恥，罪のような二次精巧化を経験するかもしれない。他者たちを非難する場合には怒りを経験するだろうし，身近な状況——おそらくある集団に収容されている出会い——を非難する場合には怒りを感じて，できればその集団から離脱しようとするかもしれない。類別単位のメンバーを非難する場合には怒りを感じ，この類別単位のメンバーたちに対する偏見に満ちた信念を発達させるだろう。団体単位を非難する際には怒りと欲求不満，またその失敗が慢性的であるとその団体単位からの疎外を感じるだろう。マクロ構造やその文化を非難する場合には，こうした構造からの疎外へと合成されることが多い怒りと欲求不満の組み合わせを経験するだろう。

否定的感情は遠位の偏向をもつので，否定的感情は自己，他者，身近な状況から，人びとが外部帰属を行う場合にはメゾ水準やマクロ構造へと，外部に向かって推移する傾向がある。それとは対照的に欲求が適えられると，自己帰属，もしくは外化される場合にはその出会いにおける身近な人たちを中心とした近位の偏向が活性化する (Lawler, 2001 ; Turner, 2002)。その結果，肯定的感情は身近な出会いのなかに蓄積されて，欲求達成の成功に対するマクロ構造やメゾ構造の効果はしばしば認証されず，あるいは認知されることさえない。これに反して，否定的感情はいともたやすくこれらの構造自体へと外部に推移するが，それは人びとが自己を防衛しようとするからである。そうだとすると，別の諸章で取り上げた疑問がふたたび浮上してくる。すなわち，社会やそれを構成するマクロ構造はこれら二つの偏向——肯定的感情の近位の偏向と否定的感情の遠位の偏向——の作動のなかで，どのように個人たちからの高度な信頼を享受できるのだろうか。

その解答の一部は，肯定的感情が喚起される一貫性と組み込みの程度にある。組み込みは，肯定的感情が外部に動いて近位の偏向の保持を壊す経路を提供しているのである。その解答の別の部分は，激しい方の三つの相互交流欲求を適えることにある。これらの欲求が充足されると，そこで生まれてくる穏やかな肯定的感情が近位の偏向の保持を壊す特別な力を生みだす。そしてこの力は，感情の階層化を理解するうえできわめて重要なのである。

6.1.1　自己確認と感情階層化

図6.1 は，自己の基本的な4水準とわたしがみなしているものをしめしている。これら4水準はそれぞれアイデンティティとして概念化される。もちろん，人びとは多くの特別なアイデンティティをもちうるが，しかしわたしはこれら四つを，普遍的で，したがって理論化に利用できると考えている。アイデンティティの最高水準は，中核的アイデンティティもしくは人格的アイデンティティと呼ばれてきたものである。これは，個人が何者でありどのように処遇される

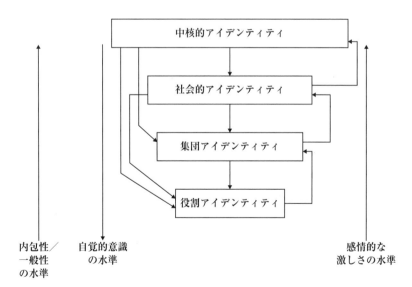

図6.1　自己とアイデンティティ形成の型と水準

べきかという，その個人のもっとも基本的な概念化を中心にして組織化されているので，最強力のアイデンティティである。またこの水準のアイデンティティは，強力な感情を貼り付けられてもいて，したがってある出会いの感情的な基調が肯定的でありつづけようとする場合には，この人格水準の，もしくは中核的アイデンティティの確認は重要である。

　図6.1 には 4 水準のアイデンティティについて考えられる階統を提示しているが，その階統上，次に強力なアイデンティティは社会的アイデンティティである。わたしはこれを類別単位へのメンバー所属から引きだされるアイデンティティとみなしているが，しかし社会的アイデンティティの概念は文献中で十分に確立されている（たとえば，Burke and Stets, 2009 ; Hogg, 2006 ; Hogg and Abrams, 1988 ; Hogg et al., 1995）ので（類別単位のアイデンティティというぎこちない語句を使用せず），この社会的アイデンティティという標示を留保することにしたい。これは，人格的アイデンティティと同じく一種の甲羅のように個人に背負われている認知的─感情的なアイデンティティであり，そのためほとんどすべての状況で重要である。アイデンティティの次の水準は，しばしば集団アイデンティティと呼ばれているものだが，もしその標示を自由に変える裁量権をもっているとしたならば団体単位のアイデンティティと名づけたいところである。なぜならそれは，ある団体単位への個人の愛着，個人が実際に所属していなくとも抱く愛着──たとえば，あるチームに（過剰な）アイデンティティをもつ熱狂的なスポーツファンのそれ──をめぐる認知と感情の集合だからである。このアイデンティティはさほど包括的でなく，実際にその団体単位内にいるときに呼び起こされるだけかもしれないが，しかししばしば別の状況でも重要になる。たとえば大学教授としてのわたしのアイデンティティは，学界においてもっとも関連性があるが，しかしあまり学術的ではない他の状況でもしばしば目立つ。アイデンティティの最後の水準は役割アイデンティティ，すなわち個人がある団体単位内の特定の役割を演じることを通じて抱く自己についての気持ちと認知である。しかし一部の役割アイデンティティは，集団アイデンティティと同様，別の役割における個人の感情的反応に影響をおよぼす。

たとえば新米の母親が母親という役割を演じる場合，それは，その母親にとっても，家族外部の多様な状況の他者たちにとっても，いちじるしく際立った役割となる。

　図6.1で上向きと下向きの矢印を強調したのは，これら矢印が感情階層化の力学を理解するうえで重要だからである。この階統上，高い位置にあるアイデンティティほど，自己認知に付随する感情は激しいが，しかしおもしろいことに，その自己それ自体の性質についての認知は，より正確でも意識的でもなくなる。実際に人びとは，自分自身についての基本的な概念を曖昧にしていることが多い。個人にとってこの明確さが欠落している理由の一部は，この水準のアイデンティティを確認しようとする際に喚起される感情がさまざまな場合に抑圧されたかもしれないことにある。たとえばある人物が，この重要なアイデンティティを傍目から確認されずに恥を経験した場合などである。確かに，すべてのアイデンティティのなかでもっとも重要かつ強力なアイデンティティである中核的アイデンティティの確認は，当人の幸せと福利にとって重要である。しかし，つねに確認されなかったならば，その自己はしばしば防衛機構の活性化によって感情的な苦痛から防御される。その結果，このアイデンティティを構成している感情と認知は，当人にとってしばしばいくぶん漠然となるが，それは，その感情と認知が脳の皮質下領野，新皮質の届かないところに貯蔵されているからである。個人の中核的アイデンティティが確認されないほど，またこのことが発生する状況が制度的であるほど，個人たちは抑圧，強化，変質の力学が絡み合った否定的感情を経験しがちである（85頁表3.5をみよ）。

　次の水準のアイデンティティ——類別単位へのメンバー所属と結びついた社会的アイデンティティ——もまた個人にとって重要であるが，しかしこのアイデンティティは，中核的アイデンティティとは対照的に，より認知的に個人たちに意識されており，またこのアイデンティティに付随する感情は強いけれども，中核的アイデンティティを取りまく感情ほど強力ではない。低く評価された類別単位へのメンバー所属にアイデンティティをもつ人たちは，烙印を押された地位信念や偏見に満ちた信念，また偏見に由来する差別によって，必然的

に自己についての否定的感情を経験させられる。その反対に高く評価された類別単位のメンバーである個人たちは，このアイデンティティを他者の恭順行為によって確認，容認しがちで，これによって肯定的な感情エネルギーの貯蔵庫を満たすのである。人びとがその処遇について怒るようになり，そのアイデンティティが低く評価されていることに反撃をはじめると，そこに含まれる感情はより複雑になる。この感情はふつう，他者が低く評価したことに対する恥と，烙印を押されたことへの怒り，このアイデンティティを貶めた者たちに反撃したことへの自尊心の混合から構成されている。個人たちは反撃するだけかもしれないが，しかしより多くの場合，社会的アイデンティティを貶めた者たちに積極的に挑戦することが，社会に現存する地位信念のより全体的な推移の一部になって，社会運動組織体が生まれることになる（第7章をみよ）。

　集団アイデンティティは，団体単位への個人の所属に関する認知と感情である。すなわち，実際にはメンバーでない場合に，ある団体単位のメンバーになることへの少なくとも一体化あるいは意欲である。たとえば，わたしが学生であった過去を思い起こしてみると，学部学生の最後の年度から大学院生の時期を通じて，わたしの行為や姿勢，またその他の行動上の出力は，しだいに大学および大学における将来の役割との一体化に重なっていった。わたしの行動は，大学の教員になりたいという抱負によって点火されたこの集団アイデンティティを知らなければ，とうてい理解できることではない。興味深いことに，わたしはある大学の実際のメンバーになってほぼ50年の歳月を経過し，また別の多くの型の学術的な団体単位のメンバーとしても同様の期間を過ごしているが，しかし現在このアイデンティティは，大学そのものの外部ではもはやそれほど広く目立っていない。今ではこのアイデンティティは，わたしがこれらの団体単位へ実際に参加する場合に限定されているものの，学術界の外にある他の団体単位へのメンバー所属とは若干分離している。ともあれ人びとは，時にはある団体単位への実際のメンバー所属という狭い脈絡で，別の時にはより広い脈絡で，集団アイデンティティを確認したいと望む。広い世間の他者たちが学術界を「こき下ろす」場合には，確かにわたしは怒りを覚え，侮辱されたと感じ

る。それはちょうど，熱狂的なスポーツファンがあるチームに抱くアイデンティティを，相手チームのファンによって侮辱された場合に苛立つのと同じではないかと思う。このように集団アイデンティティが個人にとって重要であるのは，第一にそれがしばしば個人の中核的アイデンティティあるいは社会的アイデンティティと結びついており，したがって確認されねばならないからである。人びとは，出会いにおける他者たちが自分を確認しないなら，痛みをともなう否定的感情を経験するだろう。そしてこの感情は，抑圧や防衛機構の活性化によってより激しくなったり変質したりしうるのである。

　最後に役割アイデンティティである。これは，図6.1に挙げたアイデンティティのうちもっとも包括的ではないが，しかし個人の中核的アイデンティティや社会的アイデンティティ，あるいは集団アイデンティティを承認するうえでしばしば基本的であり，したがってこれが確認されないと強力な感情が活性化するはずである。人びとは役割アイデンティティをもっとも認知的に意識している（ふつうこの水準のアイデンティティについての気持ちや認知は容易に統合される）が，しかしこのアイデンティティが他者によって確認されたりされなかったりする場合に喚起される感情は，ある役割が別の水準のアイデンティティを確認するうえでどれほど重要であるかによっていちじるしく異なるだろう。役割アイデンティティが他のアイデンティティから分離しているほど，役割アイデンティティ確認の可否いずれに対する反応も感情的ではなくなるだろう。しかしながら，ある役割アイデンティティが他の水準のアイデンティティと織り合わされているなら，これが確認されないと，あるいは確認されたとしても，より激しい感情が喚起されるだろう。たとえば新米の母親は，彼女の母親としての役割が認められると喜びに顔を輝かせるだろう。それは，この新しい役割が一人の人間としての彼女の中核的アイデンティティと，女性としての社会的アイデンティティ，そして彼女の家族への集団アイデンティティの基本的部分になったからである。

　アイデンティティ提示に対する他者たちの対応に対する人びとの反応について，とくに覚えておくべきことは，これが人間のもつもっとも強力な欲求状態

であるということだ。いずれの水準であれアイデンティティを堤示するたびに，他者たちに各水準のアイデンティティを確認させようとするのは大きな賭けである。ある出会いでのある人物にとって四つすべての水準のアイデンティティが統合され，また重要であるほど，そこでの感情的な賭けは大きい。事実上すべての相互作用において，アイデンティティの確認は危機にさらされている。アイデンティティの確認をつねに得られないか，あるいは他者たちからの否定的裁可に耐えなければならないとするなら，人びとは恥や，（確認を道徳的指令とみなす場合には）罪のような，極度に苦痛な感情を経験する。その逆も真実である。つまり，人びとがつねにいずれかの，またすべてのアイデンティティの確認を受けるほど，彼らの肯定的感情の貯蔵庫は大きくなり，また彼らがすべての出会いにおいて自信をしめすことが多くなる。

　多くの場合アイデンティティの確認は，制度領域に組み込まれている団体単位の分業上で獲得できる資源と結びついている。事実，資源としての一般化した象徴媒体の入手は，アイデンティティの確認に必要な「表徴」であることが多い。たとえば事業家は，取引で貨幣を受け取ることをアイデンティティの確認にとって重要だとみなすことが多いだろう。また教授は，積み重ねてきた学識を自己感情にとっての基本であるとみなす。このように分業における資源への接近は，アイデンティティの確認にとってきわめて重要であり，だからもしこうした必要資源を分配する単位に接近できない場合，またこうした単位のなかでより高い資源分配上の地位を保有できない場合には，人びとは期待した資源を受け取れないことに苦しむだけでなく，主要なアイデンティティが確認されなかったという恥にも耐えなければならない。

　自己を確認するのに必要な資源を受け取り損ねたために常時アイデンティティが確認されないと，人びとの期待はしだいに低くなる。またこうして期待が低下することは，失敗したという感情反応を越えた感情の棘のようなもの，たとえば突発的な怒りをもたらす。しかし経験される感情のなかには，否定的かつ不愉快であるとしても，あまり危険ではない状態を軸に展開するものもあるかもしれない。たとえば悲しみや疎外，そしておそらく恐れはほとんど不快で

ある。これらは，人が社会運動組織体へ参加し，正義を要求する可能性を低め，しかも人生を惨めにさせる。中核的アイデンティティが危険にさらされると，そうしたアイデンティティを確認するはずの資源を期待したのに受け取れないという失敗が，恥や屈辱のような非常に強い感情を生みだす。そしてこれらが抑圧されると，それは拡散的な怒りに変質して，攻撃的な行動や社会運動組織体への参加の確率を増加させるということにもなる。

　こうしてアイデンティティを確認し損なった結果である否定的感情の分配は，確認の期待が高いままなのか低いままなのかによって，また人びとが否定的裁可あるいは肯定的裁可を経験する程度によって，分岐するだろう。他者たちと良好な関係を保ち，肯定的裁可を経験するとしても，アイデンティティが確認されないこともある。また，一つあるいは複数のアイデンティティを確認できなかったために人びとの期待が低下すると，抑鬱のような否定的感情と若干の肯定的感情との組み合わせが生まれ，それによって人びとは期待の低下をうまく処理しながら，同時に社会運動の組織体に容易に動員される確率を減らすことができる。それとは対照的に，どのように処遇されるべきかについて高い期待をもちつづけ，しかし否定的に裁可されているとわかった場合には，怒りなど，より激しい否定的感情が生まれるだろう。もし恥や罪が呼び起こされ，そしてそれが抑圧されるなら，こうした感情は拡散的な怒りや拡散的な不安に変質し，それが，人びとを積極的に社会運動組織体に参加させることを可能にする。すでに明らかとはいえ基本的といえるのは，すべての否定的感情は人びとの福利や対立の可能性といったそれの結果において同じではないということである。抑圧された恥は，拡散的な怒りや，これと関連した他の感情，たとえばこの怒りを呼び起こしたと認知される（しばしば不正確な認知だと思う）原因のへの復讐欲求のような感情を生み出す。さまざまな水準の自己確認を期待できないことに対する常日頃の怒りや欲求不満の爆発もまた，抑圧や変質を伴わないとはいえほぼ同じ作用を果たす。これとは対照的に，人びとが期待を引き下げ，一部の活動から少なくともある程度の満足感を得ることができると，否定的感情ははるかに危険ではなくなり，その結果個人たちが対立にいたること

第6章　ミクロ水準での感情分配Ⅲ：相互交流欲求の力　145

は少なくなる。

　感情がより危険な場合でも，抑圧によって人びとの帰属が的外れになること
がありうる。抑圧は，完全に意識水準下にある感情だけではなく，この抑圧さ
れた感情の原因をも押し込める。たとえばギャングのメンバーたちは，家族や
学校や職場で失敗したことへの抑圧された恥の本当の原因を攻撃することはほ
とんどなく，むしろドラッグなどの違法なサービスの末端での分配をめぐって，
対立する暴力団と縄張り争いを繰り返す。ギャングの場合に明らかなのは，彼
らの集団アイデンティティがとりわけ重要なことであるが，それは，このアイ
デンティティが仲間の集団員によって確認される可能性がもっとも高いからで
ある。その結果，ギャング内での彼らの役割アイデンティティも確認されやす
く，だからその暴力団の利益のために主要な役割を担っているという名分で，
積極的に生命を危険に曝す者もでてくることになる。ギャングのメンバーたち
は，基本的に，確認を得やすいこうした水準のアイデンティティにしがみつく
一方，抑圧された恥をめぐってつくられたかもしれない中核的アイデンティテ
ィや，低く評価された類別単位のメンバーという地位を軸に構成された社会的
アイデンティティを表面に出さないようにしている。これはまた，類別単位間
（たとえばヒスパニック系ギャングとアフリカ系アメリカ人のギャング）の抗
争がなぜ次第に過激になっていくかの理由でもある。この場合ギャングのメン
バーたちは，役割アイデンティティと集団アイデンティティを維持するだけで
なく，類別単位内の暴力とは関係ないようにしてその社会的アイデンティティ
も呼び覚ましているはずだからである。

　ギャングの暴力は，否定的感情の階層化がどのように暴力にいたるのか，あ
るいは少なくとも進んで抗争に携わることになるのかについてのスナップショ
ットをしめしてくれる。より広い制度領域でアイデンティティの確認に失敗し
たギャングのメンバーたちは，少なくとも一部のアイデンティティが確認され
るような生態ニッチをみつけようとして，ギャング集団へ参加することになる。
それと同じ感情的な力が，社会運動組織体への参入や，社会統制力に対する初
期にはしばしば暴力的な抗争への参加に向けて，個人たちの意欲を煽り立てる。

こうした人たちは多くの場合，多様な制度領域内での出会いで恥を経験したために怒っているのだ。その結果，彼らは社会運動に動員されることにもなる（第7章をみよ）。だからこうした人たちの数が，高い社会階級のメンバーたちと比べて多いほど，抗争は発生しやすく，また少なくとも制度構造やその構造を正当化している文化の一部側面を変化させやすい。

6.1.2　資源交換と感情階層化

　人びとは，出会い内での資源交換において自分が利益を得たと認知したいと強く動機づけられている。出会いが制度領域内に組み込まれているほど，交換は資源としての一般化した象徴媒体の分配を含みがちである。こうした象徴的媒体としては一般に，たとえば別の領域の資源との交換に使われる貨幣や権力，教育での学識，親族関係での愛情／誠実，ならびに友情，連帯，アイデンティティの確認，あるいは効能感といった本質的な資源が挙げられる。

　しかしながら交換上の利益という感覚は，多くの過程によって複雑になる。その一つは，個々人が特定の資源を受け取るための費用や投資（蓄積された費用）として何を認知するかの決定である。もうひとつは，ある資源の自分の持ち分を，団体単位の同じ位置，およびそれよりも高い位置や低い位置にいる他者たちの持ち分と比較することによる複雑さである。三つ目の複雑さは，人びとがある資源の持ち分を，その資源の全般的な分配と比較するという，状況的なジニ係数の暗黙の計算によってもたらされる。四つ目の複雑さは，公正や正義についての文化的に規定された基準である。ある交換でこれらのすべてが比較考量されているかどうかを知ることは難しいが，しかしそうであればあるほど，個人たちはある程度の水準で「騙されている」と感じがちではないかと思われる。また，こうした比較の諸点も完全ではない。というのも，個人たちがある出会いで何を受け取りたいと思うかは，その分業上の配置や技能水準，もっとも重要なことにはさまざまに評価される類別単位のメンバー所属によって制限されるからである。たとえば非常に抑圧的な社会で，低く評価される類別単位に所属しているある人物は，高く評価された類別単位の誰かよりも，同一

第6章　ミクロ水準での感情分配Ⅲ：相互交流欲求の力　147

の費用や投資をはるかに少なくしたいと思うかもしれない。

　さらに重要な点は，上記したいずれの比較についても否定的感情が喚起されることである。これらすべてが比較考量されて，たとえば自分が支払った費用や投資に見合うと思う報酬を受け取っていないとか，同じ活動をした他者たちよりも低い報酬しか受け取っていないとか，利用できる資源全体のなかで適切な持ち分を受け取っていないとか，公正や正義の文化的基準に見合った資源を受け取っていないなどと感じると，この個人は激しい怒りを経験するだろう。この怒りは，より激しくて複雑な感情によって補強されうる。たとえば，一つあるいは複数のアイデンティティと一致した水準で報酬を受け取らなかったことに対する恥，もしくは道徳的規範が指示する水準で資源を受け取れなかったことに対する罪，の感情である。恥が抑圧されると，それは拡散的な怒りに変質し，それゆえ経験される怒りの全般的な激しさは増大する。また，異なる制度領域における多様な団体単位内での広汎な出会いを通じて終始こうした怒りに耐えねばならないとしたら，人びとは潜在的に危険な否定的感情エネルギーの大きな貯蔵庫を増やすことになる。逆に上記すべての比較考量に照らして，またさまざまな状況を通じてつねに利益を得るならば，人びとは肯定的な感情を経験し，肯定的な感情や自信の貯蔵庫を増やしていく。

　否定的な感情は遠位の偏向をしめすので，交換で利益をえられなかったことに対する怒りは，他者たち，他者の集合，そして団体単位へという外部帰属を導くだろう。当該の交換関係に挑戦できる位置にいない個人たちは，否定的感情エネルギーの大きな貯蔵庫を抱えて我慢しなければならないが，そうした感情は抑圧されて，抑鬱や疎外のようなあまり危険でない感情になるかもしれない。他方，自分の怒りや不正の追及に対して社会的支援をもてるならば，その怒りは生きつづけ，「体制」——個人をもっとも直接的に監督する権威者もしくは全体としての団体単位であることが多い——に対立する個人的あるいは集合的行動を刺激することもある。

　人口集群の大きな割合が交換で利益を得ていないと感じている社会は，カール・マルクスが描いた社会，すなわち闘争への蜂起の準備が整っている社会に

148

酷似している。マルクスは，資本主義社会の人口集群のほとんどはこの点に到
達している，と誤って想定した。しかし実際には，これまで強調してきたよう
に，別の資源としての一般化した象徴媒体のより均等な分配，したがって肯定
的な感情のより均等な分配に向かう中程度の趨勢があったのだ。この肯定的な
感情のより均等な分配によって，闘争の動機は徐々に壊される。交換の敗者の
側につねに立たされた人たちのあいだでは，その多くがより抑圧された否定的
感情を経験するが，しかしこの感情に含まれる闘争蜂起への可能性は同じでは
ない。ところがギャングの場合は，基本的な恥の抑圧が暴力に向かう。ここで
は，比較的に小規模な下位人口集群が暴力に動員されるのだが，しかしこの暴
力の標的は，最終的に彼らの拡散的な怒り（主要な制度領域内で期待を適えら
れなかったことに対する恥の抑圧に由来する）を生みだした制度体系ではない。
実際その暴力は，感情階層化の別の犠牲者たちに振り向けられるのである。

6.1.3　効能性と感情階層化

　エドワード・ローラー（2001）と同僚たち（Lawler, Thye and Yoon, 2009）が強
調するところによれば，個人たちは交換関係において効能感をもつ場合に，肯
定的感情を経験しがちであり，またマクロ構造への信頼を発達させがちである。
選択肢の制御感をもつことは人間にとって基本的な欲求状態だ，とわたしは思
う。しかし個人たちは，みずからの行動や成果を状況に依存しながらどれほど
制御できるかによって，みずからの期待を調整する。多様な制度領域で資源分
配を行う団体単位に組み込まれている出会いにおいて，効能性を認知できた個
人たちは満足のような拡散的な肯定的感情を経験するだろう。この拡散的な肯
定的感情は，さまざまな型の社会構造を通じてつねに経験されるすべての肯定
的感情と同じように，近位の偏向という水門を壊して，個人たちが，出会いの
組み込まれているより大きな社会構造に肯定的感情を抱き，またそれへの信頼
を発達させがちである。その逆もまたありうるが，しかし遠位の偏向の力が否
定的感情をただちに外部に向かわせるのだとすると，ある状況において成果を
制御し規定する能力の不足を経験した個人たちは，否定的な心情を発達させる

だろうし，その心情はしばしばメゾ水準やマクロ水準の構造を標的にするだろう。そうすることは，否定的評価から自己を防衛し，怒りの反応にむかつく他者たちからの否定的な裁可を回避するための一つの方法なのである。

しかし，遠位の偏向の力に対しては，経験される否定的感情の性質が多大な効果をもつと考えられる。怒りや欲求不満といったより自己主張的な感情が経験されると，その感情はたちまちマクロ構造へと転出する。これに対して，悲しみ，絶望，および疎外（悲しみと恐れが混じり合った怒り）も含めてより抑圧的な感情の場合，個人たちは不幸せで，潜在的には不安であるが，しかしその感情はより身近なところに集積され滞留する。そのうえそうした感情は，マクロ構造を標的とする帰属を導きはしないだろうから，こうした抑圧的感情を経験する個人たちは，社会運動組織体に参加することも，あるいは体制に対して蜂起することもなさそうである。

このように，特定の階級あるいは低く評価される類別単位のメンバーたちが，資源が獲得され分配される主要な出会いのすべてでないとしても多くで効能感を喪失する場合，蓄積される否定的感情の性質は一様ではないだろう。たとえば蓄積された感情が闘争に向かう可能性は，怒りを中心にした感情と，悲しみの変種や組み合わせとの相対的な量によって異なるだろう。怒りの変種や精巧化が高い水準で蓄積されている階層体系は，悲しみの変種がより際立っている階層体系に比べて，闘争をより顕在化させがちだろう。この結論はおそらく，あらためて述べるまでもないほど明白であると思われるが，しかし効能性の欠落が怒りもしくは悲しみをもたらす条件を特定できるなら，より興味深くなる。一般に，効能感を達成しようとする期待が高いのにそれが認められないほど，感情は怒りの極点に引き寄せられがちである。反対に，期待が低められ，あるいは最初から低いほど，感情は悲しみの極点へと推移しがちである。

期待を高く保つ条件の一つは社会の文化である。前章で述べたように，また96頁表4.2にしめしたアメリカ社会の価値前提を一瞥すれば推測できるように，アメリカ合衆国のような高度産業社会の価値体系は，業績を達成すること，能動的であること，個人として成功を収めること，また物事がますますよくなる

ように人生を通じて進歩することといった道徳的要請への高い期待をつねに，また組織的に生みだしている。こうした価値がイデオロギー，規範，地位信念，期待状態のなかで具体的にしめされると，個人たちは能動的であること，個人の行為力を明示すること，あるいは効能感を経験することへの圧力を痛感することになる。それとは対照的に，文化的価値によって個人が自分の運命を制御する権利が道徳化されていない型の社会では，個人の期待はより低いだろうし，そのため，もともとあまり強くない効能性への期待がたとえ適えられなくても，人びとが高度に危険な感情状態を経験することは少ない。だから，効能性を価値とするアメリカ合衆国のような高度産業社会では，下位人口集群がほとんどの状況で期待できていた効能性を突然行使できなくなると，対立の可能性は増えるだろう。現代の高度産業社会が，資源としての一般化した象徴媒体を貨幣や権力よりも平等に分配できなくなってしまうならば，かつてはその資源への接近を制御できると感じていた個人や家族はたちまち蝕まれ，そうした失敗は，期待との兼ね合いもあるが，集合的な怒り，あるいは（効率的でなく成功しないことへの）恥が抑圧されて変形した拡散的怒りを生み，それによって対立志向的行為の確率が増す。

6.1.4 集団内包と期待

　集団内包の欲求は，必ずしも社会連帯を求める欲求ではない。むしろそれは，自分が進行中の相互作用の部分と感じたい欲求である。集団内包感を得るという期待を適えた個人たちは，満足のような控えめな肯定的感情を経験するだろう。しかし，もし彼らが集団内包を達成できないという恐れを抱いているとすると，実際にそれが適えられた場合にはより強い肯定的感情，自尊心のような感情すら経験するだろう。逆の状態もある。集団内包感に対して高い期待をもつ場合には，それの失敗は否定的な感情力を増し，怒り，恐れ，悲しみ，恥，また道徳的にいえば罪などの強い気持ちをもたらす。

　集団内包は，自己確認欲求や交換における利益獲得欲求のいずれよりも穏やかな欲求であるが，しかしつねに存在する。だから，個人たちがこの欲求を始

第6章　ミクロ水準での感情分配Ⅲ：相互交流欲求の力　　151

終実現できないと，否定的感情の蓄積がしだいに彼らを消耗させていく。ただしこの欲求は，表6.1でしめした階統上の高いところにある他の欲求ほど階級の不平等と相関していないので，こうした否定的感情の貯蔵庫は闘争の可能性に大きな影響をおよぼさないかもしれない。実際に，近隣住区や家族などの団体単位内で集団内包を実感できた人びとは，社会内で別の資源を受け取ることができないことをある程度相殺できるため，対立の可能性は低減する。

　74～75頁図3.1がしめしているように，個人たちはしばしば，相互作用儀礼の力学を通じて集団への高い連帯感を生みだす。相互作用儀礼の力学が肯定的感情を盛りあげ，集団の象徴や文化を発達させるようメンバーたちを誘導するのだ（Collins, 1975, 2004）。ローラーと同僚たち（Lawler, Thye and Yoon, 2009）は交換理論を再検討するなかで，その成果への各自の貢献が絡み合って「分離できない」ような生産的交換の「協同作業」に人びとか携わった場合，集合的な成果が予測したほどの報酬をもたらさないとしても，この「協同性」の感覚が肯定的感情を生むことを実証している。個人たちは「一緒にこれをしている」と感じ，この気持ちが，たとえ最初の交換が予測したほど利益を生まないとしても，肯定的感情や「もっとよくなる」ことへの集合連帯を生むのである。これらの文献が強調しているのは，連帯それ自体が高い評価の報酬をもたらす資源だということである。したがって人びとが相互作用儀礼，あるいは協同作業のせいで分離できない貢献度に由来する連帯を経験できるなら，別の欲求や期待を実現できなくても，それらは連帯と協同に関連した報酬によって相殺されることが多い。このことは確かに家族における愛情／誠実の場合に当てはまるが，しかし内部活動が調整されている他のほとんどの型の団体単位でもやはり集団水準での連帯の可能性は高い。人びとは，たとえ特定の一般化した象徴媒体——たとえば貨幣，権威，競技，学識など——の持ち分に関する期待を適えないとしても，集団内包感だけでなく，これよりはるかに有価な報酬，すなわち他者との連帯も経験する。個人たちがこうした連帯を経験できる状況——たとえば親族関係，教会，作業集団，学級——が多いほど，資源をめぐる他の期待を適え損なったことに関連する否定的感情は強くないだろう。連帯が高い水

準の肯定的感情を生み，それが他の資源への期待を実現できなかったことを相殺するのである。したがって，連帯が達成される状況の数と多様性のために，低い階級の人たちの方が多少とも闘争に関わることが多いといえよう。

ここでもまたギャングは，連帯力の興味深い事例となる。ギャングの凝集性は，大きな全体社会的な期待をどこでも実現できなかった個人たちが，事実上そこだけに意味を見出せることによって生成される。さらにこの連帯は，抑制された恥や拡散的な怒りを感情的基盤としているにもかかわらず達成されて，彼らの否定的感情の真の原因の帰属を歪めるだけでなく，より強力な欲求状態として集団内包感をわかろうとする気にさせるのである。ギャング団のメンバーが利用できる非常に有価な資源は，集団連帯性と集団アイデンティティの確認である。つまり集団連帯性は，マルクス主義に追随するほとんどの理論化に反して，個人たちに大きな苦痛をもたらす制度体系と闘争する際に，ある下位人口集群の「客観的利害」に事実上不利に作用しうるのである。

このように，感情階層化の複雑さを理解しようとする場合，みずからの否定的感情を用いて，社会における制度的・階層的秩序を変えるための闘争に動員しようとすることに最大の関心を有するはずの人たちの，肯定的・否定的感情の源泉を強調することが重要である。否定的感情の抑圧と変質の混合は，共有された集団活動を行うあいだに肯定的感情を経験できることと相まって，否定的感情と闘争への動員との関係をほとんどの対立理論が提起しているよりも複雑にさせている。

6.1.5 信頼，事実性と期待

たいていの場合，他者たちとの信頼感（いいかえれば他者は自分に敬意を払い，自分は他者の行為を予測できる）や，事実性の感覚（自分と他者たちは出会いのために共通の間主観的および外的世界を共有する）を実現し損ねることは，ほぼ即座に穏やかな形態の怒りを中心とする否定的感情，たとえば不快感，苛立ち，また特定の他者への欲求不満を生む。信頼と事実性の感覚を達成するには，他者たちの直接的な反応，あるいは少なくとも他者たちの行為についての

認知が大きな条件となるので，帰属はふつう他者を直接的に標的にする。非難されるのは，出会いが組み込まれている団体単位さらには類別単位よりも，他者たちの方である。その結果，自己確認，交換上の利益，効能性への欲求，さらには集団内包の欲求に比べると，こうした欲求状態が感情階層化と関係することはおそらく少ない。なぜならこうした欲求状態は，どの団体単位のいずれの出会いにおいてもさまざまな資源をもつメンバーたちのあいだで発生しうるし，また信頼と事実性を実現することに成功しても失敗しても，それの帰属は身近な存在になるからである。

　しかし，信頼と事実性の実現の失敗が回避できない状況で慢性的に生じると，帰属は遠位の偏向によって集団水準あるいはその集団が組み込まれているより大きな文化や社会構造へと向かうかもしれない。人びとは，「誤っている」のは他者だけではなく，その出会いが組み込まれている文化や社会構造が「悪く」て，人びとの誠実さや信頼に値しないからだとも感じはじめる。しかし権威行使が高圧的な，きわめて階統的な団体単位においてでさえ，権威をもつ者たちの行為は（不快であっても）しばしば予測でき，また事実性の感覚も明々白々である。権威やその他の資源の不平等をめぐる対立があるかもしれないし，また人びとはそうした不平等に関して怒るかもしれないが，これはその他の欲求状態を適え損ねたことによって生まれる怒りである。この怒りが，支配に基づく統合が最終的に闘争にいたる理由である。つまり，表6.1でしめした階統上，高いところにある欲求が実現されないと，当該の人口集群は感情的に階層化されるのである。

6.2　むすび

　期待のミクロ力学とこれが喚起しうる感情についての三番目となるこの章では，人間にとっての基盤は一定の基本的かつ普遍的な欲求状態であることを強調した。その他の動機状態も，本章で述べたと同じ力学を生み，したがってここで検討した普遍的な相互交流欲求を適えることの成否をめぐる諸過程をつくりあげる。相互交流欲求——とりわけアイデンティティの確認，交換報酬から

の利得，および効能感というもっとも強力な欲求——をつねに適えられること
は，人びとの肯定的感情の貯蔵庫を増大する。また，有価資源へ接近できる人
びとは一般に，こうした欲求を適えうる最良の位置にあり，したがって他の資
源の持ち分に加えて，さらにもうひとつの有価資源——肯定的感情エネルギー
と，この感情状態が生みだす自信——を享受できる。他の有価資源に接近でき
ない者たちがより否定的な感情を経験しがちなのは，一定のアイデンティティ
が確認されないとか，地位信念によって烙印を押される場合，また費用や投資
を越える資源を確保する努力が不十分である場合，そして分業上の低い位階や
低く評価される類別単位へのメンバー所属のせいで効能感の獲得が困難な場合
である。さらにこうした欲求は，ギャング団へのメンバー所属にみられるよう
に，しばしば多くの局地的な状況で適えられる。だから，近隣住区とかその他
の局地的な集合体や組織体にいる人びとが，低い地位の仲間たちによって一部
のアイデンティティを確認される場合，また他者たちとの連帯性ならびに家族
内の愛情／誠実，教会での神聖／敬虔，スポーツ内の競争心のような資源を確
保できる場合には，この肯定的感情を生む資源の流れが効能性や集団内包の感
覚を増し，また高い水準の権力，貨幣，威信へ接近する力をもてない領域にお
ける否定的感情の蓄積をある程度軽減する。このように，個人たちが相互交流
欲求や，他のおそらく特異な欲求と関連する期待を過不足なく実現できるなら
ば，より低い社会階級や，階級のメンバー所属と相関する低く評価された類別
単位のメンバーたちのあいだでの闘争の可能性は低下する。さらに，欲求から
の期待はそもそも制限されているかもしれず，そうした場合には，否定的感情
が喚起されてもあまり危険ではない。ただし抑鬱的な感情は，人びとにとって
決して快適といえるものではない。加えて，基本的な人間の欲求状態から生じ
る期待を適える人びとの能力がさまざまに異なることによって，感情の不平等
な分配が生ずるけれども，この不平等は必ずしも闘争への動員を保証するわけ
ではない。次の章でくわしく考察するように，闘争蜂起には別の諸力も作用し
なければならないのだ。

第7章

感情の不平等と集合的結集

　不平等は不可避的に緊張を生む。この緊張は，条件が整っていれば，剥奪されて下層階級に封じ込められた人たちによる集合的な結集を導くことがある。ところが中間階級の集合が大きい場合や，強い政権が存在する場合には，こうした階級に根ざした下層階級からの決起は実際にほとんど起こらない。しかしアメリカ合衆国でみられたように，公民権問題に焦点化した決起は可能であったし，また実効性をもちえた。民族マイノリティの権利を求めたこの公民権運動は，最終的に1950年代後半から60年代初頭において，アメリカ社会の制度的な硬直性を突き破り，民族マイノリティに対する差別を撤廃する法律の改定を推しすすめた。この運動の成功は，女性運動，また後にはゲイ・レスビアン，性同一障害者をめぐる運動に拍車をかけた。こうした運動は，社会階級に関しては間接的でしかなかったが，しかし運動が成功を収めるための多数の重要な特徴を具体的にしめしている。第一に，こうした運動はある対抗的イデオロギーによって導かれたのでなく，機会均等，正義，公正についてのアメリカ人の中核的な価値やイデオロギーに訴えたものであった。それは新種の社会を提唱したのではなく，アメリカ人の大多数がその社会のすべての人たちにとって社会善と考えていることの拡張を提唱したのである。第二に，不正義についての信念が人びとを動かしうる特定の課題に読み替えられるにあたっては，指導力が決定的に重要であった。たとえば，もしマーチン・ルーサー・キング牧師がいなかったとしたら，20世紀の公民権運動があれほど成功を収めたかどうかははなはだ疑わしい。第三に，アメリカの中核価値への訴えが起こると，運動の人口的ならびに財政的な資源基盤は大きく拡充した。その運動は，直接的には差別の犠牲者でない人たち，またより評価の安定した民族的類別単位の人た

ちを取り込むことができたし，またその運動を支援する資金は，アメリカ社会のすべての人口部分から提供された。第四に，運動は中心となる組織基盤を必要とする。この基盤が他の組織体を補強するために活用されるのである。たとえば公民権運動は，南部に基盤をもつキリスト教会がその組織資源や会員組織を活用して抗議に起ち上がるにつれて成功を収めはじめ，それが別の地域の教会，そして最終的には多種の組織体からの資源の調達にいたった。その逆の例をあげてみよう。アメリカの女性運動の抱えている問題は，その資源基盤を新規に創出しなければならなかったこと，また他の組織体をその主張に引き込めなかったこと，である。それでも女性運動は現在まで成功を手中に収めてきたが，それは，この運動が民族差別や人種差別の歴史的なパターンをめぐる運動に呼応して，1960年代半ばに制定された公民権法に基づいていたからである。同様に性的選好をめぐる運動は，新たな，そしていささか趣の異なる組織基盤をつくらなければならなかったとはいえ，自己組織を強化するために公民権法を活用することができた。第五に，アメリカ合衆国におけるこうした一連の運動は，これらが基本的に同じ問題——この場合には個人の機会均等に高い価値をおく社会での差別，不正義，不平等な処遇——に立ち向かうのなら，多様な運動間に連鎖効果があることを立証してもいる。一般大衆がしだいに，各運動の指導者たちの開発したイデオロギーや枠組に敏感になり，また「高い意識」をもつようになったのだ。アメリカ人は，眼前の抗議に対して寛容さをもつだけでなく，個々人の公民権に関する運動にしだいに慣れていった。人びとはそれぞれの個人的な信念や価値によって，これらの運動を突き動かしているイデオロギーの論理を理解するようになり，公民権への一つの訴えを，その後につづく各訴えへと一般化していった。したがって，たとえ後続の運動が十分に組織されなかったとしても，一般大衆は先行した運動によって「軟化」しており，たぶん彼ら自身驚いただろうが，自分たちが享受した権利を社会の全メンバーに拡張しようとする訴えに同調したのである。

　わたしがこうした点を強調するのは，闘争に関するほとんどの理論的な取り扱いが，マルクスの予期したように，闘争は階層体系の最下層からの決起によ

って始まるとみなしているからである。しかし実際には，中間階級に起源をもつ社会運動組織体 (SMO) による闘争動員が多く存在する。またそれが中間階級の諸部分で組織されないとしても，中間階級から同調者を補充できるならば，そうした運動は高度産業社会においてなんとか成功するだろう。同調する中間階級の人びとは，その闘争を道徳的条件——彼らが信じ込んでいる価値やイデオロギーが一般的なそれだと考えられているという意味では，彼らの道徳的条件——でみるようになった人びと，しかもこの道徳性がすべての類別の人たちに適用されるべきだと認識するようになった人びとである。この章では，社会運動組織体による闘争動員に含まれる基本力学の一部を描くつもりであるが，しかしその議論は，高度産業社会でもっとも起こりそうな感情階層化の結果とみなされる事柄，すなわち次章で考察するように中間階級からの革命運動に偏るだろう。高度産業社会に危機が訪れるとすれば，その危機は，中間階級のメンバーたちがその資源持ち分の減少に恐れを抱きはじめるときに生じるだろう。この認知が生じた際に喚起される感情——恐れ，怒り，欲求不満，恥，屈辱，罪——の混合は，市街地で爆発するテロリストの爆弾よりも強力である。こうした感情は，それ自体として人びとを奮い立たせるだろうし，またさまざまな形で抑圧され，また変質すると，それは拡散的な恐れや拡散的な怒りのようなさらに強力な感情として出現し，闘争に向けた組織化に人びとを駆り立てることができる。そうなると中間階級の人びとは，自分たちの信念を正当化するために，既存の文化価値や信念を活用できるだろう。彼らはすでに多数の組織基盤をもっているし，またその信念のために下層階級のメンバーたちを補充できる。このようにしてその運動が一歩を踏み出せば，その人口集群の大多数を組み込むことが可能になる。

7.1 社会運動組織体 (SMO) による対立の力学

社会運動が起こるのは，ある社会内の下位人口集群が制度秩序の一部側面に対して不平不満を抱くときである。不平不満は，不当な処遇と認知されることから生じ，否定的感情——怒り，欲求不満，またおそらく屈辱感（恥の極端な

型)のような非常に強力な感情——喚起の源となる。こうした否定的感情がなんらかの仕方で抑圧されると，さらにもっと強力な否定的感情，たとえば拡散的な怒り，あるいは復讐欲求に変質する。要するに，下層階級のメンバーあるいは低く評価される類別単位のメンバーたちは，稀少資源への対等な接近が否認される差別に対して，しばしば不平不満をもつことになる。そして，ひとたび不平不満が表現され議論されると，否定的感情は激しくなり，これが不平不満についての話題を増幅させ，この周期のなかで潜在的には暴力的な集合的爆発が起こることがあるのだ。

　中間階級の個人や家族は，恵まれている類別単位のメンバーたちと同様に，低く評価される類別単位のメンバーたちほど差別を経験していないので，客観的にいって彼らの集合的な不平不満は下層階級のそれよりもかなり少ない。しかし不平不満の絶対的水準は，人びとが感じはじめる相対的な喪失ほど重要ではない。有価資源への接近を享受している人たちの場合，そのいかなる減少もただちに否定的感情を喚起するだろう。しかし資源を動かす能力をもっていないと，不平不満だけでは社会運動を開始することはできない。また高度産業社会では，下層階級へのメンバー所属は当該社会の総人口からすると比較的小さな割合でしかないので，階級に基づいて集合的に組織される抗議行動が起こることは難しい。たしかに，低賃金労働者の労働組合が組織する戦略的な抗議もあるし，暴動あるいはより暴力的な抗議といった別の形態の集合行動もある。しかし，当該人口集群の大多数がその資源持ち分にまあまあ満足しているなら，また政府が強力で，暴力に対して強制力を用いて対応するか，あるいは集合行為を取り込む戦略的な妥協を行うことができるならば，基本的な階層体系とその体系をつくっている制度領域は一般に無傷のまま存続する。ところが，社会の下層階級が大多数あるいはそれに近い規模を占め，その一方で中間階級が下層階級よりも小規模で，また(ほとんどの高度産業社会ほど)安定していないと，決起は起こりやすい。一時的な集合的爆発ですら，否定的感情を新しい反制度的イデオロギーに向かわせるような指導者の台頭をもたらすことができる。また，社会のなかで虐げられた下位人口集群の規模が相対的に大きいなら，最初

第7章　感情の不平等と集合的結集　　159

は組織的資源や組織体を財政的に支える資金不足のせいで多少混迷するとして
も，多数の人たちが結集することは可能である。社会はこれまでの長いあいだ，
対立によって，くすぶっている憤懣を周期的に中断することで存続を果たして
きた。また政府が十分な強制力を保有しているなら，革命は制圧できる。事実，
世界中の社会の歴史上，真に革命といえるものは比較的少ないが，それは，国
家の保有する資源に十分に匹敵する資源を，対抗する側が確保できなかったか
らである。しかし国家が財政的に脆弱で，広汎な正当性 (Skocpol, 1979) を確保
できないと，暴動が社会中に拡大し，しばしばクーデーターの形態で，また特
別な状況にあっては完全な革命の形態で変動を引き起こすことがある。

　しかしたいていの場合，社会の恵まれない人たちのあいだを循環する否定的
感情は，革命的であるよりも抑圧的である。抑圧や，悲しみ，疎外，絶望とい
う形態は，実力行使よりも撤退に向かうので，人びとがその不平不満のために
集合行動を起こす機会は少なくなるだろうし，また指導者が個人たちを集合行
為に動員することはむずかしいだろう。不利な立場にある下位人口集群あるい
は低く評価される類別単位のメンバーたちのあいだで不平不満がより積極的な
否定的感情として喚起しないと，集合行為や社会運動組織体の形成に必要なそ
の他の要素は実体化しないだろう。そうした必要要素とは何なのか。

　⑴ 指導力　　社会運動は，いくつかの目的を達成できる指導者に依存して
いる。第一に指導者は，否定的感情を喚起するために弁舌の才能を有効に活用
しなければならない。第二に指導者は，反制度的イデオロギーの大系化を開始
するか，そうでなければ，既存の価値やイデオロギーに含まれる道徳性を人び
とに訴えて，現行の制度体系の非道徳性を明らかにし，現状の不正に対して否
定的感情を喚起しなければならない。第三に指導者は，当該の状況をより具体
的に，またより認知的に枠づけて，以下をめぐる検討課題を設定しなければな
らない。すなわち(a) 不平不満の原因は，誰なのか何なのか，(b) 集合行為なし
ではなぜ変化は起こらないのか，(c) どのような集合行為が達成されるべきか，
をめぐる検討課題である。社会運動が起きた当初は，別々の指導者が掲げる多

数の競合する見解がありうるが，しかしそうした見解のすべては感情を喚起し，しばしば暴力を誘発し，まだ十分に組織されていない形態の複数の運動を随伴することが多い。マルクスの大誤算は，この点での分析で生じた。マルクスは，ある階級が「即自的階級」から「対自的階級」へと推移するとき，革命は確かなものになると論じた。しかし実際にほとんどの革命は，ある階級が完全に自己意識化し，十分に組織されるはるか以前に，社会運動形成の初期段階で始動する（Simmel, 1956 ; Dahrendorf, 1959 ; Turner, 1975）。国家が弱体な場合，政治制度の打倒をもたらしうる暴力的な集合行為へと人びとを導くのは，異なる分派出身で競合することの多い指導者たちが焚きつけた感情が最初に熟成する時期においてである。運動がより組織化されるとともに，イデオロギーや枠組はふるい分けられ，その目標達成の観点からかなり戦略的になり，その結果あまり暴力的でなくなる。

(2) イデオロギーの熟成　　上記したように，指導者たちは最初のイデオロギーの喚起と枠づけに大きな役割を果たすが，しかしそのイデオロギーは多数の特徴をもたねばならない。すなわちイデオロギーは，(a) 人びとが積極的に危険を引き受けて集合行為に参加するところまで，感情を喚起しなければならないし，(b) 相対的に首尾一貫していて，ある課題の概要を述べるにあたってより特定的な枠組を含んでいなければならず，また(c) 下位人口集群のメンバーたちが経験した剥奪の原因となった人物もしくは事柄に対して，特定の指導者であれ制度的構成体であれ，帰属を行わねばならない。だからデオロギーは，(d) 何が誤っているかについてのいささか漠然とした人びとの一般化した信念（Smelser, 1962）を取りあげて，これらの信念を一連のありうる行為に変換しなければならず，また(e) 言説の論題でありうると同時に，人びとが集合行為に従事しつづけるとか進んで参加しようとする感情喚起を起こすほど，十分に単純でなければならない。上記した(a)から(e)が，既存の価値やイデオロギーの道徳律が実現できなくなったという観点から課題を枠づけるうるならば，新しく現れてくるイデオロギーは長期的により有効だろう。そのイデオロギーは，

参加者たちだけではなく，その運動体に補充されるかもしれない他の下位人口集群のメンバー，もしくは必要な金銭的資源をその運動に供給しようとしている者たちが集合的行為を正当化する際に，ブルデュー（1984）の用語を使えば「象徴的資本」という形態で効果を発揮する。

　(3)組織化の資源　　社会運動は，結局のところ(a)諸行為が調整され，(b)参加者が補充され，(c)資金が確保され，そして(d)指導者，有給職員，献身的なボランティアが日常の活動を遂行するというようにして，その運動を組織的に存続できるようにしなければ成功しない。運動を組織するために利用できる構造的なテンプレートもまた重要である。たとえばアメリカで連鎖状で生じた公民権運動は，20世紀半ばの公民権運動を新たな運動に適用できるモデルとしていた。セザール・チャベスが始めた農業労働者組合運動は，労働運動と公民権運動の歴史の双方を象徴的に利用し，かつきわめて有効な組織構造をつくりあげるテンプレートとして活用した。その他の組織化資源としては，組織化過程を体験したメンバーたち，つまり社会運動の組織化を手助けした人たちがいる。とりわけ基金を勧誘することから，広報活動，マーケティング，政治的ロビー活動を経て，経理にいたるまでの舞台裏の業務に携わる人びとである。

　(4)参加への誘因　　社会運動組織体は個人たちに対して，運動行為に参加し，あるいは少なくともその運動に資金あるいは政治的支援を提供しようとする誘因を提供しなければならない。ある程度まではイデオロギーと枠組が誘因となりうるが，しかしこうした象徴化は，必ずしも人びとに社会運動組織体に参加する危険や費用を負わせる力をもつわけではない。誘因はしばしば，当該の社会運動組織体自体の外部にある諸組織体によってもたらされる。仲間を介して既存の所属組織体──教会，奉仕クラブ，レクレーション集団，学校など──に補充された人びとは，その仲間が社会運動組織体に参加していれば，その組織体に参加する誘因を増す。なぜなら，それへの参加によって個人は，進行中の組織体へのメンバー所属（と，この組織体への集団アイデンティティ）を強

化すると同時に，対人的な報酬を獲得できるもうひとつの所属組織体を確保するからである。さらに別の誘因は，社会的メディアやサイバー・コミュニティを飛び交うメッセージによってもたらされる。こうした誘因が人びとに訴える力をかなりもっているのは，人びとを参加させようとするそれの意欲が，人びとの集団内包感覚やサイバー・コミュニティへの参加を増し，したがってこのコミュニティのメンバーたちと実際に会ってみようとする付加的動機を提供するからである。社会運動組織体のさらにもうひとつの誘因は，ある共通の目的で結ばれる他者たちとの社会的連帯をめぐる「私益」(Olson, 1965 ; Hecter, 1987) の創出である。たとえば友情，仲間，連帯という報酬は，とくに若い参加者のあいだでつねに高い。彼らは，年配の人たちほど失うものをもっていないから，しばしばより大きな危険を担うのである。実際，社会運動組織体が74～75頁図3.1にしめしたような相互作用儀礼を生成できるのなら，ある共通の類別単位の個人たちを補充することによって，本来の動機報酬が得られる。そしてそうすることによって当該単位は，一つの類別単位であることから，そのメンバー間で連帯やその他の私益を発達させうるような団体単位へと変容できる。ここでは社会的アイデンティティが強化されるだろうから，それは社会的に低く評価された類別単位のメンバーである人たちにとってもっとも歓迎すべき事柄である。これと関連する誘因は，運動体の新規参加者が同じ類別単位のメンバーであるだけでなく，その配置や文化において構造的ならびに文化的にも同等なことである。そうであるなら，彼らに共通する欲求，経験，信念に取り組む団体単位に参加することは，大いに報われることであり，さらなる補充を行うための動機にもなる。

(5) 環　境　　社会運動の組織化とその成功には，外部環境が構造的ならびに文化的に多大な効果をもつ (Turner, 2010c)。構造的水準でみると，社会運動がより効果的であるのは(a)民主的政治形態，(b)問題を討論することが正当であるような政治舞台，(c)変動要請に応えうる法体系，を備えた社会においてである (Luhmann, 1984)。ほとんどの高度産業社会はこうした条件を備えており，

第7章　感情の不平等と集合的結集　　163

それだから社会運動は高度産業社会ではるかに成功を収めやすい。さらにこう
した社会運動の成功は，監視や統制を執行する強制力や管理的官僚制によって
支配される社会で累積するだろう緊張を解放する。こうした社会では社会運動
は粉砕されるが，その参加者たちの否定的感情は粉砕されないので，結果的に
こうした社会は一般に長期的にみてより暴力的になる。

　文化的領域もまた重要である。対等な処遇への価値や，政治過程への市民参
加のイデオロギーなどの文化をもつ社会は一般に，社会運動組織体の形成を容
認するだろう。これとは対照的に，優勢な社会単位や，秩序や統制を強調する
価値によって統御されている社会は，社会運動組織体に対して不寛容だろう。
運動がその訴えを，既存の価値，イデオロギー，メタ・イデオロギーに繋げる
ことができる場合には，先に強調したように，それは正当とみなされうる大き
なチャンスをもっている。だから，組織体がこうした訴えをそのようにできる
ほど，組織体は非参加者の脅しになり，またこうした非参加者はその運動に抵
抗することが少なくなる。実際，積極的でない参加者たちも，資源をその組織
体に与えたり，彼らの社会的ネットワーク内の他者たちに転向を勧めたりした
いと思うようになるかもしれない。そうなればそれが正当性を得て，その他の
下位人口集群あるいは他の類別単位にわたって拡張することになる。

7.2　感情階層体系の再生産

　階層体系がひとたび整備され，当該人口集群の大多数によって正当化される
と，上で挙げた動員条件の多くが整っていたとしても，その階層体系を廃棄す
ることはさまざまな理由から至難である。第一に，すべての資源分配において
中央値付近にいる人たちは，比較的一貫した基盤に基づいて期待を適え，肯定
的裁可を受け取りがちである。そのため彼らの肯定的感情は，近位の偏向とい
う水門を破り，当該の階層体系を正当化するメタ・イデオロギーの信条を受け
容れるよう彼らを誘導する。またこうした個人や家族はたいてい，団体単位内
で金銭，影響力，権威をもっているので，団体単位内で従属的位置にいる者た
ちや，全体社会水準で資源分配の中央値以下にいる人たちに対して，少なくと

もほとんどの場合自分たちの心情を押しつけることができる。第二に，中央値の付近にいる人びとや，その上にいる人たちも，メタ・イデオロギーを正当化することによって，団体単位と結びついた主要な集団アイデンティティを確認し，みずからの自尊心はイデオロギーやメタ・イデオロギーの道徳化した信条によって定義されているのだと思いがちである。イデオロギーを正当化する際のこの感情的な利害関心が，制度的ならびに文化的な期待を実現できたという理由から自尊心の感覚を促進し，効能感を増大するのである。その結果彼らは，彼らに報酬をもたらしてきたイデオロギーの道徳的信条のいかなる変更にも抵抗することになる。第三に，資源分配の中央値以下にいる人たちや，下層階級および低く評価される類別単位にいる人たちのあいだで喚起する否定的感情は，ほとんどの対立理論が強調しているように，潜在的には変動のための力になりうるだろう。しかし，近代社会における人口集群のほとんどは中央値付近を上下にウロウロしており，中央値のすぐ下にいる人たちは金銭的にも感情的にも決して貧窮していない，とわたしは主張したい。彼らは，資源としての別の象徴媒体，たとえば愛情／誠実，神聖／敬虔，学識，競争力，審美，および少なくとも一部の団体単位では経済的資本や権威のようなものを入手できている。だから彼らは，階層を正当化するイデオロギーのほとんどを受け入れようとする。たとえば彼らは，その生活状況が不安定になる（加えて感情的重荷を抱え込む）と，自分や子どもたちは生活状況を改善できるのだという希望から，よりいっそう保守的になり，現状を肯定的に捉えるかもしれないのだ。実際彼らは，これまで蓄積してきた資源のすべてを失うかもしれないという理由から，団体単位内あるいはより広い社会のなかで対立を起こす危険を冒すことはほとんどない。第四に，類別単位を交差する資源分配は，社会階級上の（経済的）位置とつねに相関しているわけではない。たとえば類別単位としての女性は，事実上社会の全水準の団体単位で差別されている。彼女たちは，女性を低く評価する地位信念を変えることに共通の関心をもっているが，階級体系上はいちじるしく異なる位置に配置され，人生に対して抱く展望も非常に異なっている。さらに家族内の女性は夫とともに日常生活を送らねばならないが，その夫たち

はしばしば，差別の恩恵を享受し，それゆえ活動的な妻たちを支持しそうにない。したがって，低く評価される類別単位のメンバー——女性——という社会内での最大の塊をバラバラに壊すことは，その体系の維持，とくに所得の中央値付近にいる人たちによる体系の維持に資することになる。

その結果，否定的感情の最大の貯蔵庫は一般に，所得配分の中央値よりはるか下にいる人たちのあいだに存在することになる。しかしこうした人びとや家族のあいだでさえ，否定的感情は類別単位の相違——たとえば宗教や民族の相違——によって分配されることが多い。そしてこの類別単位による分配は，社会運動組織体を形成するカリスマ的指導者が動員できる否定的感情エネルギーの貯蔵庫を分割してしまうのだ。そのため階級の相違に基づく人びとの結集は，非階級的な類別単位のメンバーによる闘争の始動よりも起きにくくさえなる。しかしながら，低く評価される類別単位のメンバーたちが当該階級体系内のさまざまな配置によって区分されないなら，彼らは集合的な決起の潜在的な拠り所になりうる。したがって個々の民族下位人口集群，あるいは同性愛者の共同体のような従来から低く評価されてきたその他の類別単位は，より効果的に組織化できる——このことは，公民権運動やゲイ（もっと広くいえばLGBT［女性同性愛者，男性同性愛者，両性愛者，性転換者，性同一性障害者]）の全共同体の権利を求める運動において明白である。これとは対照的に女性運動は，部分的な成功を収めたけれども，上記した理由によってぐらつき，また照準を失うきらいがある。

団体単位内の対面的な相互作用上で感情が喚起するミクロ水準の出会いでは，否定的感情を経験している下位人口集群を決起させることは難しい。さらに先に述べたように，疎外，悲しみ，不安，恐れのような否定的感情は社会運動を駆動させるものではない。また，不正の感覚によって煽られる怒りは闘争に向かう指導者たちへの服従を人びとに準備させるし，確かに拡散的な怒りは目標を達成する上で恥を感じたり欲求不満になった結果の一つであるが，しかしそうした状態をもたらす唯一の否定的感情ではない。さらに前述したように，恥や罪が長期にわたって経験されると，それはしばしば怒り以外の別の感情——

たとえば恐れや悲しみの変種——に変質する。加えて悲しみや絶望のような非能動的な感情は，下層階級の下位人口集団に存在することが多いが，社会運動を燃え上がらせる感情ではない。

　そのうえ，こうしたすべての感情の抑圧は，当初の否定的感情とこの感情の原因との関連を切断しがちである。とりわけ帰属力学がそうであるが，そればかりでなく 66 頁表 3.4 に列挙したその他の補完的な防衛機構も，実際に経験された感情を変えることができるし，またそうすることで変質しつつある抑圧された感情の本当の原因を不透明にしてしまう。その結果，間違った外部構造が怒りの標的にされてしまうことがよく起こる。この力学は，これまで強調してきたように，アメリカの都市部や，また今では郊外地域にも巣くっているギャングの暴力問題において明白である。ギャング団のメンバーは一般に，ほとんどの制度領域——経済，家族，学校，教育，政治——において期待を適え損ねてきた人たちである。彼らは，こうした制度領域内の団体単位でつねに否定的裁可を経験してきた。また彼らは，成功を価値とすることや，こうした価値を組み込んだイデオロギーにしたがって生活したことがない。メタ・イデオロギーに従うことに失敗した結果として，彼らが恥を経験し苦い思いをしてきたと仮定することは，理に適っている。しかも彼らは，こうした恥のほとんどを明らかに抑圧してきたのだ。しかしいくども指摘したように，彼らは必ずしもその恥の原因——たとえば親や教師あるいは雇用主——を標的とはせず，その代わりに彼らの拡散的な怒りは，違法な薬物販売組織という危険の高い目的を維持するために縄張りの支配をめぐって対立しているギャング団のメンバーを標的とする。彼らは明らかに，誤った対象——皮肉なことに同じ経験をしてきた人たち——を標的とする拡散的な怒りをしめすのである。とはいえ時には，警察とギャングとの抗争のなかでまっとうな標的に近づくことがある。しかし警察や行政機関もまた，彼らの失敗の真の原因ではない。彼らの怒りの真の根本原因である不平等や階層化，そしてそれらを正当化しているメタ・イデオロギーを組織的につくり出しているのは，当該の制度体系なのである。したがって彼らが，長い目で見れば自分たちあるいはその家族に実際に利するかもしれ

ない社会運動に参加することなど，まずありえない。事実，一部の近隣住区で横行する暴力は，善良な市民たちが行政府やその管理機関からの支援を求めざるをえなくし，そうすることによって行政機関を（過去に彼らへの支援に失敗したために多少軽視されるとしても）正当化させる。このようにしてギャングの暴力はさらなる暴力，さらなる恐怖や不安を引き起こし，そのためにギャングのメンバーとその近隣住民の双方はより否定的な感情を抱いて生活せざるをえなくなる。この否定的感情は，より広汎な階層体系における別の資源の分配や，この体系を正当化し彼らに烙印を押しているメタ・イデオロギーを，どうでもよい，どうすることもできないと思わせる感情である。彼らは，家族が安定しているならば家族から，あるいは宗教から，ある程度の肯定的感情を手に入れることができるが，しかしそうでないと日常的に経験しなければならない否定的感情の幅広い帯に対して何をすることもできない。この固定化がこうして感情の階層体系の再生産に作用するのだ。効能性だけがギャング仲間からの敬意を得る源泉である場合，その結果である暴力は，たとえギャングのメンバーが暴力的であることに成功して一定程度の効能性と自尊心を手に入れたとしても，彼らが共生していかねばならない否定的感情の混合を維持するだけである。

　さらに別の再生産力は，恥の変質，しかも世代を越えた別の否定的感情への変質にみられる。恥を経験した人たちは拡散的な怒りを抱き，その結果，しばしば配偶者や子どもたちに暴力を振るう。彼らの怒りや欲求不満は，明らかに間違った（しかし安全な）標的に対して爆発するのである。この暴力的な虐待に苦しむ人たちは，彼ら自身，恥と憤慨を経験するだろうが，しかしそれを抑圧する。それは，そうした恥に由来する痛みを避け，また虐待する家族員にみずからの感情を隠すことによって，勝ち目のない状況での効能感と自尊心を達成するためである。その結果こうした虐待の犠牲者たちは，新しい家族をつくった際，蓄積された拡散的な怒り（恥から変質した怒り）を新しい家族員に対して発散することになる。こうして，別の世代の人びとが恥―怒り―恥の循環に封じ込められることになり，それが多くの世代にわたって継続していく（Scheff and Retzinger, 1991 ; Volkan, 1999)。

　この種の間違った対象に対する怒りの発散は，恥を経験した人たちの決起を
ますます難しくさせる。なぜなら，彼らの直接的な怒りの原因である制度領域
間の連結は部分的に壊され，それに代わって直接の他者たちに焦点が移り，そ
のために家族員全員がそれぞれに抱えているはずの否定的感情が混ぜ合わされ
るからである。その結果，当該階層体系の最下層に蓄積される否定的感情の貯
蔵庫が一致団結した焦点の定まっている社会運動組織体に組織されることは容
易ではなく，したがって感情階層体系はいかなるものも存続することになる。
ほとんどの社会運動ではこうした怒れる人たちが突撃隊であるが，しかし彼ら
は全体社会規模の感情階層体系のなかで変身し，その感情は社会運動組織体に
有利に作用しない方向へと歪められる。

7.3　感情階層化と社会運動

7.3.1　社会階級と社会運動

　こうした感情階層体系の再生産力学は，産業社会や農業社会よりも高度産業
社会の方で作動しやすい。高度産業社会では，人口集群の大部分はみずからを
「中間階級」と認知し，したがって剥奪されているとは認めてない。アメリカ
合衆国の場合，最近20年間で家族所得（固定ドル建て）が低下する事態に直面
しているにもかかわらず，彼らは剥奪されているとは思っていないのである。
しかしながらこれまで，多数の戦線——環境劣化，平和と戦争，人工妊娠中絶
のような再生産問題や宗教的原理主義や福音主義やティ・パーティのような政
治運動——に沿った社会運動が，主として中間階級の個人たちによって組織さ
れてきた。こうした運動ではしばしば，メンバー所属と階級とのあいだに関連
性があるが，しかしこうした運動それ自体は階級に基づくものでも，また一般
に経済的問題に関するものでもない。ただ多くの場合，こうした運動に資金を
供給あるいは参加する者たちのほとんどは中間階級のメンバーなのである。

　アメリカ合衆国のような社会では，最近20年間にわたり不平等がいちじる
しく増大しているのだが，それにもかかわらず，階級に基づく社会運動が目立

第 7 章　感情の不平等と集合的結集　　169

つことはなかった。労働組合は，低所得層のサービス労働力に関する賃金・福祉手当一括契約の額がインフレーションを反映した数値として低いまま，あるいは低下しているために，組合員の補充という問題を抱えているが，そこから社会運動は発生していない。しかし，これは階級に基づく運動の可能性がないことを意味するわけではない。とはいえその可能性は，下層階級，さらには困窮者とみなされる者たちよりも，無定型な中間階級において大きい，とわたしは考えている。これは極端ともいえる言明かもしれないが，しかし以下でそうした言明に至る推論を提示することにする。

7.3.2　感情と期待

　感情が喚起されるのは，期待が実現されない場合，とくに資源を受け取る期待が適えられない場合である。ジェームズ・デヴィス（1962）はずっと以前に，革命は，期待が上昇し，現実の生活状態を上回っていく途中で発生すると論じた。生活はよりよく改善されうるし，また個人たちは暗黙のうちに将来について直線的な予測を行うので，彼らの期待はしばしば可能なことを凌駕してしまう。もっと悪いことに期待に関係した物質的状況が突然に急降下すると，個人たちは非常に感情的になり，条件が整えば闘争に向かうこともある。マルクスは階級の二極分解について説明した際，より漠然とはしていたが，同様の議論をしている。すなわち二極分解の際には，多数の中間階級の人びと（プチ・ブルジョアジー）がプロレタリアートという不安定な階級配置に引きずり下ろされてしまうというのだ。期待が打ち砕かれ，感情が喚起されて，階級動員に向けた燃料が供給されるのである。すでに議論してきたように，感情は，いかなる種類であれ期待が実現されないときには必ず喚起されるが，そうした感情がいちじるしく激しくなるのは，これまでの生活様式を保持するために必要な有価資源を期待どおりに適えられない場合である。

　第 4 章（96 頁表 4.2）で論じたように，アメリカ社会および，それほどではないにせよその他の高度産業社会における成功の価値は，おのずと上昇期待を生む。表 4.2 中の価値前提のリストをみていくと，これらの価値のほとんどは個

人に対して，能動的であるべきこと，業績を積み重ねるべきこと，その成功を形ある物ではっきりしめすべきこと，人生を通じて絶えず向上すべきことを強調している．こうした価値が，制度的イデオロギーや，階層化を正当化しているメタ・イデオロギー，次いでメゾ水準やミクロ水準の社会組織で作動する地位信念や期待状態に組み込まれていくと，中間階級の個人たちは，成功だけではなく，ライフコースを通じて成功度が高まることも期待する文化的世界で生きることになる．中間階級の人びとは，自分が十分なお金，満足できる権威（または少なくとも個人であることの自律性や効能感の実感），家族内での愛情／誠実，教育における自分や子どもたちの学識，宗教所属から生じる神聖／敬虔（たとえ教会に常時出席しないとしても），職業やレクリエーションとしてのスポーツにおける自分や子どもたちの競争心，芸術（ポピュラー音楽だとしても）における審美，医療介護制度の利用から得る健康など，ありうる象徴媒体に接近するための手段をもっていると認知できるかぎり，成功への文化的期待を達成したかのように感じる．また彼らは，とくにアメリカ合衆国では，高度に道徳化した観点から世間の人びとをみる．中間階級の人びとが，「一生懸命に働かず」，彼らの納めた税金を福祉として「浪費」し，その他の否定的な特徴（烙印を押すような地位信念や偏見に満ちた信念に一括りにされている）をしめす貧困者に対して，侮蔑といわないまでも不審に感じるのはこうした理由からである．道徳的な信心によって定義される中間階級は，資源としての一般化した象徴媒体への接近を果たすことによって，自分は成功したと感じることができるのである．

　とはいえ，こうした成功への期待は諸刃の剣である．こうした期待がいつも適えられないと，人びとは大きく落ち込む．これまでの章で強調してきたように，中間階級の人びとが多様な制度領域にわたる広範囲な団体単位においてつねに期待を適えられれば，彼らやその家族は，肯定的な感情の近位の偏向という堰を破って，不平等をうみだす制度領域やこの不平等からつくられる階層体系に正当性を与えるようになる．彼らはこのイデオロギーを受け入れ，それを利用して，自己やさまざまな役割におけるアイデンティティ，それについての

中核的気持ちを肯定的に評価するための文化的指針とする。だから中間階級の人びとは自分たちを，彼らよりも下層にいる人たちと比べてさまざまな点で道徳的に優位しているとみなし，また彼らよりも上にいる人たちとは，少なくとも道徳的価値指針，イデオロギー，メタ・イデオロギーによってみずからを肯定的に評価することへの信頼と権利をもっている点で同等だとみなすことができるのだ。こうした同等視は，合衆国のばあい，ファースト・ネームで呼び合うことで親しさをあらわすという対人関係の文化によって促進されている。

　次章で暫定的に概括するように，一連の関連し合う出来事が，中間階級の人びととその家族の状況を徐々に蝕むことは大いにありうる。すでに職種の外注化は，ブルーカラー労働者階級からその品格と道徳的な感性の一部を奪ってしまった。もっとも，集合的な決起のためのこの潜在的な要因は，これに対応するホワイトカラー職種の拡張によってある程度緩和されている。こうしたホワイトカラー職種は労働組合に所属している産業的職種ほど賃金を支給されていないのだが，それの従事者は，教育資格やホワイトカラー職種での就労能力によって中間階級へ移動できるという幻想を与えられているのである。しかし，ブルーカラー労働者の位置を蝕んだ多くの趨勢のうちどれが，偽善的でありがちな中間階級を素通りするのだろうか。

7.3.3　高度産業資本主義の現実

　前世紀半ばの数年間，オートメーションが工場労働に対して何をなしたかについての推測が行われた。オートメーションによる職種の喪失は，経済が拡張しつづけるかぎり，経済の全体規模の拡大と工場労働に代わる労働市場の拡張によって緩和された。産業ロボットがコンピュータを装着してますます精巧になっても，この事実に変わりはなかった。真の職種喪失は，資本主義の地球規模での制覇によって発生したのである。現在，職種は低賃金の工場労働力プールに輸出され，そのため，高賃金の，典型的には労働組合に所属する産業職種の数量は減少した。しかしそれでも，上述したように，この職種の喪失の一部はブルーカラー労働者家族の子どもが教育資格を上昇させたことによって相殺

され，したがってブルーカラー労働者がホワイトカラー階級に上昇移動できると感じることは可能であった。ところが労働のオートメーション化とデジタル化は，多くの点で始まったばかりで，これから間もなくホワイトカラーの中間階級の職種や，高等教育を受けた人たちのあいだにさえ浸透するだろうことは明白である（Collins, 2004）。

　ここ半世紀にわたる中間階級の拡大は，労働者に学士号さらにはそれ以上の資格を獲得させることによって維持されてきた。資格獲得は，これら資格条件が非常に価値ある技能を標示している場合には，高学歴労働者が自分の給料に学歴使用料を上乗せできるという効果をもつ。さらに高等教育の拡大は，一つの制度領域としての教育のなかに膨大な数の職種をつくりだし，このため資格を必要とする中間階級の職種の数が増えた。こうした趨勢の収斂は，中間階級のライフスタイルを弱体化させる可能性をはらんでいる。グローバル市場の拡張，高速通信と画像化能力，また金融をはじめ各種市場の資本が容易に世界中に広がる流通網の拡張によって，いまや資本家たちは，ほとんどの記録を保持するデジタル化，熟練労働のコンピュータ化とオートメーション化など，職業世界の変化の趨勢を介して高額のホワイトカラー職種を外注化し，そうすることで経費削減ができるようになった。より高い技能を必要とするホワイトカラー職種がより安価な労働力プールに輸出されたなら，それは，規格化されたホワイトカラー職種（経理や記録保存）の技能を要しない裏方の仕事になるだろうことは十分に考えられることだ。たとえば画像化の技術は，他国の医師が高度産業社会のばあいよりもはるかに安くエックス線や MRI や CAT スキャンなどの画像を読むことを可能にしている。機械製図，工学，建築術は，ハンガリーのような高度産業社会の末端にいる社会において，はるかに安価に実施される。大学はオンライン教育の重圧に曝されているが，このことは録音テープを用いた講義やその他の省力的な教育ツールがかなり進行していることを意味している。生命保険の契約査定，裏方の銀行業務，サービスコールセンターなど，技能を要しないホワイトカラー職種の外注化の動きはすでに進行中で，今後 50 年にわたって中間階級のホワイトカラー職種の数は 20 から 50 パーセン

ト低下することも十分考えられる。こうした低下は，労働力のきわめて大きな割合が仕事から閉めだされる，つまり雇用されなくなることである。

　そうなれば大混乱になり，中間階級の豊かさと道徳的価値観のバブルははじけてしまうだろう。成功の期待が突然に消失しはじめる場合，また自己と道徳観の多くが資源への接近と繋がらない場合，喚起される否定的感情は急速で激しく，また複雑であり，怒り，欲求不満，疎外，悲しみ，憂鬱，恐れの組み合わせだけになる。職種に自尊心をみいだしている人びとは，仕事に就けないこと，あるいは仕事をもちつづけられないことに，なによりもまず恥を感じる。この恥意識が消散するのは，非常に多くの他者が自分と同じようになる場合だけである。ところがその時までに，その恥はきわめて苦痛なために抑圧されてしまっているかもしれないし，またおそらく拡散的な怒りあるいは不安に変質しているかもしれない。成功したかどうかを道徳的に定義している人びとは，価値，イデオロギー，メタ・イデオロギー，地位信念，期待状態の高い道徳的標準を適えられないと，それが理由で少なくともはじめは罪も感じるかもしれない。この罪が抑圧されると，それは拡散的不安に変質しがちである。

　自己や家族，そして人生全般についての満足，誇り，安堵，幸せといった肯定的感情のこうした突然の逆転は，社会運動組織体の形成に向けた刺激となるかもしれない。きわめて高い期待が現実によって打ち砕かれてしまうと，喚起される否定的な感情は強烈になるだろうし，また個人や家族がその運命や子どもたちの未来に「不吉な予兆」をみてとると，その否定的感情は次第に集合的になるだろう。収入のよい仕事が容易にみつからず，また手に入れることのできる仕事が給与だけでなく，その他の便益給付の面でも低いと，人びとは最大限の否定的感情を経験するだろう。この数十年にわたる資格インフレーション（Collins, 1979, 2014）の結果として，資格がもはや中間階級の就業を保証しなくなると，非常に有価な資源としてのこの媒体——たとえば学識や教育資格——の喪失感は計り知れなくなる。否定的感情の高まりは家族を不安定にさせ，したがって家族の愛情／誠実を弱化させる。またこうした資源を欠くと，スポーツ，娯楽，健康管理など他の媒体への接近も減少する。根本的に，これまで中

間階級が買い占めてきた，そして彼らを高度産業社会の制度体系に連繋させてきた資源としての一般化した象徴媒体の一束は，これから先わずか20年間，もしかしたら数年のうちに分解してしまうかもしれないのだ。

中間階級の将来についての懸念がどのように政治問題化するかの端緒は，すでに2014年初めに目にすることができた。たとえば，世界人口中，いちじるしい富裕者とそれを除く人口との間の地球規模における不平等水準が大きなニュースになったのである。アメリカ合衆国の場合もっと重要なことに，最近数十年における不平等の拡大のなかで共和党でさえその一部が，明言することは稀とはいえ，不平等の減少や平均的な人たちに対するより多くの経済機会の入手方途を語るようになった。最低賃金の上昇に対する彼らの典型的な反対意見でさえ，ふつうに聞かれる騒々しくも激しい抗議に比べて，むしろ熱意に欠けている。中間階級や共和党寄りの有権者における高い失業率が，再分配に充当される租税についての政府の強制や団体行為の規制に対して，ふつうは反対する人びとの政治的な論調に大きな変化をもたらしたと想像するほかはない。必然的に中間階級の蜂起として起こるだろう行為は，今後20年のうちに勢いを増すかもしれない。

7.3.4　感情の二極分解

階級は最初には二極分解しないだろうが，しかし隠れてはいるものの非常に重要な一つの資源——肯定的感情——の分配は，中間階級の人たちが仕事と夢にしがみついているとしても，激変するかもしれない。中間階級の人びとが抱く恥，屈辱，罪，怒り，恐れ，悲しみ，拡散的怒り，拡散的不安などの否定的感情は，下層階級の人びとのそれにしだいに近くなり，事実それらは，中間階級の道徳的価値観の突然の喪失のためにはるかに過激になるかもしれない。

階級に基づく社会運動に対して感情的な障壁であった中間階級そのものが，ことによると社会運動の先駆けとなり，彼らの位置の崩壊を阻止するために何らかの措置を講じるよう政府に要求するかもしれない。この潜在的な先駆者たちの既存の制度への信頼と，またそのことに内在する保守主義とを仮定すれば，

第7章　感情の不平等と集合的結集　175

最初の反応は，激論を引き起こしそうな問題ごとに非常に多様で，またバラバラであるかもしれない。しかしこの大規模な変動は，一見些細な争点とみえる事柄——人工妊娠中絶，税金，政府あるいは宗教の役割など——をめぐる現行のイデオロギー闘争によってそう簡単には覆い隠せないとわたしは確信している。最初は感情がこうした方向に人びとを向かわせるかもしれないが，しかし全体社会組織の推移の規模が明確になってくるにつれ，当該人口集群の大多数になっていくものの周りに，新しい指導者，新しいイデオロギー，経済的正義を求める新たな動員形態などが統合されていくかもしれない。感情的な，そしてゆくゆくは階級的な下降移動を実際に経験する人が，当該人口集群のわずか30パーセントに過ぎなくとも，別の30から40パーセントの人たちが不安を抱くようになり，こうした運動に参加することになるかもしれないのだ。

7.4　むすび：感情の富裕層と貧困層

こうした当該人口集群の大部分は，有価資源への完全な接近を喪失するずっと以前に，もっとも有価な資源，すなわち自己についての感情的な肯定的評価に由来する自信を失う羽目になろう。先に強調したように，社会は，肯定的感情をもつ人たちとそれ以外とに二極化されるようになるだろう。前者のほとんどは，世界体系で利潤を維持している企業の資本保有者や，身につけた高度な技術がコンピュータで規制されたオートメーション化したサイバネティックな装置によって（まだ）駆逐されず，ますます強力になる人工頭脳を駆使できる熟練労働者である。彼らは，その一部がこれから待ち受けていることに不安を抱いているとしても，全体とすると肯定的感情の点で豊かであるだろう。しかし人口集群の圧倒的多数は，控えめにいっても感情的なプロレタリアートになるかもしれない。

次章で説明するように，こうしたグローバルな経済における新技術体系，資本分配，市場，雇用パターンの収斂に由来する変動は，ある程度まで政府がくい止めることができる。最近数十年，多数の論者によって「望ましい」とされてきたグローバリズムのイデオロギーは，人びとが否定的な感情価に沿って喚

起され，このイデオロギーへの信頼を失うようになると，どちらかといえば急速に萎縮してしまう。学術的なマルクス主義と一般世間とのあいだには，一般世間がいまだ学術的なマルクス主義を意識してはいないとはいえ，いくつかの点で興味深い乖離がみられる。多数の学術的なマルクス主義者は，グローバル化が資本家全体に波及し，その結果，資本主義に内在する「矛盾」が世界革命をもたらし，これが，長く遅延したとはいえ最終的にマルクスの予測した社会主義をもちこむようになると期待している。しかし一般世間は，高度産業社会で社会主義を実現させたくはないようである。世間の人たちは，96頁表4.2に列挙した中心的価値を放棄することに躊躇するだろう。彼らは，こうした価値や，階層化を正当化している制度的イデオロギーやメタ・イデオロギーにおけるそれの位置づけを否定する代わりに，政府に対して，自分たちがこれらの価値によって生きられるような何かをすることを切望するだろう，とわたしは予測している。このことは，政府が，みずからも世界体系から撤退して，企業に同じことをするよう要請するか，あるいは離職させられた人たちのための新たなプログラムを支援できる追徴税の設定に着手するだろうことを意味する。企業は，空威張りや傲慢さを顕わにしても，それに呼応せざるをえないだろう。なぜなら企業は，その存在を公認した国家による保護がなければ，その利害を保護する中央権威をもたずに曝される世界で，国有化や，その資産の直接的な押収，その技術体系の盗用などの措置に容易に傷ついてしまうからである。このことは，ここ数十年にわたるグローバル化の過程で確認されている。より地域限定的な貿易圏への撤退は，政府と企業の双方にとってより期待できる戦略のようである。そうなれば，それぞれの企業を公認している各国家の内部における生産資本の再集権化，残存している工場労働とホワイトカラー職種双方の増加，および資本と労働に対する新たな規制のための公務職の増加がもたらされることになる。

　グローバルな資本主義が崩壊にいたる前に，間もなく，国々内部，とくにグローバル体系の中枢に位置している高度産業社会の国々内部における感情の二極分解が，さまざまな戦線に沿ったグローバル化からの撤退を余儀なくさせる

だろう。なかでも重要なのは，資本と職業がグローバル体系から撤退せざるをえなくなることである。こうした撤退の引き金は，強制力の脅し（たとえば政府による接収）とか，あるいはもっともありうることといえば，外注したところから国内に引き戻される最終財やサービスのすべてに対する課税のような懲罰的な意図である。そうなると，国外から輸入される全製品により高い関税が課せられて，貿易戦争が勃発するだろう。こうした貿易戦争は，世界を再び複数の経済陣営に分割するかもしれない。これから2，30年のうちに起こることを確かめることはできないとはいえ，こうしたことはグローバルな社会主義と同じく起こりうることだ，とわたしは考えている。こうした変動のすべてが感情の階層化から派生するわけではないだろうが，目下のところこの感情の階層化は，高度産業社会を感情的に二極分解させる途次にあるとみなされる。とくに，中間階級が企業の分裂的な実力行使に曝されていて，政府の福祉や扶助一般がつねに最小であるアメリカ合衆国のような社会では，突然に蜂起が起こり，アメリカ合衆国の政治を根本的に変えてしまうかもしれない。本書の最後として，次章では「中間階級の蜂起」をさらに考察するつもりである。

注————
1）集合的動員が成功するために必要な諸要素を説明するにあたっては，多くの文献を参照した。そのなかには，以下のものが含まれている。Barker and Lavalete（2001）；Bell（1992）；Collins（2001）；Goodwin and Jasper（2004）；Goodwin, Jasper and Polletta（2000, 2004）；Goodwin and Pfaff（2001）；Jasper and Owens（2014）；Jasper（1997, 1998, 2004a, 2004b, 2006a, 2006b, 2006c, 2008, 2010）；Jasper and Poulsen（1995）；McCarthy and Zald（1977）；Zald and McCarthy（2001）；Morris and Mueller（1992）；Polletta and Jasper（2001）；Smelser（1962, 1986）；Snow and Soule（2010）；Tilly（1993）.

第8章

感情の二極分解と社会変動

　前章で強調しておいたように，感情は社会の不平等パターンを変えるための動員の中心にある。もし感情的でないとすれば，個人たちが社会運動組織体に効果的に動員されることはありえない。とりわけ，不平等と階層化をつくりだしてきた社会の制度的構成体と対決する決起の場合にはそうである。高度産業社会では，限定された類別単位の公民権に集中した動員はあったが，階級に基づく類別単位，より一般的には階層体系で動員が起こることはなかった。また動員は，環境や，外国への軍事介入といった国策に関係する特定の問題に限定されることが多かった。階級に基づく動員が起こらない理由は，高度産業社会のほとんどの人びとが金銭や権力以外に，資源としての一般化した象徴媒体の十分に大きな持ち分を有しているからである。彼らは剥奪されているとは実感していないし，さらにほとんどの人は階層化を正当化するメタ・イデオロギーに同意してきた。彼らの感情の貯蔵庫はしたがって肯定的である。こうした感情は，近位の偏向を打ち破ってマクロ構造とその文化へと拡張し，またそうするなかで階層体系を正当化し，この体系をつくりあげている制度体系への信頼を促進させてきたのである。

　しかし，一般化した象徴媒体の個人の持ち分が突然に減少したなら，また個人たちが，高度産業社会で達成し，成功を収めることが可能であると強調している中心的価値に据えられている期待を実現できないとすれば，どのようなことが起こるだろうか。こうした不測の事態は，当該の階層体系やこの体系を生みだし維持してきた諸制度に対決する階級に基づく動員をもたらすのだろうか。こうしたことは，比較的近い将来，10年から30年のあいだに起こるかもしれない。EU諸国における個人たちが，政府借款によって中間階級の豊かさを維

持しようとした後の「緊縮」政策に抗議するのは，彼らの不平不満の現れである。同様の不平不満は，アメリカの納税者たちにもみることができる。彼らは，自分たちが支えてきた財政制度の大改革の後に，富裕者の特権に突如懸念を抱き，この体系の指導者たちは中間階級から仕事と所得を奪って苦渋を与える一方で，富裕者をさらに豊かにしていると指摘した。こうした抗議や懸念はどれも，今のところ蜂起をもたらしてはいない。しかしこれらは，グローバルな資本主義体制が国々やそれぞれの中間階級から仕事と富を奪っていく将来にはより多くの抗議が起こる前兆ではある。

8.1 現代の高度産業社会における革命の可能性

　ランドル・コリンズ (2014) は最近になって，高度産業社会で闘争の可能性が増すかもしれないというシナリオを描いた。その筋書きは，カール・マルクスの考えをひとひねりして現代的に解釈にしたものである。マルクスは，予備労働力のプールが増大し，個人たちが財やサービスを購入できなくなると，資本主義体制は崩壊し，先進社会の制度体系に劇的な変動を引き起こすと考えた。資本主義が崩壊すると，生産手段を制御する少数者とその犠牲者である多数者とのあいだに階級の二極分解が起こるというマルクスの予測は実現するかもしれない。しかしわたしは，マルクスの予測したほどほとんどの人たちが実際に階層体系の底辺に突き落されることはないが，それに先行して同じ程度に感情の二極分解が起きると考えている。当該体系へ感情的信頼を寄せている中間階級の人たちは，その仲間たる中間階級のメンバーたち——あるいはその子どもたち——がここ 50 年間にわたって手中にしてきた一般化した象徴媒体に接近できなくなったとみなし始めると，しだいに一組の否定的感情（懸念，心配，恐怖，怒り，欲求不満，そしてたぶん恥と罪）と共生せざるをえなくなる。高度産業社会における無定形な中間階級の大多数のなかで，当該の階層体系内で下降移動を始め，感情の暴走を引き起こす個人や家族の比率は比較的低いだろう。とりわけ，この最初の下降移動についてのマスコミ報道が広まっている時期にはまだまだ小さい。要するに，現実の家族が階級位階を下降するよりもは

るかに急速に，感情は肯定価から否定価へと動きうるのだ。だから感情が二極
化され，したがって階層化されると，高度産業社会にきわめて大きな効果をお
よぼすことになろう。本章で論じるのは，このことである。

8.1.1　オートメーションと情報技術革命の脅威

　オートメーションはまず工場で支配力を獲得したので，ブルーカラー労働者
に影響をおよぼす可能性があった。コンピュータが機械に接続されるとオート
メーションの脅威は増したが，しかしその脅威は，資本と種々の開発途上国の
より安価な労働力供給源へ輸出することによって乗り越えられた。驚いたこと
に，この工場労働の外注化は，マルクスやマルクス主義者たちが予測したよう
には革命の可能性を高めなかった。そうした抗議が起きなかった理由の一部は，
労働側が高度産業社会の制度体系を大いに信頼していたことによる。とくにア
メリカ合衆国ではそうであったが，しかしイギリスやフランス，ドイツの場合
はそうでもなかった。抗議が起きなかった別の理由の一部は，ブルーカラー職
種がなくなり，サービス部門で新しい職種が大量に生まれたことである——こ
のことによって多くの人たちは，自分はホワイトカラー労働へ上昇移動してい
るのだという幻想を抱くことができた。しかし，こうした多くの職種と結びつ
いた低賃金が広く普及していくと，これらの職種が上昇的な社会移動を表して
いるとは信じがたくなる。抗議が起きなかったもうひとつの理由は，ブルーカ
ラーの職種が消滅していくと同時に，教育機会，とくに高等教育の機会が拡大
していったことである。実際，産業社会と高度産業社会全体にわたって，高校
卒業者の大きな割合が大学に進学し，非常に有価な資源，すなわちホワイトカ
ラー職種を確保するために役立ちうる学識を手に入れた。現在では，アメリカ
合衆国における高校卒業者の 60 パーセント超がなんらかの形の大学に進学し
ている。その割合は，韓国のような他の社会でも上昇しつづけている。資格イ
ンフレーション——高い学位を求める人たちが増えつづける——は，「すべて
がうまくはいかない」という知覚に蓋を被せつづけた。事実このインフレーシ
ョンは，人びとにかつてないほどの資金を学位取得につぎ込ませたが，そうし

て得た学位は，長い目でみて，給与の高い職種への接近を保証しないかもしれないのだ。実際，とくにアメリカ合衆国では，学位を賄うために利用される借金やその他の形態の負債がしだいに高額になり，中間階級の純財産を浸食するようになった。そうなると人びとは，資格に象徴される学識のような有価資源は接近しやすいという感覚を徐々にもてなくなっていく。

　資格インフレーションが高等教育に要する費用を押し上げるのと時を同じくして，この教育を活用する雇用機会も減りつづけている。それは，情報技術体系の使用が拡大をつづけるなかで，かつては技能的なホワイトカラー労働であったものが情報技術体系によって遂行され，あるいはそうした職種が低賃金のホワイトカラー労働力プール——数十年前にはブルーカラー労働力プールであった——へ排出できるようになったためである。この趨勢が近い将来も継続するなら，中間階級の個人やその家族が，学識は貨幣や権威に接近できる鍵なのかどうかと疑問視するようになるのは当然である。

　コリンズ (2014) は，アメリカ合衆国における情報技術体系の普及が最終的に資本主義に危機をもたらす，というシナリオを提示している。このシナリオでは，労働力人口の大きな割合が職を失うか，給与のよい職種から所得をえられなくなると，彼らは機械によって駆動される経済が産出する膨大な量の財やサービスを購入できなくなって，資本主義は崩壊するという結末にいたる。たとえば就業労働力の失業率が 10 パーセントを越え，次に 30 パーセント，やがて 40 パーセントになり，そしておそらく 50 パーセントまでになると，いったいどのようなことが起こるだろうか。国家の課税基盤が消滅するなかで政府は，こうした個人や家族を支援するための資金をどこから調達できるのだろうか。一般市民の購買力が激減する場合，資本家たちはどのようにして利益をあげるのだろうか。そうなれば，中間階級の没落や，社会の富裕者とその他の人びととのあいだの感情の二極分解を食い止める手立ては，政府や資本家にはないかもしれない。しかしながらわたしは，失業者がこれほどまでの大人数に達するはるか前に感情の二極分解が進み，それによって社会運動がすべての制度体系を刷新しはじめるのではないかと考えている。とはいえそれは，個人とその家

族の窮状に何か違いをもたすだろうか。

8.1.2　高度産業資本主義の自己破壊力

　マルクスが認識していたように，資本主義は多くの矛盾を露呈する。しかしマルクスは，わたしがすでに具体的な説明を試みたように，政府綱領によっては先進資本主義が自滅を免れるということを認識しなかった。そうした政府綱領には，(a) 資本主義では不可避である景気循環の厳しさを緩和すること，(b) 市場競争を抑えるような寡占形成をある程度制限すること，(c) 貨幣供給や金融組織体の過剰投機を管理すること，(d) セーフティ-ネットを必要としている人たちのために，それの最小限のプログラムを実行すること，そして(e) 当該人口集群，とくに低く評価されてきた類別単位のメンバーたちが，学識のような別の有価資源を無料もしくは廉価で確保できるための機会を拡張すること，が含まれている。政府によるこうした努力によって，資本主義に内在する問題は長年にわたって緩和もしくは先延ばしにされてきたが，しかし問題が消失したわけではない。これら問題が，以下で説明する多数の戦線に沿ってさらに悪化すると仮定することは理に適っている。

　(1) **利益を最大化しようとする基本的欲求**　　資本主義下の企業は，とりわけ資本が株式市場に上場されている場合，つねに利益を増大する圧力下におかれている。公開取引される株式市場で利益の増加が見込まれないと，株価は下落し，企業は十分な資本を調達することができないか，あるいは市場での株式資本を失うだろう。このいずれによっても，人びとが企業に投資しようとする気概は薄れるだろう（たとえ収益を上げている企業でも，十分な利益を上げていないとみなされると投資の対象ではなくなり，そうした思惑だけで企業市場での株式資本を失う）。いうまでもなく，市場占有の拡張は利益を上げる一つの方法であるが，しかし市場占有がより安定的な高度の競争市場にあっては，経費削減だけが利益を上げられるのだ。経費削減は多くの重要な方法によって達成できるが，そのすべてが中間階級の安全を脅かす。経費削減の一つの方法

は労働価格の引き下げであり、これは多数の手段によって達成できる。すなわち(a)職種を低価格の労働力プールに排出する、(b)職種と結びついた便益（たとえば確定給付年金、医療費給付）を少なくする、(c)企業による経費削減に抵抗しようとする労働者の勢力増大を試みる組合化などの方法を阻止する、などである。経費を削減する別の方法には、(d)税金を少なくするための経理の不正操作、(e)特別税やその他の形態の優遇措置を求める政府団体とのロビー活動、また(f)新規の情報技術体系が採用するオートメーションを介した必要労働力の規模の縮小、が含まれる。

　上記した戦略のすべてはここ数十年において実行され、かつては強力であったブルーカラー労働者の位置を打ち壊したが、しかし現在では(a)から(f)が中間階級の安全に有害な結果をもたらしはじめている。工場のオートメーション化は、とくに情報技術が自動化された機械と結び合わされると、ブルーカラー労働者に損傷を与える。多くの工場職種は、労働対価が低い上に手当もないような国々に移転された。中間階級のホワイトカラー職種は、ここ2、30年のあいだはこうした経費削減の手段による影響をさほど受けなかったが、しかしデジタル革命の影響は免れず、現在では多くの型の職種の輸出が可能になった。サービスコールセンター、機械工学、建築関連の事務作業、医療業務サービス（エックス線やMRIのような画像の判読）、経理や刊行物の編集や印刷など、多くの職種が輸出可能なのである。この種の外注化はこれからも増加する一方であり、これによって当該人口集群中、高等教育を受けた人たちが利用できる職種の数が減少することは必定だろう。もっとも、資格インフレーションがあるからこそ、高等教育を資格条件とする職種は増えており、いまや何百万人もの個人が資格によって仕事を手に入れているけれども、縮小しつづける熟練労働市場に参入しようとする将来の労働者の多くにとって、より多くの資格を保有することは有利に作用しないかもしれない。実際、教職は労働力人口における最大の専門職の一つであるが、これらの専門職さえも情報技術体系の影響を免れない。このことは、大学が記録の保存や講義、またオンライン課程のために視聴覚技術を用いようとしていることに明らかである。ちなみに、こうしたこと

すべてが大学教授のような高度な教育を受けた労働者からさえ多くの職種を奪っている。

　(2) **市場投機と過剰投機**　　資本主義が成長し，地球中に普及するにつれ，市場の投機水準は劇的に上昇した。市場は，コリンズ (1990) がメタ市場と呼んでいるものに階層化されるようになった。メタ市場とは，低次の市場における交換媒体が売買対象となる株式市場のことである。たとえば貨幣は，もはや単なる交換媒体ではなくなり，金融市場における財貨，しばしば高度に投機的な財貨となる。同様に，抵当権は不動産を購入するための資本調達媒体ではなくなり，同じく投機的市場で交換される交換財になる。このことは，2007 年にアメリカ合衆国で発生した不動産市場の崩壊がよくしめすところである。もはや株式は，会社を起こし運営するための資金を調達する機構ではなく，抵当権と同じように，その価格が株式市場で上昇することへの投機として購入されるようになってきている。株式市場や貨幣市場が地球規模に広がると，金融派生商品の創出とそれの販売が世界経済崩壊の妖怪をつくりだす。というのも，金融派生商品がしばしば非常に複雑なパッケージで商品 (低次な市場での交換手段) として束ねられ，高次のメタ市場で売りだされると，元の商品はメタ市場での商品の単なる一要素として，他の要素を下落させるからである。そして高次のメタ市場が崩壊すると，その崩壊は低次の市場に滝のように流れ落ちていく (Braudel, 1977, 1982 ; Collins, 1990 ; Turner, 1995, 2010a)。このようにして，不正に束ねられメタ市場に売りだされた株式のせいで，2007 年，アメリカ合衆国の抵当権のバブル (と別のバブル) がはじけた際には，抵当権と住宅市場だけでなく，事実上他のすべての市場も突然に深刻な不況に陥ち込んだのだ。実際アメリカ合衆国内では，すべての主要銀行，あらゆる大きな株式会社，多くの保険会社，融資に依存している企業 (たとえば自動車製造業や住宅産業) は，ほとんどが破産寸前に追い込まれた。政府の介入がなかったなら，アメリカ経済——世界最大の経済——全般は，産業世界のほとんどの経済とともに破壊点にまで縮小したはずである。

利益追求の欲求は，たぶん金融部門においてより強力である。そこでは，ほとんどすべてが投機的で，高収益をあげるための高い危険が当然視されている。だから投機で活気づく地球規模の金融体系もまた崩壊しやすい体系であり，実際こうした崩壊が起これば，産業的および高度産業的企業の金融体系のさまざまな部門で就労している多数の中間階級の職種は危機に追い込まれるだろう。銀行業や金融組織体が過剰に投機する場合でさえ，別種の企業と同様にATMの使用，オンライン業務，コンピュータによる商取引制度などの情報技術の応用によって，労働経費を削減しようとするだろう。そうした組織体はまた，規格化された銀行業務の多くを外国の安価な労働力に外注している。銀行や金融業内の多くの中間階級職種は抹殺あるいは外注化されている——高度産業的経済の事実上全部門における市場崩壊の間，危険な過剰投機に関わっている企業でさえ排除する職種をどんどん増やすことができるのだ。

(3) 政府の歳入危機　アメリカ合衆国をはじめ高度産業諸国では，企業が資金を海外に移転したり，また税制上の優遇措置を実現するためのロビー活動を展開するようになって，企業からの税収は減少の一途を辿った。そのため政府は，歳入総額の大きな割合を個人所得税や取引税に依存するようになった。経済が過剰投機によって劇的に縮小する場合，あるいは企業が経費削減によって利益を増大するために人びとを解雇する場合に，新しい雇用先への移行を乗り切る個人たちを助ける一つの方法は政府支援ということになる。しかし支援を必要としている個人たちのプールが大きく膨らむと，政府資源の流出は増す一方になるだろう。非常に高い失業率が慢性的になるある時点で——たとえばオートメーション，情報技術体系，外注，金融危機の完全衝撃が明らかになる今後数十年間には失業率は30パーセント——，政府の租税からの歳入源は低下するだろう。失業者は，課税対象になりうるだけの十分な所得を得ていない。また，失業して政府支援に頼っている人たちは大きな購買力をもたないから，取引税による政府歳入は減少するだろう。当該人口集群が企業の財やサービスを購入する力を失うと，企業の所得は減少し，それ以上に政府の税収は低下す

るだろう。とくに，（納税できる買い手が減少している事実にもかかわらず）政府が企業の増産促進のために「緊急経済対策」をとった場合にはそうである。

　政府が，失業者の支援あるいは苦境に落ち込んでいる企業のてこ入れのために紙幣を乱発すると，その結果もたらされるインフレーションは，貨幣の購買力を下げると同時に，政府が借款する際の国債の価格も下げるだろう。その最終結果として，政府は，大恐慌後の時期（1930年代）に実施された中間階級の人たちを雇用する組織体の維持のようなことをしたくてもできなくなるかもしれない。階級階梯を下ろされる人がどんどん増えていき，この過程がひとたびはじまると，長年にわたり高度産業社会の制度体系を信頼してきた人たちのあいだに否定的感情が喚起され，それはたちまち加速するだろう。ほとんどの先進的高度産業社会が将来どのようでありうるかは，現在のヨーロッパ共同市場のなかにみることができる。そこでは今，あまり豊かでない共同市場のメンバーである市民たちが，中間階級の経済的安定さえ侵食する「政府緊縮政策」に抗議するために起ちあがっているのである。

8.1.3　グローバルな諸力の介入

　(1) 人口誌的な危機　　世界人口がこのまま成長しつづけ，ほどなく70億人を突破する¦訳注：2015年3月現在，すでに72億人に達している¦ことをみれば，人口危機が近いことは容易にわかる。皮肉なことに，もっとも成長しているのは貧困人口集群であり，彼らは人類の危機ばかりでなく，経済的ならびに政治的な危機をはらんでいる。十分な食料もみつけられず，また混み合った空間で生活しなければならない貧しい人たちは，高度産業社会の政府からの支援を必要とするのだろうが，その政府はまさにその同じ時期に税収入をますます減少させている。失うものを何ももたない貧しい人たちはまた，蜂起のために動員されることがあり，そうなれば地球中の政治体制を不安定にさせることになろう。また貧しい人たちは，資本家が，その財のための市場が衰退して塗炭の苦しみを噛みしめているときでさえ経費のさらなる削減を追い求めることによって，彼らによる搾取の標的になるかもしれない。そしてついにはみすぼ

らしい生活を強いられる貧しい人たちは，今世紀中に確実に到来する世界的流行病の温床となる。今でもマルサスのいう最大級の懲戒は，この惑星が支えなければならない人口を減少させるうえで実際に役立つかもしれない。より長期的にみると，人口集群の絶対的規模の縮小は，政府支援を求める市民の要求を少なくし，仕事を必要とする労働力の規模を縮小するだろう。残忍というほかないが，世界人口の3分の1を殺す世界的流行病は生き残った人口集群がよりよい生活を確保できる可能性を高めるだろう。

　人口集群は，生態系の破壊や戦争および内紛によって引き起こされる状況を回避して，将来も移動をするだろう（以下をみよ）。難民たちは，比較的に豊かな社会にも大きな財政負担を背負わせる。難民を救済するために資源が用いられると，受け入れ社会がその人口集群の減少しつつある資産を保全する資金は減少する。さらに難民たちはまた，民族対立，あるいは難民を受け入れ社会の主流に参入しうるかどうかをめぐる対立といったシナリオをつくりだす。こうしたシナリオは，内紛や政府の財政負担の可能性を増すだけである。

　(2) **生態的危機**　　地球温暖化のせいばかりでなく，人間の生活を支える主要な生態系の循環——大気，水，および肥沃な大地——の破壊によっても起こる生態的危機が世界中で生じていることは明らかである。さらに，生態系の破壊ならびに人口成長の結果として，資源の不足が深刻になり，これによりあらゆる物財の価格は上昇し，サービス価格さえ多くの場合上昇する。価格インフレーションは，中間階級家族の相対的位置を侵食し，彼らを当該階級体系の下方へ引きずり下ろすだろう。そしてこの過程において，当該人口集群の感情的二極分解が生じる。

　(3) **戦争と紛争**　　人口危機と生態的危機によって現実的資源を奪い合わねばならなくなるために，戦争行為はかなり増加するかもしれない。さらに資源不足は，国家間の従来からの敵対関係や，長年にわたる類別単位（民族，宗教）メンバー間の緊張，また人びとの相対的な資源持ち分の低下にともなう新たな

階級対立を悪化させる。戦争行為や紛争は，政府に対し，強制力とそれの管理運営のために経費を投入するよう圧力をかける。このことは若干の新しい仕事をもたらすが，しかし結局のところ，国内経済を刺激するためや，あるいは資産の減少した人たちの支援のために用いられてきた資金を枯渇させる。社会統制に躍起になる政府は，中間階級の意欲や福祉を支援する力をますます失墜させる。実際，これまでよりも厳しい負債を負うことになる政府は，最終的に財政危機を招き，それによっておのれを脱正当化し，したがってまた感情的に喚起された人口集群を統制できる力を失うことになる——これは，国家が興隆したそもそもの最初から顕在した紛争のパターンである（Weber,［1922］1968；Skocpol, 1979；Goldstone, 1999）。

8.2　人口集群内の感情の二極分解

　上記の諸問題を考察する場合，多くの社会学者，とくに世界体系を分析している社会学者たちは，これらさまざまな危機は，資本主義が崩壊し，政府が財政危機と正当性維持の問題を経験する点で危機的であるが，しかし同時に新しい社会主義の到来だとみなしている。わたしの推論は，これらとはいささか異なる方向にある。すなわち，わたしの推測するところ，資本主義を支える制度体系が崩壊するよりずっと前に，高度産業社会では人口集群内の感情の二極分解がはじまって，政策を変えるよう政府に重圧をかける社会運動が台頭するだろう。たとえばブルーカラー職種の外注化は 20 世紀のうちに社会運動組織体を生みださなかったが，中間階級の衰退は，資源としての一般化した象徴媒体の持ち分に対する期待と関連して，たちどころに激しい感情を起こさせるだろう。要するにわたしの仮定では，これから数十年のうちに資本主義の完全な危機が訪れるのだろうが，それに先立ち中間階級のメンバーたちは有価資源へ接近できにくくなることを経験しはじめる。ひとたびそうなると，彼らはその状況を価値前提で特定されているような成功期待と比較秤量して把握するようになり，政府に何らかの措置を実行するよう尨大な政治的圧力をかけはじめるだろう。実際に政府は，これまで利用したことのなかった権力を保有している。

たとえば政府は，国内企業が外注した財貨やサービスに輸入関税を課し，これによって仕事を外注することを難しくすることができる。外注する企業に，それ以外の税をかけることもできる。あるいは市民は，国内経済と対立するような国際ネットワークから国家が脱退するよう要求できる。事実，よく知られているように，合衆国政府が企業に北アメリカに引き揚げるよう強要したとき，より強烈で力強い北米貿易協定が結ばれた。

　中間階級の諸部分が政党としてではなく，より政治的に階級として組織されるようになれば，かなりの政治力と経済力を行使できるだろう。こうした階級は，職種を排除したり統合したり輸出したりする企業をボイコットできるし，また政府が企業よりも国民の利害の方に敏感になるように政治を再編成できる。今現在アメリカ合衆国では，かつてタカ派であった共和党員が，ヒスパニック系の人たちが多くいる州で，しかも選挙権をもつヒスパニック系の者が増える州で再選を果たそうとする際，出入国管理問題に関してみずからの立場を変えることに躍起になっているが，それは上記したような市民の力の一例といえる。中間階級を基盤とした，部分的にせよ統一された政治運動に直面した政治家たちが，どれほど素早く行動するかは想像に難くない。なぜならこうした階級は，アメリカ総人口の65パーセントを占めているからである。共和党は，金融組織やその過剰投機，職種や給付を削減した組織体，また外注する組織体に対して，改善を要求できた。オートメーションや情報技術を活用するとしても外注が手控えられるならば，当該社会の労働者が手にすることのできる職種はまだ多くある。アメリカの中間階級のメンバーたちは，この階級を分裂させてきた別の問題——人工妊娠中絶，宗教的信念，性的嗜好，同性婚，戦争，福祉など——によってではなく，階級によって組織されるなら，健康管理，海外派兵の冒険からの撤退，無利息の教育ローン，アメリカの法人に対する課税率の引き上げ，（州）政府による大学の授業料負担に関する現状維持，企業——規模の大小を問わず——の支払う最低賃金の上昇など，より包括的で一般的な要求をすることにより資源配分をめぐる政策を変更できる。目下，21世紀20年代までのいささか保守的な雰囲気のなかでさえ，こうした要求は形成されはじめてい

第8章　感情の二極分解と社会変動　191

る。20パーセントの失業率と，これが結果的に生みだす集合的感情をもつアメリカ社会を想像すれば，政治的圧力の可能性を理解できるはずである。

　もちろんこの感情は，個人や家族を異なる方向へ押しだすことができる。一部の人たちは超リベラルになり，他の人たちはまったくその正反対になる。今まで以上に宗教を必要とする人も，逆に必要としなくなる人もでてくる。一部の者は孤立主義を支持し，他の人たちは介入主義を支持する。しかしわたしには，こうした相違が真に大規模な経済的脅威に遭遇しても，そのまま維持されうるとは考えられない。すでに世論調査は，アメリカ人は対外戦争，外注化，企業助成政策，国際的金融体系への過剰介入に反対しているという結果をしめしている。成功期待の低下のようなさらなる圧力下におかれた人びとが喚起する感情は，しだいに，資源としての一般化した象徴媒体の中間階級の持ち分を保護することを中心にした階級問題に発展するだろう。そして，もしアメリカ合衆国が階級問題をめぐって感情的に二極分解するなら，高度産業世界の残余も同じようになるだろう。

　目下，ほとんどの高度産業社会の中間階級は，漠然としていて未組織であり，その資源持ち分を維持することが共通の利害であることにほとんど気づいていない。彼らは，他のイデオロギーやライフスタイルの問題によっていともたやすく方向転換するが，しかしみずからの期待の急速な侵食にでくわせば，感情はただちに高ぶり，指導者たちに社会運動のための組織体をつくるよう働きかけるだろう。最初，こうした組織体は互いに対立するかもしれないが，しかし経済問題が顕わになると，現今で予測できる以上に団結するようになるかもしれない。30から40パーセントを占める失業者は社会の多くの事柄を変化させるだろうが，少なくともアメリカ人のあいだでは，社会主義，ましてファシズムの導入とはならず，資源持ち分を維持することを中心にして融合されるだろう。生産物需要の落ち込みにすでに悪戦苦闘している企業に対して政府が強権発動をするような状況下であれば，こうしたことは可能である。他のことはともかく2007年の大不況に際しては，アメリカ企業が政府の要求にすばやく屈服したことは事実である。唯一の問題は，政府が一部企業に対してそうした圧

力を保てず，それら企業が政府圧力から逃れるのを簡単に認めたことである。資本家は，その富の源泉が消えつつあるとみるならば，驚くほど反省するようになるのである。

　当然のことながらわたしには，上記したシナリオのどれが現実になるのかも，誰が将来についてのシナリオを提示するのかもわからない。現実には交差し対立する諸力が多くありすぎるが，しかし，現在の階級体系がグローバル経済のなかで維持されえないことは明々白々である。というのも企業は，みずからが組み込まれている社会，グローバルな体系内でのみずからの保護を最終的に依存するはずの社会にいる労働者を略奪して，経費削減をしつづけようとしているからである。

　結局のところこうした行動は，アメリカ社会やほとんどの高度産業社会がこれまでに経験したことのない階級危機をもたらすだろう。そうした危機を孕む社会では，人びとが幾世代にもわたって固く信じてきた価値やイデオロギーやメタ・イデオロギーに掲げられているような生活期待を適えられないことによって，人口集群の半数以上が感情的に喚起される。恐れ，不安，怒り，恥，屈辱が，そうした感情状態を引き起こした人物や事柄へ帰属することになるだろう。そうした感情は，たとえ最初は抑圧されるとしても，やがて大衆ストライキとして現れる。実際こうした感情が抑圧されれば，それはおそらく拡散的不安をともなった拡散的怒りとして表面化し，人びとを，たぶん彼らの人生においてはじめての集合行動に向かわせる。中間階級を分裂させる目下の「手に負えない」一連の問題を避けながら，諸問題を適確に枠づけられる指導者が出現するならば，そこに台頭するイデオロギーは，現在の価値と，またイデオロギーとさえ調和するだろう。大衆がその価値やイデオロギーの説く現実の回復を支持して起ちあがると，より多くの個人は一つの，あるいは一連の社会運動に動員されうる。そして大衆は，経済行為者を規制する行動を起こすよう，かつては決してなかったような形で集合的に政府に圧力をかけるだろう。資本主義は崩壊しないだろうが，しかしそれが容認されている社会に対していかなる犠牲もなしに利益を追求することもできなくなるだろう。資本主義は，社会的に

もっと責任を担わざるをえなくなるか，あるいは政府が強制力をもつ裁可と向き合わざるをえなくなるだろう。

8.3 むすび：マルクス主義の反語

　マルクスによる予測の一部は，彼が思い描いたとおりではないとはいえ，現実に起きるかもしれない。感情が不平等に分配される資源のひとつであることを想起するなら，何が人びとを行動へと突き動かすかについてもっと確たる手がかりを掴めるはずである。中間階級の大きな集合が現在の資源持ち分に近いものをもちつづけるかぎり，彼らは肯定的感情を経験するだろうし，現行の制度体系を正当化し支持しようとするだろう。しかし，自分たちが今もっている資源が失われる羽目になるかもしれないという集合的認識は，高度産業主義内で彼らの位置が歴史的に受けていた剥奪よりも，近い将来現実になるかもしれない剥奪の方が劇的に拡大するとの恐れを理由に，激しい感情的反応を引き起こすだろう。新しい認識に直面して恐れ，怒り，不安，恥，罪が増大すると，彼らはイデオロギーへの信頼を弱め，次いで「これを引き起こした」政府の脱正当化に転じるだろう。社会のこの最大部分の感情的な決起は増えるだろうし，そしてそこには，より下層の階級，またおそらくみずからの相対的な資源持ち分の損失を怖れる上層階級の一部も引き込まれるかもしれない。

　だからわたしの見解からすると，感情の二極分解が，下降移動する中間階級家族を中心にした最終的な階級の二極分解に先行するのは十分にありうることなのである。こうした感情の二極分解は，アメリカ合衆国のような社会，必要な範囲内で資本を抑制してこなかった社会に対して，根本的な変化をもたらす社会運動の組織化あるいは社会運動組織体を駆動させる。二極分解が起こるとすれば，それは中間階級においてであろう。そしてそれの初期段階では，この中間階級の基盤が現実に損失したというよりも，失われるかもしれないという怖れをめぐっての二極分解だろう。それはまた，下層階級を中間階級に感情的に同調させもするし，その結果，人口集群の圧倒的多数のあいだに感情的な連帯感が生まれる。

こうした中間階級から発生する革命はマルクスの予測したものとは違うが，人口集群のほとんどを巻き込むことになるので，マルクスが待望したと同程度に強力だろう。またこの革命が起こる理由も，マルクスが説明したとおりのものだろう。現在の世界体系できわめて明白にみられるように，資本主義が利益追求と危機創出の行動を継続するなら，それは社会を感情的に二極分解することになろう。二極の一方は，メタ市場における金融操作から利益を上げることができるか，あるいは利益を上げている企業を制御する少数者であり，他方は，みずからの期待が壊されることを心配する圧倒的多数の人たちである。この大多数が怒って決起することになるのだろうが，それは資本主義を放棄するためではなく，富裕者よりも自分たちに有利に働くよう資本主義をつくり替えるためである。これはマルクスのいったユートピアではない。実際それはユートピアでないが，資本主義社会の完全な放棄や地球規模での社会主義の押しつけに比べて，より現実的に発生しそうである。もちろん，この世界水準の社会主義の押しつけという目標は，ほとんどの世界体系の理論化において暗黙の予定になっているが，しかしわたしには，それがもっともありうる事態の変化だとは思えない。わたしの見解によれば，現行のグローバル経済体系の崩壊は，国および地域水準での悔い改めた資本主義とともに，地球規模の社会主義よりもはるかにありうる趨勢の帰結である。だから，資本主義に内在する不安定性をめぐるマルクスおよびマルクス主義者が強調した過程そのものは到来するだろうが，地球規模でのその過程は，これまで資本に対して無規制かつ低い課税しかしてこなかったアメリカ合衆国のような社会が方向転換をして，資本を統制するヨーロッパ社会のようになる変化をもたらす過程だろう。そのことに大いなるアイロニーがある。こうした事態の変化は，マルクスのユートピアでなく，エリック・オリン・ライト (2010) の想い描いた「複数の現実的ユートピア」か，あるいは資本を統制する者と社会の残余の部分とのバランスがよりとれている資本主義，またグローバルな資本主義体系の牽引力が劇的に低下した資本主義に近いのかもしれない。

文　献

Abrutyn, Seth, 2014, *Revisiting Institutionalism in Sociology: Putting the "Institution" Back in Institutional Analysis.* New York: Routledge.

Abrutyn, Seth and J. H. Turner, 2011, The Old Institutionalism Meets the New Institutionalism. *Sociological Perspectives*, 54(3).

Alexander, Jeffrey and Philip Smith, 2001, The Strong Program in Cultural Theory: Elements of a Structural Hermeneutics. In J. H. Turner (ed.), *Handbook of Sociological Theory*, Kluwer Academic/plenum Publishers.

Berger, J., 1958, Relations between performance, rewards, and action-opportunities in small groups. Unpublished Ph.D. dissertation, Cambridge, MA: Harvard University.

──, 1988, Directions in Expectation Sates Research. In M. Webster and M. Foschi (eds.), *Status Generalization: New Theory and Research.* Stanford University Press.

Berger, J. and T. L. Conner, 1969, Performance Expectations and Behavior in Small Groups. *Acta Sociologica*, 12.

Berger, J., B. P. Cohen and M. Zelditch, Jr., 1972, Status Characteristics and Social Interaction. *American Sociological Review*, 37(3).

Berger, J., H. Fisek, R. Z. Norman and M. Zeldicth, 1977, *Status Characteristics and Social Interaction: An expectation-states approach.* Elsevir scientific Pub.

Berger, J., R. Z. Norman, J. W. Balkwell and L.Smith, 1992, Status Inconsistency in Talk Situations: A Test of Four Status Processing Principles. *American Sociological Review*, 57.

Berger, J., S. J. Rosenholtz and M. Zelditch, Jr., 1980, Status Organizing Processes. *Annual Review of Sociology*, 6.

Berger, J. and M. Zelditch, 1985, *Status Rewards and Influence.* Jossey-Bass.

── (eds.), 1993, *Theoretical research programs: Studies in the growth of theory.* Stanford, CA: Stanford University Press.

Berger, J. and M. Webster, Jr., 2006, Distinction: A Social Critique of the Judgment of Taste, Cambridge, MA: Harvard University Press.

Blau, Peter M., 1964, *Exchange and Power in Social Life.* New York: Wiley.（間場寿一・居安正・塩原勉訳，1974，『交換と権力：社会過程の弁証法社会学』新曜社）

──, 1977, *Inequality and Heterogeneity: A Primitive Theory of Social Structure.*

New York: Free Press.

——, 1994, *Structural Contexts of Opportunities*. Chicago: University of Chicago Press.

——, 2001, Macrostructural Theory. In J. H. Turner (ed.), *Handbook of Sociological Theory*. Kluwer Academic/Plenum Publishers.

Boehm, C., 2012, *Moral Origins: Social Selection and the Evolution of Virtue, Altruism, and Shame*. New York: Basic Books.

Boehm, C., n.d., In Search of Eden. (Unpublished manuscript under submission to publishers)

Braudel, Fernand, 1977, *Afterthoughts on Material Civilization and Capitalism*. Baltimore, MD: John Hopkins University Press.

——, [1979] 1982, *The Wheels of Commerce: Civilization & Capitalism, 15th-18th Century*, Volume 2. New York: Harper and Row.

Bourdieu, P., 1984, *Distinction: A Social Critique of the Judgment of Taste*. Cambridge, MA: Harvard University Press. (石井洋二郎訳, 1990, ピェール・ブルデュー, 1990, 『ディスタンクシオン：社会的判断力批判』I・II, 藤原書店)

Burke, Peter J. and Jan E. Stets, 1999, Trust and Commitment through Self-Verification. *Social Psychology Quarterly*, 62(4).

——, 2009, *Identity Theory*. Oxford University Press.

Chase-Dunn, C., Bruce Lerro, Hiroko Inoue and Alexis Alvarez, 2013, "Democratic Global Governance: Moving from Ideal to Reality" *International Journal of Sociology*, 43(2).

Chase-Dunn, C. and B. Lerro, 2014, *Social Change: Globalization from the Stone Age to the Present*, Paradigm Publishers.

Clark, C. and H. Robboy, 1992, *Social Interaction: Readings in Sociology*. Worth Publishers.

Collins, Randall, 1975, *Conflict Sociology: Toward an Explanatory Science*. New York: Academic Press.

——, 1979, *The Credential Society*. Academic Press.

——, 1990, Stratification, Emotional Energy, and the Transient Emotions. In T. D. Kemper (ed.), *Research Agendas in the Sociology of Emotions*, Albany: State University of New York Press.

——, 1993, Emotional Energy as the Common Denominator of Rational Action. *Rationality and Society*, 5(2).

——, 2001, Social Movements and the Focus of Emotional Attention. In: Jeff Goodwin, James M. Jasper and Francesca Polletta (eds.), *Passionate Politics: Emotions and Social Movements*. Chicago & London: University of Chicago Press.

——, 2004, *Interaction Ritual Chains*, NJ: Princeton University Press.

Collins, Randall, 2014, Studying for Violence: A Micro-sociological Theory, Princeton: Princeton University Press.

Cook, K. S. and R. M. Emerson, 1978, Power, Equity, and Commitment in Exchange Networks. *American Sociological Review*, 43(5).

Dahrendorf, Ralf, 1959, *Class and class conflict in industrial society*. Stanford, CA: Stanford University of Chicago Press. (富永健一訳，1964，『産業社会における階級および階級闘争』ダイヤモンド社)

Davies, James C., 1962, Toward a Theory of Revolution. *American Sociological Review*, 27(1).

DiMaggio, P. J. and W.W. Powell, 1983, The Iron Cage Revisited: Institutional Isomorphism and Collective Rationality in Organizational Fields. *American Sociological Review*, 48(2).

Domhoff, W. G., 2006, *Who Rules America?: Power and Politics, and Social Change*. 5th ed. Boston: McGraw-Hill.

Durkheim, Emile, [1912] 1984, *The Elementary Forms of Religious Life*, New York: Free Press. (山崎亮訳，2014，『宗教生活の基本形態』上下　筑摩書房)

Emerson, R., 1962, Power Dependence Relations. *American Sociological Review*, 27 (1).

Enard, W., M. Przeworski, S. E. Fisher, C. S. L. Lai, V. Wiebe, T. Kitano, A. P. Monaco and S. Pääbo, 2002a, Molecular Evolution of FOXP2: A Gene Involved in Speech and Language. *Nature*, 418.

Enard, W., P. Khaitovich, J. Klose, S. Zöllner, F. Heissig, P. Giavalisco, K. Nieselt-Struwe, E. Muchmore, A. Varki, R. Ravid, G. M. Doxiadis, R. E. Bontrop and S. Pääbo, 2002b, Intra-and Interspecific Variation in Primate Gene Expression Patterns, *Science*, 296.

Friedland, R. and R. R. Alford, 1991, Bringing Society Back In: Symbols, Practices and Institutional Contradictions. In W. W. Powell and P. J. Dimaggio (eds.), *The New Institutionalism in Organizational Analysis*, Chicago: University of Chicago Press.

Goffman, Erving, 1959, *The Presentation of Self in Every Life*, New York: Doubleday. (石黒毅訳，1974，『行為と演技—日常生活における自己呈示』誠信書房)

——, 1961, *Encounters*, Indianapolis: IN, Bobbs-Merrill. (佐藤毅訳，1985，『出会い—

相互行為の社会学』誠信書房）

——, 1967, *Interaction Rituals: Essays on Face-to Face Behavior*, Garden City, NY: Doubleday.

——, 1974, *Frame Analysis: An Essay on the Organization of Experience*, New York: Harper and Row.（佐藤毅他，1974，『儀礼としての相互行為—対面行動を求めて』誠信書房）

——, 1981, *Forms of Talk*. Philadelphia: University of Pennsylvania Press.

Goodwin, J. and J. M. Jasper, 2004, *Rethinking Social Movements, Structure, Meaning and Emotions*. Lanham, MD: Rowman & Littlefield.

Goodwin, J., J. M. Jasper and F. Polletta, 2000, *Rethinking Social Movements, Structure, Meaning and Emotions*. Lanham, MD: Rowman & Littlefield.

——, 2004, Emotional Dimensions of Social Movements. In D, A, Snow, S. A., Soule, and H. Kriesi (eds.), *The Blackwell Companion to Social Movements*. Marden, MA: Blackwell.

Goodwin, J. and S. Pfaff, 2001, Emotion Work in High-Risk Social Movements: Managing Fear in the US and East German Civil Rights Movements. In Goodwin, J., Jasper, J. M., and Polletta, F. (eds.), Passionate Politics. Chicago: University of Chicago Press.

Habermas, J., [1973] 1976, *Legitimation Crisis*. Trans. by T. McCarthy, London: Heinemann.

Hannan, M. T. and J. Freeman, 1984, Structural Inertia and Organizational Change. *American Sociological Review*, 49(2).

——, 1989, *Organizational Ecology*, Cambridge, MA: Harvard University Press.

Hawley, A., 1984, Human Ecological and Marxian Theories. *American Journal of Sociology*, 89(4).（矢崎武夫監訳，1980，『都市社会の人間生態学』時潮社）

Heritage, John, 1997, Conversation analysis and institutional talk: analyzing data. In David Silverman (ed.), *Qualitative Research: Theory, Method and Practice*. London: Sage.

Heritage, J. and Geoffrey Raymond, 2005, The Terms of Agreement: Indexing Epistemic Authority and Subordination in Assessment Sequences. *Social Psychology Quarterly*, 68.

Hochschild Arlie, 1979, Emotion Work, Feeling Rules and Social Structure. *American Journal of Sociology*, 85(3).

——, 1983, *The Managed Heart: The Communication of Human Feeling*. Berkley: University of California Press.（石川准・室伏亜希訳，2000，『管理される心—感情

が商品になるとき』世界思想社)

Hogg, M. A., 2006, Social identity theory. In P. J. Burke (ed.), *Contemporary social psychological theories*, (13).

Hogg, M. A. and D. Abrams, 1988, *Social identifications: A social psychology of intergroup relations and group processes*. London & New York: Routledge.

Hogg, M. A., Deborah J. Terry and Katherine M. White, 1995, A Tale of Two Theories: A Critical Comparison of Identity Theory with Social Identity Theory. *Social Psychology Quarterly*, (58).

Jasper, J. M., 1997, *The Art of Moral Protest*. University of Chicago Press.

――, 1998, The Emotion of Protest: Affective and Reactive Emotions In and Around Social Movements. *Sociological Forum*, 13(3).

――, 2004, A strategic approach to collective action: Looking for agency in social-movement choices. *Mobilization*, 9(1).

――, 2006a, Motivation and Emotion. In R. E. Goodwin and C. Tilly (eds.), *The Oxford Handbook of Contextual Political Analysis*, Oxford: Oxford University Press.

――, 2006b, *Getting Your Way: Strategic Dilemmas in Real World*. Chicago, IL: Chicago University Press.

――, 2006c, Emotions and the Microfoundations of Politics: Rethinking Ends and Means. In S. Clark, P. Hoggett and S. Thompson (eds.), *Emotion, Politics and Society*, Basingstoke, UK: Palgrave Macmillan.

――, 2010, The innovation dilemma: some risks of creativity in strategic agency. In D. H. Cropley, A. J. Cropley, J. C. Kaufman and M. A. Runco (eds.), The dark side of creativity, Cambridge University Press.

Jasper, J. M. and J. D. Poulsen, 1995, Recruiting Strangers and Friends: Moral Shocks and Social Networks in Animal Rights and Anti-Nuclear Protests. *Social Problems*, 42(4).

Jasper, J. M. and L. Owens, 2014, Social Movements and Emotions. In J. E. Stets and J. H. Turner (eds.), *Handbook of the Sociology of Emotions: Vollume II*, Springer.

Johnson, Allen N. and Timothy Earle, 2000, *The Evolution of Human Societies: From Foraging Group to Agrarian State*. Stanford, CA: Stanford University Press.

Kemper, T. D., 1987, How Many Emotions are There? Wedding the Social and Autonomic Component. *American Journal of Sociology*, 93(2).

Kemper, T. D. and R. Collins, 1990, Dimensions of Microinteraction. *American Journal of Sociology*, 96.

Kollock, K., 1994, The Emergence of Exchange Structures: An Experimental Study of Uncertainty, Commitment and Trust. *American Journal of Sociology*, 100(2).

Lawler, Edward, 2001, An Affect Theory of Social Exchange. *American Journal of Sociology*, 107(2).

Lawler, E. D. and J. Yoon, 1993, Power and the Emergence of Commitment Behavior in Negotiated Exchange, *American Sociological Review*, 58(4).

——, 1996, Commitments in Exchange Relations: A Test of a Theory of Relational Cohesion. *American Sociological Review*, 61(1).

Lawler, E. D., S. R. Thye and J. Yoon, 2009, *Social Commitments in a Depersonalized World*. New York: Sage Foundation.

Lenski, G., 1966, *Power and Privilege: A Theory of Social Stratification*. New York: McGraw-Hill.

Luhmann, N., 1982, *The Differentiation of Society*. Trans. S. Holmes and C. Larmor, New York: Columbia University Press.

——, [1984] 1995, *Social Systems*. Trans. J. Bednarz Jr. et al., Stanford, CA: Stanford University Press.（佐藤勉他訳, 1993-96,『社会システム理論の視座　上下』厚生閣恒星社）

Malthus, Thomas, [1798] 1926, *First Essay on Population*. New York: Kelley.（大渕寛他訳, 1985,『人口の原理』中央大学出版部）

Maryanski, A. and J. H. Turner, 1992, *The Social Cage: Human Nature and the Evolution of Society*. Stanford University Press.

Marx, Karl, [1867] 1967, *Capital: A Critical Analysis of Capitalist Production*. New York: International Publishers.（大内・細川監訳, 1965-1967,『資本論』（マルクス＝エンゲルス全集第 21-25 巻), 大月書店）

McCall, G. and J. Simmons, 1978, *Identities and Interactions*. New York: Free Press.

McCarthy, J. D. and M. N. Zald, 1977, Resource Mobilization in Social Movements: a Partial Theory. *American Journal of Sociology*, 82(6).

Mills, Wright, 1956, *Power Elite*. New York: Oxford University Press.（鵜飼信成・綿貫譲治訳, 1958,『パワー・エリート　上下』東京大学出版会）

Mead, G. H., 1934, *Mind, Self and Society*. Chicago: University of Chicago Press.（河村望訳, 1995,『精神・自我・社会』（デューイ＝ミード著作集 1), 人間の科学社）

Morris, A. D. and C. M. Mueller, 1992, *Frontiers in Social Movement Theory*. New Haven: Yale University Press.

Olson, M., 1965, *The logic of collective action*. Cambridge: Harvard University Press.

Parsons, Talcott, 1951, *The Social System*. New York: Free Press.（佐藤勉訳, 1991,『社会体系論』青木書店）

——, 1963a, On the Concept of Political Power. *Proceedings of the American Philo-sophical Society*, 107.

——, 1963b, On the Concept of Influence. *Public Opinion Quarterly*, 27.

——, 1966, *Societies: Evolutionary and Comparative Perspectives*. Englewood Cliffs, NJ: Prentice-Hall.

——, 1971, *The System of Modern Societies*. Englewood Cliffs, NJ: Prentice-Hall.

——, 1978, *Action Theory and the Human Condition*. New York: Free Press.

Parsons, Talcott & Neil Smelser, 1956, *Economy and Society*. New York: Free Press. (富永健一訳, 1958・1959, 『経済と社会』 I・II, 岩波書店)

Plutchik, R., 1980, *Emotion: A Psychoevolutionary Synthesis*. Harper and Row.

Polletta, F. and J. M. Jasper, 2001, Collective Identity in Social Movements. *Annual Review of Sociology*, 27.

Ridgeway, Cecilia L., 1978, Conformity, Group-oriented Motivation and Status Attainment in Small Groups. *Social Psychology Quarterly*, 41.

——, 1982, Status in Groups: The Importance of Motivation. *American Sociological Review*, 47(1).

——, 1988, Gender Differences in Task Groups: A Status and Legitimacy Account. In M. Webster and M. Foschi (eds.), *Status Generalization: New Theory and Research*, Stanford, CA: Stanford University Press.

——, 1994, Affect. in M. Foschi and E. J. Lawler (eds.), *Group Processes: Sociological Analyses*, Chicago, IL: Nelson-Hall.

——, 2000, The Formation of Status Belief: Improving Status Construction Theory. *Advances in Group Process*, Vol. 17.

——, 2001, Inequality, Status, and the Construction of Status Beliefs. In J. H. Turner (ed.), *Handbook of the Sociological Theory*. New York: Kluwer Academic/Plenum.

——, 2006, Status and Emotions from an Expectation States Theory. In J. E. Stets and J. H. Turner (eds.), *Handbook of Sociology of Emotions*, New York: Springer.

Ridgeway, C. L., K. Backor, Y. E. Li, J. E. Tinkler, and K. G. Erickson, 2009, How Easily Does a Social Difference Become a Status Distinction: Gender Matters. *American Sociological Review*, 74.

Ridgeway, C. and J. Berger, 1986, Expectations, Legitimation, and Dominance Behavior in Task Groups. *American Sociological Review*, 51.

——, 1988, The Legitimation of Power and Prestige Orders in Task Groups. In M. Webster and M. Foschi (eds.), *Status Generalization: New Theory and Research*,

Stanford, CA: Stanford University Press.

Ridgeway, C. L., E. H. Boyle, K. Kuipers and D. Robinson, 1998, How do Status Belief Develop?: The Rule of Resources and Interaction. *American Sociological Review*, 63(3).

Ridgeway, C. and S. J. Correll, 2004, Motherhood as a Status Characteristic. *Journal of Social Issues*, 60.

Ridgeway, C. L. and K. G. Erickson, 2000, Creating and Spreading Status Beliefs. *American Journal of Sociology*, 106.

Ridgeway, C. L. and C. Johnson, 1990, What is the Relationship between Socioemotional Behavior and Status in Task Groups, *American Journal of Sociology*, 95(5).

Ridgeway, C. L. and H. Walker, 1995, *Status Structures*. In K. Cook, G. Fine and J. House（eds.）, *Sociological Perspectives on Social Psychology*, New York: Allyn and Beacon.

Rothkopf, D., 2009, *The Global Power Elite and the World They Are Making*. New York: Farrar, Straus and Giroux.

Scheff, T. J., 1988, Shame and Conformity: The Deference-Emotion System. *American Sociological Review*, 53(3).

Scheff, T. J. and S. M. Retzinger, 1991, *Emotions and Violence: Shame and Rage in Destructive Conflicts*. Lexington, MA: Lexington Books.

Schutz, A., [1932] 1967, *The Phenomenology of the Social World*. Evanston, Ill.: Northwestern University Press.（佐藤嘉一訳, 1982, 『社会的世界の意味構成』木鐸社）

Simmel, G., 1900, *Philosophie des Geldes*. Duncker & Humblot.（元浜清海訳, 1978, 『貨幣の哲学』白水社）

―――, [1907] 1990, *The Philosophy of Money*. 2nd Edition. Trans by T. Bottomore and D. Frisby, Routledge.

―――, 1956, *Conflict and the Web of Group Affiliations*. Trans. K. Wolf, New York: Free Press.（堀喜望・居安正訳, 1966, 『闘争の社会学』法律文化社）

Skocpol, Theda, 1979, *States and Social Revolutions*, New York: Cambridge University Press.

Smelser, Neil J., 1962, *Theory of Collective Behavior*, New York: Free Press.（会田彰・木原孝訳, 1982, 『集合行動の理論』誠信書房）

Smelser, 1986, Collective Behaviour and Social Change. in Sullivan, J. J., Thompson, K. S. (eds.) *Sociology, Concepts, Issues, and Applications*, New York: MacMillan.

Snow, D. A. and S. A. Soule, 2010, *A Primer on Social Movements*. New York: Norton.

Spencer, Herbert, [1874-1894] 1898, *The Principles of Sociology*, 3 vols. New York: D. Appleton and Company.

Tilly, Charles, 1993, *European Revolutions 1492-1992*. Oxford, UK: Blackwell.

Turner, Jonathan H., 1972, *Patterns of Social Organization: A Survey of Social Institutions*. New York: McGraw-Hill.

Turner, 1975, A Strategy for Reformulating the Dialectical and Functional Theories of Conflict. *Social Forces*, 53.

——, 1983, Theoretical Strategies for Linking Micro and Macro Processes. *Western Sociological Review*, 14(1).

——, 1984, *Societal Stratification: A Theoretical Analysis*. New York: Columbia University Press.

——, 1985, *Sociology: The Science of Human Organization*. Chicago: Nelson-Hall.

——, 1988, *Theory of Social Interaction*, Stanford, CA: Stanford University Press.

——, 1995, *Macrodynamics: Toward a Theory on the Organization of Human Population*. New Brunswick, NJ: Rutgers University Press.

——, 1997, *The Institutional Order*. New York and London: Longman.

——, 2000, *On the Origins of the Human Emotions*. Stanford, CA: Stanford University Press.（正岡寛司訳，2007，『感情の起源——自律と連帯の緊張関係』（ジョナサン・ターナー　感情の社会学Ⅰ），明石書店）

——, 2002, *Fact to Face: Toward a Sociological Theory of Interpersonal Behavior*. Stanford, CA: Stanford University Press.（正岡寛司訳，2010，『出会いの社会学（ジョナサン・ターナー　感情の社会学Ⅲ）』明石書店）

——, 2003, *Human Institutions: A Theory of Societal Evolution*. Boulder, CO: Rowman and Littlefield.

——, 2010a, *Theoretical Principles of Sociology*. *Vol. 1, Macrodynamics*. New York: Springer.

——, 2010b, *Theoretical Principles of Sociology*. *Vol. 2, Microdynamics*. New York: Springer.

——, 2013, *Theoretical Principles of Sociology*. *Vol. 3, Mesodynamics*. New York: Springer.

——, 2014, *Theoretical Sociology: A Concise Introduction to Twelve Sociological Theories*. Los Angels: Sage.

Turner, J. H. (ed.), 2004, *Theory and Research on Human Emotions*.（Advances in Group Processes, Volume 21），Emerald Group Publishing.

Turner, J. H. and A. Maryanski, 2005, *Incest: Origins of The Taboo*. Boulder, CO: Paradigm 10 Press.

――, 2008, *On the Origin of Societies by Natural Selection*. Boulder, CO: Paradigm Publishers.

――, 2012, The Biology and Neurology of Group Processes. *In Advances in Group Processes vol. 29 Biosociology and Neurosociology*, Emerald.

――, 2015, The Prospects and Limitations of Evolutionary Theorizing in the Social Sciences. In J. H. Turner, R. Machalek and A. R. Maryanski (eds.), *Handbook of Evolution and Society*. Bouldr, Co: Paradigm Press.

Turner, J. H. and D. Musick, 1985, *American Dilemmas*. New York: Columbia University Press.

Turner, J. H. and C.E. Starnes, 1976, *Inequality and Privilege and poverty in America*, Santa Monica, CA: Goodyear.

Turner, J. H. and J. Stets, 2005, *The Sociology of Emotions*. New York: Cambridge University Press. (正岡寛司訳, 2013, 『感情の社会学理論 (ジョナサン・ターナー 感情の社会学Ⅵ)』明石書店)

――, 2006, *Handbook of the Sociology of Emotions*. New York: Springer.

Turner, R., 1962, Role Taking: Process versus conformity. In A. Rose (ed.), *Human Behavior and Social Processes*, London: Routledge & Kegan Paul.

――, 2001, Collective behavior. In E. F. Borgatta & R. J. V. Montgomery (eds.), *Encyclopedia of Sociology* (2nd ed. Vol. 1) , New York: Macmillan Reference.

Weber, Max, [1922] 1968, *Economy and Society: An outline of Interpretive Sociology*. G. Roth and C. Wittich (eds.), Bedminster Press.

Webster, Murray Jr. and Martha Foschi (ed.), 1988, *Status Generalization: New Theory and Research.*, Stanford, CA: Stanford University Press.

Webster, Murray Jr. and L. S. Walker, 2014, Emotions in Expectation States Theory. In J. E. Stets and J. H. Turner (eds.), *Handbook of the Sociology of Emotions: Volume 2*, New York, London, Heidelberg: Springer Dordrecht.

Webster; Murray, Jr. and Joseph M. Whitmeyer, 1999, A Theory of Second-Order Expectations and Behavior. *Social Psychology Quarterly*, 61.

Weiner, B., 2006, *Social Motivation, Justice, and the Moral Emotions: An Attributional Approach*. Mahwah, NJ.: Lawrence Erlbaum Associates.

White, H. C., 1981, Where do markets come from?. *American Journal of Sociology*, 87.

――, 1988, Varieties of markets. In B. Wellman and S. D. Berkowitz (eds.), *Social*

Structures: A Network Approach. Cambridge University Press.

——, 1992, *Identity and Control: A Structural Theory of Social Action.* Princeton, NJ: Princeton University Press.

Williams, John. N., 1970, Nine Percent of Everyone: Who Ever Lived is Alone Now. New York: New York Times, October 6 : 13

Wright, E. Olin, 2010, *Envisioning Real Utopias.*Verso.

Zald, Meyer N. and J. D. McCarthy, 1987, *Social Movements in an Organizational Society.* New Brunswick, NJ: Transaction Publishers.

（なお，原書には『文献』一覧は含まれていなかったが，読者の便宜をはかるため，可能な限り，訳者が再構成して収録した。）

訳者あとがき

　J. H. ターナーの近著『中間階級の蜂起：高度産業社会における感情階層化と変動』（*Revolt from the Middle: Emotional Stratification and Change in Post-Industrial Societies*. 2015, Transaction Publisher）は，訳者二人の研究キャリア上，またライフコース上で大きな意味をもつ文献であるにちがいない，と訳稿作成中にわれわれに実感させた研究成果である。

　ターナーの最初の代表作『社会組織のパターン：社会制度研究』（McGraw-Hill, 1972）はやがて，われわれにとって忘れることのできない重要な文献の一冊となった。というのも，1960 年代後期から実施していたわれわれの調査研究「家と親族組織」（研究代表者喜多野清一博士）の膨大な経験的なデータを，どのように解釈し，説明し，そしてまとめ上げるべきかに腐心していたとき，われわれに多くのヒントを与えくれたのがこの書物であったからだ。もちろん，本書『中間階級の蜂起』で攻究されている主要テーマもまた，社会の組織化とその変動のメカニズムの解明，とくに社会運動と社会変革の過程に焦点を当てている。また後で述べるように，ターナーの 40 数年余にわたる壮大な社会学理論の創造的活動の目標は終始一貫して揺るぎがないのだ。

　また本書は，訳者二人の人生の終わり近くになって，ようやく出会うことができた待望久しい画期的な理論研究の応用成果であると，われわれに確信させた。われわれはつねづね，第二次世界大戦敗戦直後の混乱と困窮を極めた日本社会で，どうして根本的な社会変革，あるいは社会革命が発生しえなかったのか，それどころかゼネストさえ成功させえなかったのかについて疑問を抱きつづけてきた。

　またその一方で，1980 年代，日本人の 80 パーセント強の人たちにみずからが中間階級に属しているという幻想を抱かせたのはなぜだろうか。このような階層所属意識の分布はわれわれにとってとても不思議であった。いったいいかなる要因が当時の日本人の階層意識を形作っていたのであろうか。当時，マル

クス主義の影響を強く受けていた日本の社会学者の一部はそうした現象を「私生活主義」の反映であると揶揄的，侮蔑的に解釈した。彼らの多くはマルクスに忠実な追随者であった。彼らはこの虚偽意識を暴露することに懸命であり，やがて人びとは「対自的階級」として起ち上るはずだと信じて疑わなかった。彼らが「私生活主義」とまとめあげた現実の諸相についてのイデオロギー的解釈がその当時の日本社会を十分に説明しうる能力をもちえたとはとうてい思えない。

　本書『中間階級の蜂起』は，現代社会（高度産業社会）の社会変動（社会変革あるいは社会革命）の可能性を，人間感情の階層化の力学理論（この「訳者あとがき」の最後に付録として，ターナーが提示している感情力学の理論原理を，17の原理命題として引用しているので，本書を読み始める前にまず一読してほしい）の応用によって探ろうと企図している。その場合，彼の念頭にありつづけたのは，カール・マルクスの社会革命論である。ターナーはカール・マルクスを偉大な社会学者，あるいはもっとも優れた社会学者の一人としてつねづね認めてきた。しかしマルクスは資本主義の階級闘争の主要な担い手を，最大の被搾取者であるプロレタリアートであると断定する重大な過誤（あるいは単純化の過誤）を冒してしまったと，ターナーは考えた。

　ターナーは，マルクスと同様に，資本主義社会の解読に尽力しただけでなく，人類の原初生活の再構成に強い関心を寄せている。マルクスにとってこの関心は，やがて必然的に実現される共産主義社会のイメージを具体的に把捉するための補助的な研究であったかもしれない。マルクスは資本主義以前の人間社会，とりわけ搾取の存在しなかった原始社会の解明に強い関心をしめした。搾取のない無階級社会の社会構造ははたしてどのようなものであったのかについての考察である。はたして無階級社会の統合と変化はどのようにイメージできたのであろうか。

　マルクスはパリ時代に執筆した『経済学・哲学草稿』(1844) の中で，哲学者フォイエルバッハの人間の「類的本質（類的存在）」(Gattungswesen) の概念を非常に高く評価している。「人間の人間たる所以は，個体性の意識を持つだけ

でなく，自らの『類』の意識を持ち，自らの『本質』を問題にできる点にある。類的本質は，理性，意志，心情からなり，それらは完全なものであり，人間の現存在の目的である」(『新マルクス学事典』(2000))。人間の類的本質の実現可能性は，これを阻止している資本主義の超克によってはじめて達成されるのであり，これは共産主義社会 (人間の自然的存在としての人間の共同性) の達成によって実現されるとマルクスは期待したのである。

　このためマルクスは，たとえばルイス・モーガンの『古代社会』やオーストラリアの原住民の生活についての記述を通じて原始社会の実像に迫ろうとしたのであろう。いわゆる『古代社会ノート』(マルクスの遺稿からの編集) がそれである。しかし当時の学会における「原始社会」研究はいまだ十分に科学的な水準に到達していなかったし，原始社会は人間の「前史」(「先史」) として取り扱われるのが通例であり，科学的な研究対象になっていなかった。したがってマルクスは「原始社会」の理解はいうまでもなく，「人間の類的本質」とその具体的な存在形態を科学的に解明することに成功しなかった。それゆえにまた，共産主義社会の社会構造と文化の在りようとこれと個人の関わりについて深く理解することは適わなかった。

　しかし，人類史や大型類人猿の進化史に関する科学的研究の大きな成果の恩恵を吸収できた現代のターナーは，人類 (ホモサピエンス)，人類の祖先 (ホモ属)，そしてホモ属やヒト科とチンパンジーの最後の共通の祖先 (ほぼ 800 万-600 万年前) を再構築することがそれ自体重要であることを強く認識し，また実際にこの分野でかなりの成果を上げることがてきた。しかもこの認識の可能性は，マルクスの時代と違って，単なる憶測でなく，科学的成果に基づいてその始原の姿を再構成できると，彼は確信したのである。

　彼が再構成した人類祖先のイメージは，人類にとってさらに遠位の祖先であるサルの社会的特徴とは大いに異なる属性からなっていた。周知のように旧世界ザル社会 (ニホンザルの生活形態を思い起こしてほしい) は，一頭のオス (ボス) による階統的な支配と 4 世代に広がるメスの親族関係の認知と親族関係による相互扶助関係の発達をみてとることができる。しかしチンパンジーなどの大型

類人猿（したがってまたホモ属も）は，ごくわずかな社会的な紐帯しかもっていない。とりわけ現存のオランウータンなどは1年の大半の期間を単独で行動している。われわれ人類の大型類人猿としての遺産は，弱い社会的結合，高い移動性，個体主義，そして流動的な集団構造を特質としている。結論的にいえば，人類の「類的存在」の本質といえるものは，社会性（社交性）ではなく，むしろ自己の自律性と移動性なのである。

　しかし社会性（社交性）を発達しえなかった大型類人猿は，森林内の樹木の末端部分では適応的であったに違いない。しかし地球規模の寒冷化のせいで森林が激しく後退し，したがってやむをえず樹木を離れて地上に降り立ち，そして捕食者の溢れているサヴァンナに進出せざるをえなかった大型類人猿は，その非社会性のゆえに，そのほとんどが絶滅する運命をたどった。生き残ることができたのは唯一人類の祖先のみであった。人類の祖先は，いかにしてサヴァンナで生き残り，現在では地球上のいたるところて繁栄するように生存上の成功を収めえたのであろうか。現代人は家族や学校のような地元の社会組織のみならず，地球規模の社会組織をも発達しうるほどの社会性を手に入れている。こうした社会性はなぜ，またどうして可能になったのだろうか。人類の社会性（社交性）の発達は，人類の祖先を「超感情的な動物」に進化させる生物学的進化とその後の社会文化的な進化の成果であったとターナーは確信している。もちろん感情は人間，社会を結びつける大きな力であると同時に，それらを壊す大きな力でもある。つまり感情力は人間結合と社会組織化にとって諸刃の剣なのだ。したがって感情の管理・操作をいかに実践するか，またどのように儀礼化・標準化できるかが社会組織の維持とその変動に大いに関係するはずである。したがって感情の力学を，社会のミクロ水準，メゾ水準，そしてマクロ水準の相互乗り入れ（組み込み）によって，どのように説明するかが彼の壮大な社会学の理論的な目標なのである。

　ターナーの40数年におよぶ科学としての社会学理論の研究は，人間の類的本質（存在）の基質を科学的に探りながら，その成果を基にして壮大な人類史を再構成し，みずから開発した壮大な社会理論を用いて社会構造・文化と，そ

の変動を説明することを目指してきた。したがって本書の背後には彼の膨大な理論研究が横たわっており，本書はその成果の応用の1つの果実である。以下に，本書に関連する彼の主要著作を挙げておこう。

最初の作品はこの「訳書あとがき」の最初に提示した『社会組織のパターン』(1972) である。その後彼は，古典的ならびに現代的な社会学理論を再検討しながらみずからの「壮大な社会学理論」を構築する準備作業に長い年月を費やし，その成果の一端を『社会学理論の構造』(1974) を経て，最終的に『現代社会学理論』(2013) にまとめ上げている。

その間に彼は，人間社会の起源とその組織化，これを可能にし，また人間社会を変えるきわめて重要な役割を担う人間感情の力学に関する以下の著作を著している。

進化した霊長類としての人間社会の起源とその歴史変動に関する主要文献

J. H. Turner and A. Maryanski, 2008, *On the Origin of Societies by Natural Selection.* Boulder: Paradigm Publishers.

A. Maryanski and J. H. Turner, 1992, *The Social Cage: Human Nature and the Evolution of Society.* 邦訳正岡寛司，2009，『社会という檻：人間性と社会進化』明石書店

J. H. Turner, 2005, *Incest: Origins of the Taboo.* Boulder: Paradigm Publishers. 邦訳正岡寛司・藤見純子，2012，『インセスト：近親交配の回避とタブー』明石書店

感情の力学に関する主要文献

J. H. Turner, 2000, *On the Origins of Human Emotions: A Sociological Inquiry into the Evolution of Human Affect.* Stanford: Stanford University Press. 邦訳正岡寛司，2007，『感情の起源：自律と連帯の緊張関係』明石書店

J. H. Turner and Jan E. Stets, 2005, *The Sociology of Emotions.* Cambridge, MA: Cambridge University Press. 邦訳正岡寛司，2013，『感情の社会学理

論：社会学再考』明石書店

J. H. Turner, 2002, *Face to Face: Toward a Sociological Theory of Interpersonal Behavior*. 邦訳正岡寛司, 2010, 『出会いの社会学：対人相互作用の理論展開』明石書店

J. H. Turner, 2007, *Human Emotions: A Sociological Theory*. New York: Routledge.

ミクロ・メゾ・マクロの相互組み込みによる一般社会学理論に関する主要文献

J. H. Turner, 2010, *Theoretical Principles of Sociology. Vol. 1. Macrodynamics*. New York: Springer.

J. H. Turner, 2010, *Theoretical Principles of Sociology, Vol. 2. Microdynamics*. New York: Springer.

J. H. Turner, 2013, *Theoretical Principles of Sociology, Vol. 3. Mesodynamics*. New York: Springer.

以上に提示した文献をみるだけでも，ターナーが「壮大な社会学理論」を「科学の認識論」に基づいて展開している，現代社会学の潮流に逆らう稀有な社会学者であることが理解できるはずである。もちろん，彼の壮大な理論は完成を見たわけではないが，しかし現状においてすでに高い水準に到達していることがわかる。彼は，この「訳者あとがき」の最後に付録として収録した感情の力学に関する原理命題とともに，前記した『社会学の理論原理』（マクロ，ミクロ，メゾの力学の三巻本）においてもそれぞれの現実水準における理論命題と，3つの水準間の相互組み込みに関する理論命題を提示している。ターナーが現代社会学者たちに期待している作業は，理論命題の経験的検証である。ターナーの理論体系はこうした作業の積み重ねによって，さらに精巧な理論体系に発展できるはずである。

さて最後に，私事におよぶことで誠に申し訳ないが，本訳書の最終原稿をつ

くり終えた局面で，訳者の一人であり，またわたしの配偶者でもある純子が突如として難病を患い，わずか4カ月の闘病生活の末に，享年72歳で他界してしまった。発病した時点で主治医から余命4カ月と告知されたのだが，その段階ではまだ本訳書を刊行してもらう出版社は決まっていなかった。闘病生活が3カ月過ぎたころ，主治医からもう手の施しようがないと診断された。それならば，彼女の生前中にせめて訳書の校正用ゲラ刷りが出せないものかと思案し，急遽，学文社の田中千津子社長に無理とは承知の上で，翻訳書の出版話をもちかけた。田中社長はわたしの思いを快く受け入れてくださり，版権を取得する前に出版作業に着手していただいた。作業に着手してわずか2週間ほどで，ゲラ第一稿を手元に届けていただいた。しかし残念ながら，その数日前に純子は他界してしまった。したがって彼女はゲラ刷りに目を通すことは残念ながら適わなかった。田中社長をはじめ編集部の方々に大変なご苦労をおかけしたことを深くお詫びするとともに，深謝する次第である。

　また，妻の突然の他界により，茫然自失しているわたしにとって綿密な校正作業はとてもできそうにないと思われ，急遽，友人の早稲田大学文学学術院教授山田真茂留氏に校正の助成をお願いしたところ，早速に快諾してくださり，綿密に校正作業を進めていただいただけでなく，数多くの貴重なご助言をいただいた。そのおかげでわたしの精神と身体の健康状態も大いに改善された。ここで山田さんに衷心からなる感謝の気持ちを記しておきたい。

　2016年7月5日

正岡　寛司

付　録

感情の力学に関する原理命題

J. H. ターナー，2007，*Human Emotions: A Sociological Theory*（人間感情），pp. 200-208.

1. ある出会いで，自己，他者，また状況への期待が適えられると，人は穏やかな肯定的感情喚起を経験し，他者に肯定的裁可を下しやすい（以下の原理命題-4 をみよ）。また期待が適えられるかどうか，あらかじめ，ある程度不安を抱いているほど，人は肯定的感情のより強い変種や精巧な感情を経験しやすい。

2. ある出会いで期待が適えられる確率は，期待の明確度の正関数であり，そして次に，その確率は以下の正の乗法関数である。

   A．ある出会いの参加者が同じ感情音素と構文を使用する程度の，

   B．ある出会いが団体単位と類別単位に組み込まれている程度の，

   C．メゾ水準の団体単位と類別単位がマクロ水準の制度領域と階層体系に組み込まれている程度の，

   D．メゾ水準とマクロ水準の構造単位の文化的象徴が明示的で一貫している程度の，

   E．相互交流の欲求が上記の A から D と一致している期待状態を生成する程度の，正の乗法関数である。

3. ある出会いで自己，他者，また状況への期待が適えられないと，人は1つあるいは複数の否定的感情を経験する。ある出会いで期待が適えられない確率は，以下の正の乗法関数である。

   A．ある出会いへの参加者が同じ感情音素と構文を用いない程度の，

   B．ある出会いが団体単位と類別単位に組み込まれていない程度の，

   C．ある出会いが制度領域また階層体系のある配置に明確に組み込まれていない程度の，

D．多様な，または漠然とした文化的象徴が出会いの参加者によって表される程度の，

E．相互交流の欲求がある出会において不明確で，漠然とし，または達成不能である程度の，正の乗法関数である．

4．他者から肯定的な裁可を受けたと認知すると，人は肯定的感情を経験し，またその他者に肯定的裁可を，その度ごとに高まる周波——発話と身体言語のリズミカルな共時化，高揚した肯定的な裁可づけの双方向の流れ，社会連帯の強化，この連帯の象徴による表象，またこうした象徴への潜在的および顕在的儀礼の実行——で与える．肯定的裁可とこうした相互作用儀礼が生じる確率は，原理命題-2-A からE までに列挙した条件の正関数である．

5．他者から否定的裁可を受けたと認知すると，人は否定的感情を経験する．またこれらの感情が否定的であるほど，人は防衛戦略と，抑圧，強化，および変形を中心にした防衛機構を発動しやすく，また出会いにおける連帯の程度は低くなり，そして潜在的には，出会いが組み込まれているメゾ構造とマクロ構造（そしてそれらの文化）への信頼は低下する．否定的裁可がこうした効果をもつ確率は，原理命題-3 の A からE までに列挙した条件と自己確認の相互交流の欲求の強さの正関数である．

6．肯定あるいは否定どちらかの感情喚起を経験すると，人は彼の感情経験の原因を以下の対象の1つあるいは複数——自己，他者，出会いの構造，団体単位の構造と文化，類別単位のメンバー，制度領域，階層体系，全体社会，または全体社会間体系——に帰属させる．(a) 肯定的な感情喚起は近位の偏向を明らかにしめす．そのため個人は期待を達成したこと，また肯定的裁可を受けたことを自己に帰属する．それによって肯定的感情の流れを維持するための儀礼の力学が作動し始める（原理命題-1 と原理命題-4 をみよ）．これに対して(b) 否定的感情喚起は遠位の偏向をしめす．そのため人は期待を適え損ねたこと，また否定的裁可を受けたことを外部に帰属する．その結果，人は地元の出会いを無視し，そして団体単位と類別単位のメンバーたちを標的にしやすい．

7. 人は少なくとも５つの相互交流の欲求——自己確認，有益な交換報酬，集団包摂，信頼と事実性——をもっている。これらすべてが出会いにおいて期待状態を生成する。また相互交流欲求によって生成される期待状態，とくに自己確認と有益な交換報酬の欲求が達成されるほど，人は肯定的感情を経験し，またこれを自己に帰属させやすい。これにより肯定的感情を他者に与え，連帯を生成する相互作用の儀礼を始めやすい（原理命題-1 と原理命題-4 でしめした）。

　　A．他者が相互交流の欲求の達成を促進するとみなされるほど，人は他者に肯定的感情を与え，また感謝表現をともなう。

　　B．団体単位の構造と文化が相互交流の欲求の達成を促進するとみなされるほど，人は文化と構造への信頼を強くする。

　　C．類別単位のメンバーが相互交流の欲求の達成を促進するとみなされるほど，人はこれらの類別単位のメンバーに好意的な先入観を育む。

8. 相互交流の欲求によって形成される期待状態がある出会いで適えられないほど，また，とくに自己確認と有益な交換報酬の欲求が適えられないほど，人は期待に適え損ねたことを他者からの否定的裁可と認知しやすい。そうすると，彼の否定的感情喚起はいっそう激しくなる。また否定的感情喚起の水準が高いほど，防衛機構が活性化し，また外部帰属が行われやすい［原理命題-3 と原理命題-6(b)をみよ］。

　　A．人がある出会いで相互交流欲求を達成し損じたことを自己に帰属する程度によって，人は３つすべての否定的感情を経験しやすい。またそうした感情を同時に経験するほど，人は恥を経験しやすい。また道徳的な文化記号がこうした条件下で自己を評価するために呼び起こされるほど，彼は罪をも経験しやすい。

　　B．人が反復する出会いで一貫して恥を，またそれほど多くないないとしても罪を経験するほど，人は防衛戦略や防衛機構を活性化しやすく，またそれによってつくられる変形され強化された感情を中心に据えた外部帰属を行いやすい。

⑴他者が標的にされると，人はこうした他者たちに怒りを経験し，また表現する。その恥が抑圧された感情であると，この怒りはいっそう激しい。

⑵ある出会いが組み込まれている団体単位が標的にされると，人はこの単位に対して怒りを経験し，また表現する。そうすることで彼のこの単位の構造と文化への信頼は低下する。恥が抑圧され，またそれほど多くないとしても，罪がこの怒りを刺激すると，この怒りは，その団体単位の構造と文化や構造から，また潜在的には，より包括的な制度領域の文化や構造からの疎外へと変形される。

⑶ある出会いが組み込まれている類別単位が標的にされると，人はその単位のメンバーに，また潜在的には，さらにもっと包括的な制度領域あるいはそうした類別単位を生みだした階層体系上の配置に対して怒りを経験し，また表現し，そしてそれらに対して強い否定的な偏見を生みだす。

9. ある出会いにおける社会構造のすべての次元——すなわち役割，地位，生態系と人口誌的特徴——における期待の明確度は，その出会いが団体単位と類別単位に組み込まれている程度の加増関数である。

A．団体単位における期待の明確度は以下の加増関数である。

⑴団体単位の境界の可視性と入口と出口の規則の存在の，

⑵目標の明確性とこれらの目標に対する団体単位による焦点化の程度の，

⑶団体単位が組み込まれている制度領域の分化水準の，

⑷団体単位内の垂直的分業と水平的分業の明確度の，

⑸団体単位の構造の形式性の，

⑹団体単位の運営を制御しているイデオロギー，一般化した象徴媒体，規範間の一貫性の水準の，

⑺分業上の位置間，とくに離散した類別単位へのメンバー所属をもっている垂直的な分業上の位置間の相関の程度の，加増関数である。

B．類別単位と関連する期待の明確度は以下の加増関数である。

(1) 団体単位へのメンバー所属を定義している境界の離散度の,

(2) 類別単位の相対評価とこの評価を形成するために用いられるイデオロギーについての合意度の,

(3) 類別単位のマクロ水準の階層体系とこの体系における不平等水準への組み込みの程度の,

(4) 類別単位のメンバーである人たちの同質性の程度の,

(5) ある類別単位へのメンバー所属が他の類別単位へのメンバー所属と相関している程度の,

(6) 分化した制度領域, とくに有価資源を分配している領域に組み込まれている団体単位における垂直的分業と水平的分業上のさまざまな位置と, 類別単位へのメンバー所属との相関の程度の, 加増関数である。

10. 同じ言語, とくに同じ感情言語を使用するほど, 人は相互的な役割形成, 役割取得, 役割確認において成功しやすい。人がうまく役割を形成し, またうまく役割を取得するほど, 彼はそれぞれの役割と相対的な地位と関係する期待を伝達しやすい。そのため次に, 彼は相互交流の欲求と文化によって生成される期待を理解し, またそれを達成する確率を高める。

11. ある出会いの生態系と人口誌的特徴と関連している意味を理解しているほど, 人はうまく役割を形成し, 役割を取得し, またそうすることによって, 互いにうまく役割と地位を確認し, そのため次に, 相互交流の欲求と文化によって生成される期待を理解し, それを達成する確率を高める。

12. 個人がうまく役割を取得できず, 役割を形成できず, また役割を確認できないほど, 地位, 生態系, 人口誌的特徴, 文化と関連している期待は理解されず, したがって人が期待を適え損じる確率は高くなる。そのため彼らは否定的裁可を経験しやすい。

13. 自己が高く際立っている程度によって, また中核の自己概念化が役割アイデンティティを確認することに巻き込まれる程度によって, 肯定的であれ否定的であれ, いっそう激しい感情喚起の可能性は大きい。

 A. 自己の期待がある役割で確認されるほど, 肯定的感情喚起の水準は高

くなり，また原理命題-1，原理命題-4，原理命題-6(a)，および原理命題-7で概括した力学は活性化しやすい。

B．自己の期待がある役割で確認されないほど，否定的感情喚起は激しくなり，また原理命題-3，原理命題-5，原理命題-6(b)，そして原理命題-8で概括した力学が活性化しやすい。

14．ある出会いがメゾ水準の構造に組み込まれているほど，またこうしたメゾ構造が制度領域，そして（あるいは）全体社会規模の階層体系に組み込まれているほど，価値，イデオロギー，一般化した象徴媒体，また出会いに浸透している規範に起源をもつ道徳的内容は重要になる。またその出会いに浸透している道徳的内容の水準が高いほど，標準化の過程で喚起される感情喚起——肯定的あれ否定的であれ——は激しい。

A．自己が高い道徳的内容の状況下で際立っているほど，類別化，枠組化，儀礼化，コミュニケーションの形態，正義の計算と感情への期待が自己確認過程で関連し，したがって標準化の過程で喚起される感情——肯定的であれ否定的であれ——はいっそう激しくなる。

(1)自己が標準化の各局面で確認されるほど，原理命題-1，原理命題-4，原理命題-6(a)，原理命題-7で概括した諸過程が起きやすい。

(2)標準化の各局面で自己が確認されないほど，期待を適え損じたことは自己にとって否定的裁可とみなされやすく，人は恥や罪を経験しやすい。

(3)恥や罪が抑圧されるほど，こうした感情は怒りに変形されやすい。したがって原理命題-3，原理命題-5，原理命題-8で概括した諸過程が作動しやすい。

B．標準化の初期局面，とくに類別化と枠組化がうまくいったと確認されるほど，標準化の別の局面（儀礼化，コミュニケーションの形態，正義の計算，感情規則についての一致）は達成されやすい。その反対に，標準化の初期の局面がうまくいかないほど，個人間の儀礼配列が非常に際立ち，標準化は，こうした儀礼的な努力が1つの枠組——これが成功を

220

導く──を確定できないと，ますます問題をはらむことになる。

15. 団体単位と類別単位に組み込まれ，しかも反復する出会いが，その参加者たちに一貫して肯定的感情喚起をもたらすほど，人はこうしたメゾ構造の構造と文化への信頼を育む。また人が規範そのもの，イデオロギーや一般化した象徴媒体をもつ，明確に分化した制度領域内の，またそれ自体の正当なイデオロギーをもつ分化した階級階級内の分派の類別単位で反復する出会いを超えて，一貫して肯定的感情喚起を経験するほど，肯定的感情エネルギーの貯蔵庫はいっそう大きくなり，したがって肯定的感情の近位の偏向は壊されやすく，そのため人はマクロ構造の構造と文化への信頼を育む。

 A．社会が階層化され，また階級区分と階級内の分派が明確であるほど，人口集群のメンバー間の肯定的感情エネルギーの分配は権力，資金，威信の分配と相関しやすく，したがって上層階級と中間階級，そして（あるいは）階級内の支配的な分派に属している人たちは出会いにおいて肯定的感情喚起を経験しやすい。これにより彼らは階層体系とこの体系を正当化しているイデオロギーへの信頼を育む。

 B．資源分配を行う制度領域が分化するほど，その領域で肯定的感情を経験する人たちは上層階級と中間階級および（あるいは）階級内の支配的な分派に属している。したがってこうした階級と分派に属している人たちは出会いで肯定的感情を経験し，また階層体系とこの体系を生成する文化と構造，そしてこの体系を生成する制度領域の双方への信頼を育む。

 C．制度領域あるいは階層体系上の階級分派内の団体単位が変動方位的な活動に動員されるほど，また肯定的感情喚起の一貫性とこうした単位のメンバー間の信頼の水準が高いほど，これらの団体単位あるいは階級分派は，必要であればいつでも，別の物質的，組織的，また象徴的資源を保有していると，変動方位的な活動で成功しやすい。

16. 団体単位や類別単位に組み込まれ，また反復される出会いがその参加者たちに一貫して否定的感情喚起をもたらすほど，人はこれらの単位の構造と文化への信頼を育成できない。また人が明確に分化した制度領域や明確に分化

付　　録　221

した階層体系の階級と階級内の分派に組み込まれている，さまざまな団体単位や類別単位内で反復する出会いを超え，しかも一貫して否定的感情喚起を経験するほど，彼のマクロ構造の構造と文化への信頼は低く，また彼らの累積した否定的感情喚起はマクロの構造と文化を変えようとする行動に動員されやすい。

　　A．分配を行う制度領域内のメゾ構造内での否定的感情喚起が，分配に関わらない制度領域内のメゾ構造内で生じる否定定的感情を呼び起こすほど，人が分配を行う制度領域内のメゾ構造で累積する否定的感情喚起による動員に呼応しそうにない。

　　B．分配を行う制度領域内のメゾ構造で否定的感情喚起を経験するほど，またこうした領域での失敗を自己に帰属するほど，人が累積する否定的感情喚起による動員に呼応そうにない。

　　C．制度領域内のメゾ構造で否定的感情喚起が恐れ，怒り，悲しみの変種や一次的精巧化物を呼び起こすほど，人はこれらの否定的感情の二次的に加工された感情，とくに恥と疎外，またこの領域での失敗が道徳的項目で評価されるほど，罪を経験しやすい。

　　D．分配を行う制度領域内のメゾ構造で恥を経験し，人はこの恥を抑圧するほど，とくに彼らが役割上で自己を確認できず，また（あるいは）正当な資源持ち分を受け取れないほど，そしてこの恥が罪や疎外のような別の二次的精巧化の感情を抑圧するほど，こうした否定的な原基感情の二次的精巧化物のなかで，怒りの成分が表面化し，外部帰属の部分になりやすい。そうなると彼らのメゾ構造とマクロ構造に対する怒りの水準は上昇する。

17．拡散した怒り，とくに否定的な原基感情の抑圧された二次的に加工された感情から怒りを経験するほど，人はマクロ構造に外部帰属を行いやすく，また彼らは義憤や復讐のような激しい怒りの一次的に加工された感情を外部帰属の標的としやすい。

　　A．否定的感情喚起とこの喚起を引き起こす原因である構造と個人との関

連が曖昧であるほど，外部帰属の標的は遠位に向かい，またこうした帰属にともなう感情はいっそう激しい。

B．資源——イデオロギー，資金，政治——が利用できるほど，また指導者が不平不満をひとつにまとめ，マクロ構造への外部帰属とそうした帰属にともなう否定的感情を維持するために否定的イデオロギーを用いるほど，義憤や復讐のような怒りの激しい形態は集合暴力を起こしやすい。

(1) 地元のネットワークとそこでの出会いが否定的イデオロギーによって表される標的に対する暴力計画とその実行のために高水準の肯定的感情エネルギーを維持できるほど，人はみずから義憤と復讐の気持ちを経験し，それに向けて行動を起こしやすい。

(2) 否定的感情が正義と道徳律によって枠づけられるほど，外部帰属の攻撃目標に対する否定的イデオロギーが激しいほど，また地元のネットワークと出会いが義憤や復讐の気持ちの激しさを高めるほど，出会いが義憤と復讐の激しさを増す。またこれらのネットワークによって形成される団体単位の目標は道徳的な絶対とみなされやすい。

訳者紹介

正岡寛司（まさおか かんじ）

1935 年広島市生まれ。早稲田大学名誉教授。元日本家族社会学会会長。

主な著書・翻訳書として，『「家」と親族組織』（共編著，早稲田大学出版部，1975），『家族——その社会史的変遷』（学文社，1981），『家族過程論　現代家族のダイナミックス』（放送大学，1996）など。〈ジョナサン・ターナー　感情社会学シリーズ〉，第Ⅰ巻『感情の起源』（2007，明石書店），第Ⅱ巻『社会という檻』（2009，明石書店），第Ⅲ巻『出会いの社会学』（明石書店，2010），第Ⅳ巻『インセスト　近親交配の回避とタブー』（共訳，明石書店，2012），第Ⅴ巻『感情の社会学理論』（明石書店，2013），J. シェファー『インセスト―生物社会的展望』（共訳，学文社，2013）など。

正岡純子（まさおか すみこ）

1943 年横浜市生まれ。大正大学名誉教授。

主な著書・翻訳書として，『炭砿労働者の閉山離職とキャリア形成——旧常磐炭砿 K.K. 砿員の縦断調査研究Ⅰ—Ⅹ』（共編著，早稲田大学人間総合研究センター他，1998-2007），『現代日本人の家族―NFRJ からみたその姿』（共編著，有斐閣，2009），エルダー，ジール編著『ライフコース研究の方法』（共訳，2003，明石書店），ターナー，マリヤンスキー『インセスト　近親交配の回避とタブー』（共訳，明石書店，2012），J. シェファー『インセスト―生物社会的展望』（共訳，学文社，2013）など。

中間階級の蜂起

―高度産業社会における感情の階層化と変動―

2016年8月10日　第一版第一刷発行

著　者　ジョナサン・H・ターナー

訳　者　正　岡　寛　司
　　　　正　岡　純　子

発行者　田　中　千津子

発行所　株式会社　学　文　社

〒153-0064　東京都目黒区下目黒3-6-1
電話（03）3715-1501（代）　振替 00130-9-98842
http://www.gakubunsha.com

落丁・乱丁本は，本社にてお取り替します。　◎検印省略
定価は売上カード，カバーに表示してあります。
©2016 MASAOKA Kanji & MASAOKA Sumiko Printed in Japan
印刷／新灯印刷㈱

ISBN 978-4-7620-2630-0